本书为湖北省教育科学规划重点课题『基于项目学习的高中拔尖创新人才培养研究』（课题编号：2022JA151）的成果之一

基于学科能力表现标准的精准教学

■ 陈开懋　幸芹　著

WUHAN UNIVERSITY PRESS
武汉大学出版社

图书在版编目（CIP）数据

基于学科能力表现标准的精准教学 /陈开懋,幸芹著 . -- 武汉 ：武汉大学出版社,2025.5. -- ISBN 978-7-307-24948-6

Ⅰ . G633.602

中国国家版本馆 CIP 数据核字第 2025S2X869 号

责任编辑:郭　静　　　责任校对:鄢春梅　　　版式设计:马　佳

出版发行：**武汉大学出版社**　　（430072　武昌　珞珈山）

（电子邮箱：cbs22@whu.edu.cn　网址：www.wdp.com.cn）

印刷:武汉邮科印务有限公司

开本:720×1000　1/16　　印张:20.5　　字数:289 千字　　插页:2

版次:2025 年 5 月第 1 版　　2025 年 5 月第 1 次印刷

ISBN 978-7-307-24948-6　　　定价:89.00 元

作者简介

　　陈开懋，中共党员，博士，国际数学奥林匹克金牌教练，武汉市数学学科带头人，武昌区数学学科带头人，华中师范大学卓越教师导师，华中师范大学第一附属中学数学奥赛金牌教练，2024年入选"武汉英才"计划教育领域人才，2016年荣获第八届全国高中青年数学教师优质课比赛一等奖及"最优秀选手"称号。截至2025年4月，指导学生80多人次获全国高中数学联赛一等奖，30多人次进入湖北省代表队，在中国数学奥林匹克竞赛中获18枚金牌。2022年，指导张志成同学（高二）以全国第一名的总成绩入选国家代表队，并荣获第63届国际数学奥林匹克竞赛金牌（世界第一、满分），助力中国代表队赢得参赛史上的最佳成绩。主（参）编专著二十多部，发表论文40余篇，主持湖北省教育科学规划重点课题"基于项目学习的高中拔尖创新人才培养研究"（课题编号：2022JA151）。

　　幸芹，中共党员，毕业于华中师范大学数学系。大学毕业以后在湖北省第一批省级示范高中任教近20年，所带学生多人考入清华、北大等顶级名校，过百人考入武大、华科等双一流名校，所带班级的一本率始终超过95%。辅导多名学生参加全国高中数学联赛获奖，多次被评为"全国高中数学竞赛优秀教练员"。教科研能力突出，优质课、学术论文多次获得国家级和省级奖项，在核心刊物上发表论文多篇，多次参与湖北省重点中学联考的试卷命题工作，所命试卷被评为"优秀试卷"，多次在省市"高中骨干教师培训"活动中承担主讲教师。

序　言

　　《国家中长期教育改革和发展规划纲要》指出，贯彻"以人为本、全面实施素质教育"，必须"坚持能力为重"，促进学生学习能力、实践能力和创新能力的发展。《纲要》提出了一个在教学实践过程中长期以来被忽视的教育战略问题：能力教育。与此同时，尽管数学学科能力的培养引起了重视，高考改革也开始由"知识立意"逐渐走向"能力立意"，但由于数学学科能力体系及测评研究的相对滞后，造成对学生数学学科能力测量与评价的主观性、随意性较强，数学学科能力的培养仍处于经验总结的阶段。这些都急切需要我们从理论上回答以下几个主要问题：数学学科能力是什么？它由哪些要素构成？如何通过教学形成和发展数学学科能力？数学学科能力的发展又该如何进行科学的评价？针对以上几个问题，本书主要以高中数学为例分为七个章节分别展开论述。

　　绪论，缘起、综述、意义。从能力培养、能力评价、考试改革、课程标准、学科能力等方面阐述了研究的缘起，并对国内外已有研究成果进行了综述，最后论述了基于学科能力表现标准的精准教学的重要意义。

　　第一章，高中数学学科能力表现标准的内涵。通过对能力、能力表现、课程标准、内容标准以及表现标准等概念的界定与辨析，确定高中数学学科能力表现标准的内涵和外延，并据此分析了高中生数学学科能力表现标准的基本内容：高中数学学科能力要素、表现水平以及能力表现的层级描述。

　　第二章，高中数学学科能力表现标准的理论建构。本章从数学学科能力、数学知识和数学思想方法三者之间的联系，以及知识论、心理学、评价理论这几个方面阐释了高中数学学科能力模型以及制定高中数学学科能力表现标准的理论基础。

第三章，高中数学学科能力表现模型及指标构建。本章从学科领域内容、学科能力表现维度、表现层级水平、问题情境等四个方面构建高中数学学科能力表现模型，再通过德尔菲法将数学学科能力分为空间想象能力、抽象概括能力、推理论证能力、运算求解能力和数据处理能力这5个一级指标以及15个二级指标，每个二级指标又可进一步划分为表征、分析、应用、评价、创新等不同数学能力表现水平，为学生数学能力的发展提供目标和依据。

第四章，高中数学学科能力表现标准开发。依据前文构建的高中数学学科能力模型及相关指标，以开发能力表现标准。主要是通过对具体能力的指标进行细化，并选取具有代表性的高中数学试题，进而分析学生认知过程中表现出来的数学学科能力，对其进行等级划分，从而得出高中数学学科能力的表现标准。

第五章，基于高中数学学科能力表现标准的实证研究。理论或标准的构建必须经过实践的检验才能证明其合理性和可操作性。本部分将选取实际研究对象(高三学生)，通过对其进行测试卷和自设试卷的测试与分析，进一步证明"标准"的合理性和可行性。

第六章，基于学科能力表现标准的教学。本章指出了何谓基于学科能力表现标准的教学，基于标准的教学特点，教师如何实施基于标准的教学，并列举了基于标准的教学案例，以及基于标准的教学值得进一步思考和探索的问题。

本书虽然获得了一些研究成果，比如，明确了高中数学学科能力概念的内涵以及核心的构成要素，构建出高中数学学科能力表现的框架模型，制定了高中数学学科能力表现标准以及测验工具(量表)，在此基础上给出了基于能力表现标准的教学策略，但也存在着许多不足之处，有待后续进一步研究的开展。比如不同数学学科能力水平的学生具有的数学学习特征，如何根据学生所具备的不同数学学科能力水平开展教学研究等方面。

在本书的写作过程中，得到了华中师范大学郭元祥教授、胡典顺教授、徐章韬教授、吴远岳教授等的大力指导，得到了湖北省教研员特级正高级教师周远方、武汉市教研员特级正高级教师孔峰等的大力支持，得到了华中师范大学第一附属中学特级正高级教师殷希群、徐惠等的大力帮助。还有幸芹等广大中小学教师，感谢你们在我写作过程中提供的教育实践方面的宝贵资料。感谢武汉大学出版社编辑提供了宝贵修改意见并认真审阅！

本书在内容的选择上，立足于基础教育，书中案例基本上来自中小学，特别是高中，希望本书对中小学教师有所帮助，希望我们每位教师都能做到基于学科能力的精准教学！

陈开懋

2025 年 2 月 26 日于武汉

目　　录

附录 　/ 279

绪 论

学科能力的培养已经引起越来越多的研究者的关注，这是社会发展对人才培养提出的新要求。分析已有关于数学能力研究的现状，对于高中生数学学科能力的培养，具有重要的启发意义。同时，本研究的开展旨在促进数学学科教学的发展，培养学生具有满足未来社会生活需要的数学能力。

一、缘起

随着社会的发展，人们对于人才培养的标准提出了越来越高的要求，单一的知识型人才已经无法满足社会发展的需要，关于能力培养的问题已引起人们普遍的关注。

(一)能力培养：教育改革的长期目标

《国家中长期教育改革和发展规划纲要》指出，我国教育改革的战略目标是："基本实现教育现代化，基本形成学习型社会，进入人力资源强国行列。"为促进教育改革目标的实现，我国教育改革围绕着"以人为本、全面实施素质教育"的战略主题开展，这明确了我国教育人才培养目的以及培养途径的问题。其中，"坚持能力为重"是适应现代化社会发展的需要，针对人才培养标准提出的一项重要规定。具体而言，即注重学生能力素质的养成，这意味着要调整知识结构，同时学生也要具有丰富的实践经验，通过发展学生的学习能力、实践能力和创新能力，促进学生整体素养的提升，使每个学生都能够更好地面向生活、社会的需要。因此，学生的能力培养是我国当下教育改革发展关注的长期目标。

另外，在传统的数学课堂中，教师常常忽视对学生数学能力的培养，而仅仅强调学生对数学基础知识的掌握以及基本技能的训练，这不仅影响了学生对数学学科的学习兴趣以及主观能动性的发挥，也不利于学生数学综合素养的发展。数学课程改革中明确提出了要重视学生数学素养的培养，发挥数学在培养人的思维能力和创新能力等方面的重要作用，并在数学课程总目标中提出要发展学生的数学能力。通过查阅相关文献，对于数学教学中学生数学能力的培养主要体现在以下几个方面。

1. 注重学生数学思维能力的培养

数学学科的教学是关于数学活动的教学，数学活动本身是一种思维活动的体现，也就是说，数学教学是关于思维活动的教与学。如何在数学教学中培养学生思维能力、养成良好的思维品质成为目前数学课程改革一个非常重要的课题。培养高中生的数学思维能力，首先要正确理解什么是数学思维，以及什么是数学思维能力。

从心理学观点看思维是一种有意识的人类大脑对客观事物的本质和内部规则总结的间接反映。数学思维是人脑与数学思维中的对象(空间形态与数量关系、结构)在相互作用过程中，利用特殊的数学符号语言，即特征提取与泛化，根据数学的形式和规律，反映客观事物的间接概括。①

由于数学知识本身的内在性质，数学思维具有自己独有的特征，即问题性、严谨性、抽象性等。②

学生的数学思维能力，不能简单地等同于学生的解题能力。逻辑思维、直觉思维、发散思维和创新思维等思维能力是数学思维能力的主要构成要素。

逻辑思维能力在各种数学思维能力中是应用最广泛的一种思维能力，它主要依赖于抽象的概念、定理、规律以及一步一步地推理进行判断的能力。数学知识本身具有一定的抽象性，并且在形成数学知识的过程中包含着一定的合乎逻辑的程序，因此，逻辑思维能力也遵循着一个基本的数学问题解决的原则。它是数学思维能力的一种主要形式。

直觉思维能力是建立在良好的数学基础知识的基础上，通过灵活的自由联想或思维活动边缘的连续活动的意识，当大脑处于最佳状态时，突然

---

① 任樟辉. 数学思维论[M]. 南宁：广西教育出版社，1996：212.
② 魏亚鸣. 数学思维能力的培养[M]. 郑州：河南大学出版社，2014：145.

连通和形成新的连接，然后找到方法来解决问题的一种思维能力。

发散思维能力是从物质思维出发，从现有信息出发，尽可能地从不同的方向去思考，摆脱固定模式的束缚，来进行思维的扩散，探索解决问题的各种方法的一种思维能力。由于这种思维方式是朝着不同的方向和角度进行思考，思想本身更开放，因此更容易找到问题的解决方法，或者提出新的方法和思路，发现新的结论。发散思维更高层次的目标是创新思维。

创新思维能力和发散思维关系密切。创新思维能力的发展，需要加强思维方式和逻辑思维能力，实现多种思维的结合。通常在创新思维的思考过程中，首先运用直觉思维或发散思维去质疑假设，然后进行过滤，产生最佳的解决方案，最后用逻辑加以检验和证明。因此，培养学生的创新思维能力，一般建立在对上述其他各种思维能力进行全面培养的基础之上。

数学思维能力的培养，在数学教学中体现为要重视引导学生经历数学知识的探索过程，建立数学知识对于学生的意义联系，提升学生的知识结构，为直观思维提供依据。同时，注重学生的思维体验，关注不同的数学思想方法对教学效果的影响，从而让学生在学习过程中发展逻辑思维能力、发散思维能力，以及形成创新思维。

2. 培养学生的数学基本能力

数学基本能力是指学生开展数学学习活动需要具备的能力基础，以及通过数学教学培养的能力，主要包括：数学阅读能力、运算能力、抽象概括能力、推理论证能力、空间想象能力以及收集和处理数据的能力。

数学阅读能力是在数学活动中阅读和理解数学材料，并从中提取有效信息的能力；数学运算能力是指理解计算理论，并且能够依据法则（如数学公式）进行操作，根据主题条件寻找合适的操作方式，即灵活、合理地计算结果的能力；数学抽象概括能力是人脑和数学思维对象空间形式、数量关系等相互作用，并按一般思维规律认识数学内容的内在理性活动的能力，具体表现在概括的准确性和把具体问题抽象为数学模型的能力等[①]；

---

① 曲晓春. 数学抽象概括能力的培养[J]. 现代交际，2010(12)：172.

数学推理论证能力是指学生能够根据已知的事实和已获得的正确的数学命题推理出更多有效信息，进而论证某一数学命题真实性的推理能力；数学空间想象能力是指能够对客观事物的空间形式进行观察、分析、抽象思考和创新的能力；收集和处理数据能力是指学生能够提取已知条件中的有效信息、获取有效数据，并对数据进行转换或加工处理，从而得出正确结论的能力。

3. 培养学生的数学应用能力

教师对于学生数学应用能力的培养等同于让学生应用所学的数学知识进行解题的能力，这实际上是对数学应用能力的一种错误理解。数学应用能力可以理解为："既要重视从实际问题中提取数学概念和原理，又要重视用数学概念与原理分析、解决实际问题。"[①]"学以致用"地应用数学知识解决实际问题，使学生具有应用数学的能力，这也是数学教育提高公民教育质量的重要措施之一。数学教学的最终目的不是教会学生解题技巧，更重要的是培养学生的数学应用能力，即：在实际问题中运用数学思维和数学知识，分析问题、解决问题，寻求合理的解决途径，追求创新，从而形成一种理论与实践相结合的综合能力。

(二) 能力评价：教育评价的国际趋势

学习质量、学科能力及其评价问题一直是国际上高度关注的问题。20世纪60年代，美国著名课程教学理论家本杰明·布卢姆（Benjamin Bloom）开展了教育目标分类学的研究，出版了"教育目标分类学"丛书，提出了认知领域、情感领域、动作技能领域的教学目标分类体系，构建起著名的教育目标分类学，并对世界各国教学质量管理与教学质量评价产生深远的影响。这应该是20世纪60年代以来关于学业质量标准及其评价最具权威性

---

① 弗拉维尔，米勒. 认知发展 [M]. 邓赐平，刘明，译. 上海：华东师范大学出版社，2002：281.

的、世界性的研究成果。2001年，曾经参与过布卢姆教育目标分类学研究的核心成员安德森（L. W. Anderson）重新修订了教育目标分类学。无论是布卢姆的教育目标分类学还是安德森的修订版教育目标分类学，都把学业质量聚焦于学生通过学科学习所产生的行为变化，即学科能力的发展。

1982年开始，比格斯（J. B. Biggs）和科林斯（K. F. Collins）领导的课题组研究了中小学生学习质量评价的理论与实践问题，发展了布卢姆教育目标分类学理论，提出了可观察的学习结果的学习质量分类理论，2009年出版了《学习质量评价》（Evalution the Quality of Learning: The Solo Taxonomy）一书，构建了学习质量分类与评价理论。比格斯的学习质量评价的SOLO分类理论注重对学生可观察的学习成果结构（structure of the observed learning outcome）的分析和评价。与布卢姆教育目标分类学理论相比较，二者都注重从学习行为变化着手来评价学生的学业质量，但SOLO分类理论基于皮亚杰的认知加工理论，更注重从学习行为的变化结果上考查学生的学业质量，重视学生通过学科学习所发生的可被观察的学习结果。比格斯的SOLO分类理论改变了布卢姆教育目标分类学的角度，学习质量评价所注重的不再是学习者的行为，而是学习行为的结果。比格斯强调从能力、思维操作、一致性与闭合、应答结构四个方面将学生的行为结果分为五个不同水平来评价学习质量，注重用学习结果在结构上的复杂程度来评估其对学习质量的影响。

近十年来，OECD实施的PISA项目（即国际学生评估项目），通过大规模的课程教学评价，着重考察世界上数十个国家中小学生在母语的阅读、写作，以及数学和科学等领域的学习质量，取得了比较系统的学习质量评价成果。PISA测验开启了一个新的评价时代，体现了终身学习的理念。尽管评价内容是关于学校课程教学的内容，但PISA测验并不是简单的对教学知识点的考查，而是重点考查学生能力发展的问题，即问题的掌握和解决问题的能力，从而在一定情境当中测试学生的学科能力。

由国际教育成就评价协会（International Association for the Evaluation of Educational Achievement，简称IEA）发起和组织的一项国际教育评价研究和

评测活动 TIMSS，则主要监测国际上学生数学和科学课程的学业质量。TIMSS 测验自 1995 年以来每 4 年举行一次，每次测试结果都会引起世界各国的广泛关注，成为当前各国数学和科学教育改革的思考支点之一。2011 年，TIMSS 测试主要考查学生的数学学业成就情况，测试框架包括内容维度和认知维度两部分。内容维度明确了评价数学的内容和范围，包含了几个不同的领域，每个领域都包含若干个主题。认知维度明确了学生解决数学问题时的思维过程和范畴，即理解、应用、推理，三项逐层递进。具体来说，理解包括记忆、识别、计算、检索、测量、分类等范畴；应用包含选择、表达、模仿、根据要求完成（制图）、解决日常问题等范畴；推理包括分析、归纳、综合、证明、归纳解决非常规问题等范畴。该测验更关注的是学生数学能力和素养的提升，而非数学知识的获得。

2000 年以来，我国台湾地区实施课程改革，对学习质量和评价问题一直相当重视。台湾课程改革专家组组长李坤崇教授出版了《教学评量》（台湾心理出版社 2002 年版，华东师范大学出版社 2010 年修订版），该研究围绕教学质量问题，基于布卢姆的《教育目标分类学》及其修订版，探讨了中小学学习质量的标准及其评价工具问题，并在台湾中小学开展了大量实证研究。

从对国际上代表性测试项目的梳理中，不难发现能力评价已成为世界教育评价的发展趋势，中小学数学课程也是如此。

（三）考试改革：从"知识立意"到"能力立意"

知识考试主要关注学生对某一部分知识的掌握情况，而注重能力测试的考试则强调能力的发展。对于学校教育而言，最重要的任务不在于传授学生多少知识，而是教会学生如何学习，以及掌握学习的方法。自实行新课程改革以来，高中数学考试试题逐渐由传统的"知识立意"转向了"能力立意"，通过创设真实复杂的问题情境，与学生的生活世界紧密相连，关注各学科知识的综合运用，着重考查学生的能力发展。

1. 以"知识立意"的命题特征

以"知识立意"的命题强调学生掌握的学科知识是否全面、形成的知识结构是否系统和完备。在这一情况下，其他测试目的都是服务于知识测试的总目的，这造成对学生能力考查的忽视和随意性。①

虽然过去有多种选择测试功能，但知识测试和能力测试之间的矛盾很难协调。比如说，每年考试都会有几道题目是为了确保知识的覆盖面而设计的，甚至着重考查解决问题的能力，在设计问题时也主要是通过一些数学知识，特别是高中数学知识来检测。而一些很好的、专门针对能力测试的问题，因为不是对学科知识性内容的考查而被否定。

2. 以"能力立意"的命题特点

以"能力立意"的命题是借助于情境与设问来实现对能力的考查。所设置的题目通过一定的情境，配合所要考查的学科内容，进行恰当的提问，并以合适的形式呈现。学生学科能力的发展水平，在一定程度上可以通过学生能否调动所学知识，成功解决相关问题来体现。在这一过程中，体现了由"知识立意"为主向"能力立意"为主的命题方式的过渡，不仅仅考查了学生具体学科的知识，同时更为重要的是涉及学科思想和方法，这直接关系着学生解决问题的能力，也是学科能力发展水平的体现。

(四)课程标准：内容标准和表现标准的失衡

普通高中新课改背景下的高考学业水平考试，是依据国家课程标准进行的普通高中学生的课程实践水平的标准参照考试。以数学学科为例，在命题时，我们可以将课程标准进一步划分为内容标准和表现标准，尽可能使试卷全面地反映出课程标准中确定的学习目标。②

---

① 任子朝. 关于以知识立意与以能力立意的讨论——赴美国 ETS 学习引发的思考[J]. 教育学报，1998(11)：37-40.
② 沈启正，周彩莺，季芳. 普通高中学业水平考试命题研究(一)——基于课程标准的内容标准、表现标准与能力立意[J]. 教育测量与评价，2013(9)：40-44.

　　课程标准是学业水平考试命题的基础，其重点是掌握学科内容标准和绩效标准。内容标准是教师进行教学和学生开展学习活动的依据，同时也是考试的标准，它应该明确地指出学生通过学科学习所应该知道的具体知识的内容和范围，以及具备什么样的技能。具体来说，内容标准应该包括学习或教学的内容，如具体的知识点、概念、事实、原理、技能、态度和价值观等。

　　而表现标准则是内容标准的具体化，也就是说，可以依据内容标准的规定，考查学生是否达到某一学科的基本水平。而"学科基本水平"的确定，则是通过表现标准的制定得以成文。学科表现标准的确定，具有重要的意义，一方面，它是世界各国对学业质量进行检测的重要标志，另一方面，表现标准在一定程度上是学科能力发展水平的基本要求，是学科能力发展的重要依据，有利于促进学科能力的发展。

　　然而，在我国教育实践中，学科表现标准缺失已久，造成了内容标准和表现标准发展的不平衡，进而导致课程标准制定得不科学，对于学校教育教学效果也会产生诸多负面影响。

（五）学科能力：缺失的研究领域

　　数学学科的教学往往强调的是基本数学能力的培养，比如运算、推理证明、空间想象等能力，而忽视了对学生数学思维能力和数学应用能力的培养。事实上，数学思维能力和数学应用能力是数学能力的重要组成部分。数学思维能力是指利用特殊的数学符号语言，即特征提取与泛化，根据数学的形式和规律，反映客观事物的间接概括的一种思维过程。而数学应用能力是指在实际生活中运用数学思维和数学知识，分析问题、解决问题，寻求合理的解决途径的一种综合能力。目前，对于数学能力的研究还比较少，不够深入。

　　为促进学生数学能力的发展，从宏观层面来讲，数学学科在教学方法上还应该注重突破创新，激发学生的求知欲，培养创新思维；在教学内容上应该与时俱进，开发相关课程资源，培养学生的综合能力；在学习方式上应该鼓励协作学习、小组学习等，培养学生的自主学习能力和沟通交往能力。

二、综述

学生的学习质量、学业成就、学科核心素养和关键能力及其评价问题，一直是国际上高度关注的问题。纵观三十年来的研究，这一问题涉及学习质量的领域、维度和具体指标的划分，学习质量的评价体系，学习质量对社会发展的影响，学习质量中的学科能力表现，学业质量监测技术及其应用等多方面的问题。吸收和借鉴国际国内经验，有助于科学实施教育质量监测。

(一)国际学科能力与大规模学业质量评价研究与实施策略

1. 国际学科能力评价研究

(1)布卢姆的教育目标分类学。

20 世纪 60 年代，美国著名课程教学理论家本杰明·布卢姆(Benjamin Bloom)开展了教育目标分类学的研究，出版了"教育目标分类学"丛书。教育目标分类学本质上探讨的是学科教学质量或学业质量的类型、层次和水平问题，提出了认知领域、情感领域、动作技能领域的教学目标分类体系，构建起著名的教育目标分类学，并对世界各国教学质量管理与教学质量评价产生了深远的影响。关于认知领域的教学目标，布卢姆提出了了解、理解、应用、分析、综合、评价六个由低级到高级的层次目标，同时，将情感领域和动作技能领域的目标分层加以设计。这应该是 20 世纪60 年代以来关于学业质量标准及其评价最具权威性的、世界性的研究成果。遗憾的是，多年来，我国课程教学的研究和实践对布卢姆提出的情感领域和技能领域的教学目标的研究和课堂实践都不够。20 世纪 70 年代，布卢姆出版了"教育目标分类学"丛书的姊妹篇——《教育评价学》，进一步探讨了教学评价的理论、方法和技术，构成了教学目标体系设计与评价理论与方法相结合的教学质量体系。美国学者 L·W·安德森、L·A·索斯尼克等对布卢姆的教育目标分类学的意义，40 年来对国际教学评价、学生学业成就等方面的影响进行了回顾和反思，同样提出了若干有意义的修正性的观点，如华东师范大学出版社 1998 年出版的 L·W·安德森、L·A·索斯尼克主编，谭晓玉、袁文辉翻译的《布卢姆教育目标分类学——40 年的回顾》。

2001 年，曾经参与过布卢姆教育目标分类学研究的核心成员安德森（L. W. Anderson）重新修订了"教育目标分类学"丛书。根据知识的分类，进一步强调了知识学习对思维能力的影响，强调了教学的学科能力发展特别是反思性思维发展目标。无论是布卢姆的"教育目标分类学"丛书还是安德森的修订版"教育目标分类学"丛书，都把学业质量聚焦于学生通过学科学习所产生的行为变化。

（2）比格斯的 SOLO 学习质量评价理论。

1982 年开始，比格斯（J. B. Biggs）和科林斯（K. F. Collins）领导的课题组研究了中小学生学习质量评价的理论与实践问题，发展了布卢姆教育目标分类学理论，提出了可观察的学习结果的学习质量分类理论，2009 年，出版了《学习质量评价》（*Evaluation the Qualitity of Learning：The Solo Taxonomy*）一书，构建了学习质量分类与评价理论。比格斯的学习质量评价的 SOLO 分类理论注重对学生可观察的学习成果结构（structure of the observed learning outcome）的分析和评价。

与布卢姆教育目标分类学理论相比较，二者都注重从学习行为变化着手来评价学生的学业质量，但 SOLO 分类理论基于皮亚杰的认知加工理论，更注重从学习行为的变化结果上考查学生的学业质量，重视学生通过学科学习所发生的可观察的学习结果。比格斯的 SOLO 分类理论改变了布卢姆教育目标分类学的视角，学习质量评价所注重的不再是学习者的行为，而是学习行为的结果。比格斯强调从能力、思维操作、一致性与闭合、应答结构四个方面将学生的行为结果分为五个不同水平来评价学习质量，注重学习结果在结构上的复杂程度对学习质量的影响。2009年以来，我国不少研究者对 SOLO 学习质量评价理论进行了评述性的分析，认识到其对学业质量评价的借鉴意义。

（3）PISA、TIMSS 等关于学科学习质量的评价研究。

国外对大规模学业评价的研究成果非常丰富，最有影响力的成果当属 PISA、TIMSS 等大型的国际学业成就比较研究项目发布的研究报告，这些研究成果在每个项目结束之后发布在网站上供人们阅读，不仅有对研究结果的分析还有对项目本身的设计理念及技术标准的说明，研究报告发布之后都会引起热烈的讨论和进一步的研究，这些国际学业成就研究项目汇集了全世界最优秀的教育专家，这使得研究成果具有很高的学术水准。除此之外，作为许多大规模学业评价项目资助者的世界银行也在进行大规模学业评价的研究，并发布了《教育成就的国家评价》（*National Assessments of Educational Achievement*）系列报告。20 世纪 90 年代之后，关于大规模学业评价的研究越来越多，在 ERIC 网站上面搜索"large-scale assessment"，有 1475 条搜索结果，其中讨论的话题涉及大规模学业评价的设计理念、方法和技术。围绕大规模学业评价这个话题举行了多个大规模的学术会议，影响较大的如 2011 年 3 月美国教育考试服务中心（Educational Testing Service，简称 ETS）组织的国际大规模学业评价会议（International Large-scale Assessment Conference），讨论了诸如国际大规模学业评价的重要性、趋势、机遇和挑战等重要问题。有的学术杂志组织了专题研究，如美国的《教育评价——原则、政策和实践》（*Assessment in Education：Principles，Policy & Practice*）杂志从 1996 年到现在，发表了对近 30 个国家的国家学业评价体系的综合研究文章。2013 年，国际教育成就评价协会（International Association for the Evaluation of Educational Achievement，简称 IEA）和美国教育考试服务中心联合创办了杂志《教育中的大规模评价》（*Large-scale Assessments in Education*），专门发表关于大规模学业评价的文章，成为这一领域研究的又一重要阵地。

近十年来，OECD 实施的 PISA（即国际学生评估项目），通过大规模的课程教学评价，着重考察了数十个国家中小学生在母语的阅读、写作，以及数学和科学等领域的学习质量，取得了比较系统的学习质量评价成果。PISA 测验所评价的重点是学生在知识掌握与运用、认知与思维发展、价值观念与个人独特性的判断力等方面的发展状况，同时研究了影响学生学业成就的因素，包括学习的强度、投入的学习时间、学生家庭成长环境等因素。PISA 关于学生学习质量的评价，对我们具有重要的参考价值。如何瑞珠、卢乃桂编著的《从国际视域论析教育素质与平等：PISA 的启示》，经济合作与发展组织编写，上海市教育科学研究院、国际学生评估项目上海研究中心翻译的《面向明日世界的学习：国际学生评估项目（PISA）2003 报告》等。

国际数学与科学趋势研究 TIMSS（Trends in International Mathematics and Science Study）是由国际教育成就评价协会 IEA（International Association for the Evaluation of Educational Achievement）主办的国际测试，目的在于监测学生数学课程的学业质量。以 TIMSS 数学测评（即 TIMSS 2007）的评价框架为例，可以看出关于数学课程的学业质量标准的不同维度。数学学业质量的测评主要由两大维度组成：数学内容（content）和认知能力（cognitive）。在数学内容方面，四年级包括了数（number）、几何图形与测量（geometric shapes and measures）及数据呈现（data display），而八年级则包括数（number）、代数（algebra）、几何（geometry）及数据和概率（data and chance）。其中每一个内容都包含若干个主题，而很多参与国又对各个主题进一步细化列出一系列目标。在认知能力方面，两个年级都分理解（knowing）、应用（applying）和推理（reasoning）三个层次。其中理解包括学生需要知道的事实（facts）、过程（procedures）和概念（concepts），涉及记忆、识别、计算、检索、测量和分类/排序等表现行为；应用关注学生应用所学知识和概念解决或回答问题的能力，涉及选择、表征、建模、执行、常规问题解决等表现行为；推理指从常规问题的解决迁移到不熟悉的情境、复杂的背景和多步骤问题的解决，涉及分析、归纳、综合/整合、论证、解决非常规问题等行为表现。这些基于学科质量的国际性测验与评价的研究项目提出了学生不同课程学业质量评价的维度、要素。

(4)美国中小学生的学科能力表现标准。

1998 年，美国经济与教育中心（CEEA）和匹兹堡大学教育学院联合研制了美国《中小学生学科学习的表现标准》，共分为小学、初中和高中 3卷。该标准从表现性目标等方面描述了学生应该达成的学习质量要求，并以大量的案例为中小学教师把握学业质量标准提供了教学和评价的参考。该学习质量标准的重点并不是单一的学科知识点学习目标，更为强调的是通过具体知识的学习应该在行为、能力、态度上所产生的变化程度。

该标准明确设计了美国小学、初中、高中三个学段各门课程学生必须形成的核心能力表现，并提出了每一个学期学生必须达到的能力水平。比如关于英语课程，就明确了阅读能力的水平层次，尤其强调了信息提取式的阅读能力、反思性阅读的能力品质。应用学习课程能力表现标准中，设计了美国中小学生的 9 种核心能力表现，并为教师的教学提供了有价值的范例和具有可操作性的评价建议。美国《中小学生学科学习的表现标准》发布一年后，就被美国四十多个州采用，可见其影响力、导向性、操作性之强。该标准的发布显示，该标准明显区别于课程标准，其重心不在课程设计，而在于质量标准的设计。

(5)麦肯锡全球研究所关于学生学习质量对经济影响力的分析。

麦肯锡全球研究所（McKinsey Global Institute）是国际上著名的战略研究与咨询机构，该研究机构基于对不同国家各个领域的发展现状的详细调查研究，每年发布包括教育在内的各领域全球发展战略研究报告，简称《麦肯锡报告》。2009 年以来，麦肯锡全球研究所对教育战略问题的关注主要集中在教育公平、教师素质、教育系统变革与教育质量等问题上。2009 年发布的报告中重点考察了多国的学习质量及其影响问题，其中，2009 年 7月发布的研究报告《美国学校成绩差距的经济影响》(*The Economic Impact of the Achievement Gap in America's Schools*)最富有冲击力，它将学习质量与国家经济发展直接关联起来，明确阐述了学习质量的重大意义。麦肯锡全球研究所通过因素分析法，纳入一系列增长因素，计算教育特别是美国学校成绩差距对 2008 年美国 GDP 增长的影响。

2. 关于学科能力或学业质量评价如何改进学习实践的研究

大规模学科能力或学业评价对学习、教学、教师发展和学校改进都具有重要的促进作用。大规模学科能力或学业评价指向的是学生在过去一段时间的知识和技能发展水平，以确定他们的学业发展情况。传统的大规模教育评价重视对学生学业成绩的总结性评价，强调学生一段时间以来的学业发展情况，却忽视了其对学习促进作用的实现。但是，大规模学科能力或学业评价不仅仅是"对学习的评价"（assessment of learning），更是一种"作为学习的评价"（assessment as learning）和"促进学习的评价"（assessment for learning）。①

（1）对学习的评价。"对学习的评价"将评价看作对学生学业发展整个过程所进行的评价，是对教师教的效果和学生学的效果进行的评价。从这一角度来讲，大规模学业评价是对区域内大规模学生整体学业发展水平进行的评价，同时也是对学生个体的评价。②"对学习的评价"强调大规模学业评价的"总结性评价"功能，注重大规模学业评价的控制与甄别取向，是对教师的教学质量和学生的学业发展进行的整体评价。

（2）作为学习的评价。"作为学习的评价"强调将学习看成学生的一种元认知过程，这种观点认为学习不是知识的简单传递，而是学习者的认知的重组过程。③这样一来，学生就变成了连接学习和评估的桥梁。大规模学业评价建立在了解学习发生过程的基础之上，使学生通过测试过程对自身的元认知进行监测和管理，并作出适当调整和改进。

（3）促进学习的评价。"促进学习的评价"强调通过恰当的评价策略了

①　EARL L, KATZ S. Rethinking classroom assessment with purpose in mind [J]. Western and Northern Canadian Protocol for Collaboration in Education, 2006(30): 2009.

②　郑东辉. 促进学习的评价：学校的使命[J]. 当代教育科学, 2008（16）：39-42.

③　EARL L, KATZ S. Rethinking classroom assessment with purpose in mind [J]. Western and Northern Canadian Protocol for Collaboration in Education, 2006(30): 2009.

解学生对所学内容的掌握情况，以判断他们的课程目标达成情况和学业发展情况，使家长、教师及学生自身了解他们的学业发展水平。评价不仅注重对学生以往学业发展情况进行评价，更应该强调对学生未来学业发展的促进作用。①大规模学业评价作为对区域内学生学业的普遍发展情况进行的评价，不仅要成为评价学生知识、技能和情感发展的有效途径，更应该是提高学生学习动机、促进学生学业发展的重要方法。

传统的大规模学业评价大多采取客观考察和等级评定的方法，通过设置相应的单项选择题、多项选择题等客观题目，根据学生的答题情况对他们进行学业评定并划分等级。有时候，我们也会通过学生所给出的这一学期(或一学年)的学习成果对他们这一段时间的学习情况进行分析，并以此作为评定学生学业发展的重要依据。例如，在美国肯塔基州(Kentucky)进行的大规模学业评价中，要求学生提供这一学年中的五到七组数学作品，以表现他们对数学中概念、原则等知识理解的广度和深度，以此对学生进行不同等级的划分。②

实际上，对学生学业成绩的评价和等级划分只是大规模学业评价的目的之一，更重要的是通过学生的学业发展了解他们学习中存在的问题，并帮助他们进行适当的改进。同时，大规模学业评价还要通过对多种知识的综合考查，促进他们的知识整合能力的培养和问题解决能力的提高。然而，要实现大规模学业评价有效促进学生学习的目的，不仅需要对评价本身进行研究，还需要大量专家在学生学习、评估以及学术发展等各方面进行深入研究，克服当前评价过程中存在的问题，有效实现大规模学业评价对学习的促进作用。③

① 崔允漷. 促进学习：学业评价的新范式[J]. 教育科学研究，2010(3)：4.

② HERMAN J L. Large-scale assessment in support of school reform：Lessons in the search for alternative measures[M]. Los Angeles：University of California Press, 1997：3-4.

③ HUFF K, STEINBERG L, MATTS T. The promises and challenges of implementing evidence-centered design in large-scale assessment [J]. Applied Measurement in Education, 2010, 23(4)：310-324.

（1）大规模学业评价促进教师对学生的学业指导。

大规模学业评价在促进学生整体学业发展水平的同时，也为教师对学生的知识、技能和情感等各方面的发展进行分析提供了基础。对于教学一线的教师来说，他们不仅要从大规模学业评价中看到学生的学业发展，更应该从评估结果中挖掘深层次的信息，了解学生学业发展中普遍存在的问题，并为学生提供恰当的指导，促进他们进一步的学习。

（2）大规模学业评价促进学生对知识的整体掌握。

大规模学业评价不是对某个知识点的单独考查，而是通过多种类型的测试题目，促进学生对所学知识的有效运用。根据认知心理学家的理论和实践研究，有意义学习是学习者的主动加工过程，而不是对知识的机械记忆。①②大规模学业评价就是对学生的知识加工和理解情况进行评估的过程，同时，也是通过对知识整合和应用的测评促进学生对知识的进一步加工和内化的过程。因此，在进行大规模学业评价的试题编制中，一个测试题目往往要能够考查学生在几十分钟甚至是几节课中所学的内容，促进学习者掌握多个基础知识点之间的相互联系，能够综合分析与运用，促进学生对知识的整体掌握。③例如，让学生分析种子的掉落过程，描述它们在空中的运动规律，并根据牛顿运动定律、空气动力学等知识从科学的角度进行详细阐述。这是对学生掌握物理知识情况的综合考查，也是帮助学生将所学的物理知识进行综合分析与运用的重要途径。④ 又如让学生写一篇分

---

① WITTROCK M C. Testing and recent research in cognition［J］. Testing and Cognition, 1991(2)：5-16.
② GLASER R, SILVER E. Assessment, testing, and instruction：Retrospect and prospect［J］. Review of Research in Education, 1994(20)：393-419.
③ CHUDOWAKY N, PELLEGRINO J W. Large-scale assessments that support learning：What will it take? ［J］. Theory into Practice, 2003, 42(1)：75-83.
④ LOMASK M, BARON J B, GREIG J. ConnMap：Connecticut's use of concept mapping to assess the structure of students' knowledge of science［C］∥ Annual Meeting of the National Association of Research in Science Teaching. MA：Cambridge, 1992.

析乡村与城市区别的文章，并需要涉及人们的居住地点对个体身心发展、经济、政治和社会关系经营的重要影响。这不仅是多个知识点之间的相互结合，更是多学科融合的试题，要求学生将生物、地理、政治、经济、社会文化等各学科的知识融会贯通，全面考虑，有效促进学习者的知识融合与应用。①②

（3）大规模学业评价促进学生的全面发展。

大规模学业评价在对学生学业发展情况进行正确评价的基础上，更要实现其激励和导向功能，以促进学生的全面发展为最终目的。因此，在进行大规模学业评价的过程中，不仅要考查学生对基础知识的掌握，更要考查他们的分析综合能力和问题解决能力，尽量使测试问题与实际应用结合起来，在评价学生知识应用能力的基础上，促进他们将理论知识进一步转化为解决实际问题的能力，从而真正掌握所学知识。因此，在大规模学业评价中，我们要采用内容全面丰富、形式灵活多样的考试评估方式，为学生提供自主选择、自主发挥的空间，促进学生在答题过程中实现知识的有效整合与利用。我国《基础教育课程改革纲要（试行）》中指出："评价不仅要关注学生的学业成绩，而且要发现和发展学生多方面的潜力，了解他们发展中的需求，并帮助他们认识自我，建立自信。"这样才能发挥评价的教育功能。

3. 国际学科能力质量监测发展趋势

从国际评价来看，IEA 主持的评价项目在世界范围内的影响越来越大，技术和实践发展越来越成熟。1990 年至 1991 年，IEA 实施的"阅读能力研究"（The Reading Literacy Study）是 IEA 教育评价研究的一个里程碑，共有

① CARROLL J B, HUSEN T. The teaching of French as a foreign language in eight countries [M]. New York：Wiley, 1975.
② HERMAN J L. Large-scale assessment in support of school reform：Lessons in the search for alternative measures [M]. Los Angeles：University of California Press, 1997：3.

32 个国家和地区参加，既测试了学生的学业成绩，也研究了教育环境，收集了对有关学生自愿读书活动的背景资料，并分析了与学业成就的相关性。自此之后的大规模学业评价项目不再只是简单收集背景资料，而是提供详尽的分析报告，内容涉及学生成绩与性别、学习态度和兴趣、家庭背景以及学校人力物力投入等相关因素的关系。在 IEA 所组织实施的研究中，国际数学与科学趋势研究(TIMSS)的世界影响最大。1995 年，IEA 首次对数学与科学同时展开研究，此次研究名称为"第三次国际数学和科学研究"(the Third International Mathematics and Science Study，TIMSS)，1999年 IEA 又组织了"第三次国际数学与科学后续研究"(the Third International Mathematics and Science Study Repeat，TIMSS-R)。自 2003 年起这项研究更名为国际数学与科学趋势研究(Trends in International Mathematics and Science Study，TIMSS)，固定为 4 年一次的周期性研究项目。IEA 是国际教育社区中一个重要的组织机构，是学者、研究者和决策者汇集的网络平台，表 0-1 介绍了 IEA 实施的周期性评价项目，以便于读者清楚地了解IEA 对全世界大规模学业评价项目的贡献。①

表 0-1　IEA 实施的周期性评价项目一览表

项目名称	时间	测试领域	参加国家(地区)数
"6 学科研究"(the Six Subject Study)	1970—1971	阅读、科学(首次国际科学研究)、文学、作为外语的法语、作为外语的英语和公民教育	14
	1985	阅读和文学	

① ARTHUR F. Brief history of IEA: 50 Years of educational research[EB/OL].[2013-09-08].http://www.iea.nl/brief_history.html.

项目名称	时间	测试领域	参加国家(地区)数
国际数学与科学趋势研究(Trends in International Mathematics and Science Study, TIMSS) 注:4年一个循环的TIMSS从1995年正式开始	1964	首次国际数学研究	12
	1980—1981	第二次国际数学研究	20
	1983—1984	第二次国际科学研究	24
	1995	第三次国际数学与科学研究	45
	1999	第三次国际数学与科学后续研究	38
	2003	国际数学与科学趋势研究2003	52
	2007	国际数学与科学趋势研究2007	66
	2011	国际数学与科学趋势研究2011	75
课堂环境研究(Classroom Environment Study)	1981—1983	课堂环境对教学行为和学生学习成果的影响	9
学前教育研究(Preprimary Project, PPP)	1987—1989	学前儿童在不同的照护环境和教育环境中的生活质量(如幼儿园、幼儿中心、家庭日托中心),并评估这些环境如何影响他们的发展	11
	1992		15
	1995—1997		13
"国际阅读素养进展研究"(the Progress in Reading Literacy Study, PRLS)	2001	儿童的阅读能力和相关的政策和实践	35
	2006		45
	2011		53

续表

项目名称	时间	测试领域	参加国家（地区）数
"国际公民和公民教育研究"（the International Civic and Citizenship Education Study，ICCES）	2009	年轻人在 21 世纪承担自己公民角色的方式	38
	2016		未知

经济合作与发展组织（Organization for Economic Co-operation and Development，简称 OECD）作为世界范围内具有重要影响的经济组织，不仅在经济领域中发挥着重要作用，还对各国教育发展产生了重要影响。OECD 的成员国一直是 IEA 多项研究的主要参与国，OECD 的成员国认为应建立一套更好的教育评价机制，以适应新的教育情景。为实现上述目标，OECD 的成员国决议发展一套国际教育指标体系，以统计形式来呈现各国教育制度的特征。① 在美国的国际教育进步协会（the International Association of Educational Progress，IAEP）的帮助下，1988 年，OECD 开始了国家教育指标体系（Indicators of National Education Systems，INES）项目，用以收集、加工、改善和报告各国教育及相关领域的统计数据。由 OECD 下设的"教育研究与改革中心"（Centre for Educational Research and Innovation，CERI）负责完成，1992 年出版了第一本《教育概览：OECD 指标》（*Education at a Glance：OECD Indicators*），此后每年或隔年出版一本，同时教育指标体系也在不断革新和完善。《教育概览：OECD 指标》对各国教育指标的科学制定都具有重要的借鉴意义。与 IEA 一样，OECD 对大规模学业评估的开展也产生了重要影响，它不仅对世界范围内的大规模学业评估给予资金支持，更在实际行动上组织了一系列大规模学业评估项目。

《教育概览：OECD 指标》出版后不久人们就发现，这些教育指标大部

① OECD. Education at a glance：OECD indicators[R]. Paris：OECD, 1992.

分涉及的是教育的人力投资和财政投入，教育系统的合作，个人、经济和社会对教育投入的回报等，一直缺乏对教育产出情况的有效考查，因为不是所有国家都能提供这一数据，或者不是所有国家都能有规律地进行收集。教育产出缺乏国家间共有和可信的指标，这使得教育管理者、学校、教师和学生家长都希望有一套评价教育体系的有效工具。1995年，为了满足OECD成员国希望获得关于学生知识、技能及教育表现的常规、可靠的数据资料，PISA项目被首次提出。这一评价项目是应用现代教育测量技术在发达国家或地区义务教育阶段结束之后，对学生在阅读、数学和科学等领域的发展情况进行测试，并结合相应的问卷调查，在对大规模学生学业进行评价的基础上进行教育情况的评估，并进行国际比较。① 1997年，PISA项目正式启动，2000年开始了第一轮的测评，之后每三年测评一轮。其新颖的设计理念、规范的实施过程、严格的控制标准，引起了全世界的广泛关注和强烈反响。

4. 发展特征分析

第一，20世纪90年代之后，参加学业评价的人数和国家数目都大大增加：全世界有超过三分之一的国家采用了标准测试的方法来评估本国初中和高中学生的学业成就。② 早期的国家评估参与国主要是欧洲、北美洲的一些高人类发展水平地区的国家，之后逐渐扩展到了非洲、亚洲、拉丁美洲和加勒比地区的部分中等和低人类发展水平地区。而国际评价的参与国仍然主要是经济文化水平发展较高的地区，因为是国际比较，参与国的态度都比较谨慎，基本上都在经济文化发展较平衡的地区间进行比较。

第二，基于全球合作的比较评价。IEA、OECD成为国际学业成就比较

① 王蕾. 基于大规模考试的教育质量评价[J]. 教育科学研究, 2010 (11)：37-41.
② KAMENS D H, MCNEELY C L. Globalization and the growth of international educational testing and national assessment [J]. Comparative Education Review, 2010, 54(1)：5-25.

研究的主要推动者之一，另外，UNESCO 致力于帮助贫穷地区的教育发展，为它们的学业成就测试提供了技术和人员上的帮助，每年发布《全民教育全球监测报告》对有关教育的一些重要问题进行讨论。World Bank 资助了很多大规模教育评价项目，同时也从事教育监测方面的研究。

第三，评价维度越来越丰富。虽然大部分评价项目仍然是以科学、阅读、数学等核心科目为主，但是却跳出了学科课程的框架限制，开始关注这些学科内实现终身学习所需要掌握的认知技能，以帮助学生适应当今迅速变化的社会，如测试学科素养、学科能力等。

第四，大数据技术的广泛应用。首先要提到的是计算机阅卷技术的发明，这项技术大大减少了阅卷所需要的时间和所需要的人员，而且使多项选择题成为很多大型测试的首选题型。计算机开始在学校教育中发挥更加重要的作用，广泛应用于试题设计、试题储备等方面，有条件的地区的学生可以在电脑上直接进行作答，有的测验可以在答题完毕后马上给出成绩，使学生可以对自己的学习状态得到迅速的反馈。

（二）国际代表性监测项目关于数学学科能力的评价分析

1. 国际学生评估项目（PISA）

国际学生评估项目（Programme for International Student Assessment，简称 PISA）是经济合作与发展组织（Organization for Economic Co-operation and Development，简称 OECD）于 1997 年创建的一个国际学生评价项目，主要是对工业化国家义务教育阶段结束后的 15 岁学生进行标准化国际测试，评价内容包括数学基本能力、阅读能力和科学素养等三大领域，目的在于测试他们是否已经获得生活所必需的能力和继续学习的能力，是对学生适应未来生活的能力和终身学习能力的综合评价。

为了实现国际学生评估项目对各国教育的促进作用，OECD 相关人员对 TIMSS 和美国 NEAP 等多个著名的大规模测试进行了深入研究，对 PISA 的开展提供了经验支持。

（1）PISA 项目的目的与评估内容。

PISA 项目的目的与意义：评估学生能力，培养未来公民。对学生的学业评价一直受到各国教育系统及社会各界的广泛关注，各类学业水平测试和选拔性考试不胜枚举（美国的 NAEP、SAT 和 AP 测试，英国的 A-Level 和 GESC 等）。为了适应社会发展并满足国家教育发展需要，各国教育研究人员和教育行政部门进行了大量的关于学生测试的研究，以达到提高测试客观性、科学性和公平性的目的，这为各国进行教育改革、提高教学质量产生了重要影响。尽管在各国教育工作人员和教育部门的不断努力下，各种学业水平测试的效果不断提高，并在很大程度上反映着学校、地区甚至整个国家的教育质量及教育发展情况，但也存在着很多问题。首先，这些测试大多着眼于对学生学业成就的考查，并没有对学生学业发展中出现的问题及其产生原因（包括个人、家庭、学校、社会等各方面）进行深入研究，降低了学业评价对教学质量提高的影响；其次，以地区或国家为单位举行的大规模学业评价仅仅是对区域内大量学生的学业发展情况进行评估，却没有进行比较研究，并分析挖掘大数据背后所隐藏的教育问题。这就导致了大量的学业评价仅仅实现了对学生学业发展的评估，对改革教育制度和提高教育质量并没有太大作用。

为弥补各国大规模学业评价的不足，提高各国教育质量和教学效果，也为各国教育改革和教育政策制定提供充足的信息支持和经验指导，OECD 组织了国际学生评估项目（PISA）。PISA 作为一种面向世界各国学生学业发展的大规模评估项目，它的目的不是对各国的教育水平和学生发展情况进行比较，也不是为了选拔各国的优秀学生，而是通过一种多维度、大规模的教育调查研究，在了解世界各国学生学业发展水平的基础之上进行深入研究，发现其教育过程中存在的问题并寻找产生问题的真正原因，为促进各国教育改革的实施和教学效果的提高提供理论指导和经验支持。

PISA 项目的评估内容：科学领域、数学领域和阅读领域。PISA 项目是对义务教育阶段末期的学生（即 15 岁学生）在学习、工作和生活中所表现出的运用所学知识和技能去解决实际问题的能力进行测试，以达到评估未来公民适应社会生活能力的目的。它不同于传统意义上对读、写、算的测试，而是对学生进行的综合性测试，目的在于评估学生运用综合知识解决实际问题的能力。PISA 的测试内容包括学生的阅读、数学和科学三个领域，并为每一个领域设定由"定义与特征""内容维度""认知能力维度"和"情境维度"所组成的测试框架。PISA 除了对学生的知识、技能等方面的情况进行评估之外，还对他们的家庭背景、社会政策、学校环境(包括教师、同学和学校等多种因素的影响)和学生自身特点等影响学生学业发展的各种因素进行探究，从而实现在多角度、多层次、多方面了解学生的基础之上，根据测试结果对他们在阅读、数学和科学三个领域的学业情况给予恰当评价。① PISA 对学生阅读、数学和科学三个领域的测试内容如表0-2 所示。

表 0-2　PISA 项目测试领域和内容

评估内容＼评估领域	知识	能力	态度
科学领域	物理系统、生命系统、地球和空间系统、科学的探究和解释	识别科学问题、解释科学现象、使用科学证据	对科学的兴趣，对科学探究的支持，对资源、环境和社会的责任感
数学领域	对概念、定理、公式的理解及数学的测量、计算、分析、统计等	应用数学原理或公式应用数学概念、原理、公式等进行实际问题的解决；以数学角度进行实际问题的思考、分析和归纳	对数学的动机和兴趣、意识到数学素养的重要性、正确的数学学习方法和积极的学习态度

① 郭思文，李凌艳. 影响学生学习素养的环境因素测评：PISA 的框架，内容及政策影响[J]. 比较教育研究，2012(12)：19.

续表

评估领域 评估内容	知识	能力	态度
阅读领域	以恰当的方式对书本、表格、图片、网络等形式的内容进行阅读，并通过相应的策略对阅读内容进行加工、理解和记忆	在阅读的基础上进行相关内容的理解、叙述、解释、评论和反思	对阅读的兴趣、良好的阅读习惯、正确的阅读态度、阅读的多样性和参与度

PISA 不仅注重对学生基本科学素养的评估，还强调对影响学生学业发展因素的调查，它除了对学生在阅读、数学和科学三个领域的知识掌握和应用能力进行评估之外，还通过问卷调查收集学生个体、家庭、学校和社会等影响学生学业发展的各种信息，对学生的学业发展水平进行恰当评估，从而恰当评价当前基础教育质量，为各国基础教育改革提供更多的信息。PISA 问卷调查包括对学生的问卷和对学校的问卷两种，如表 0-3 所示。

表 0-3　PISA 问卷调查框架

学生问卷	学校问卷
阅读习惯、阅读策略 对数学知识的学习 对科学知识的学习和看法 对教学过程的描述 对学习环境的看法 家庭、社会经济背景 学习时间、课堂气氛和校风班风 语文课堂的教学组织情况 图书馆等资源的利用情况 可获得的校外资源 ……	学校的结构和组织 学校的基本特征 学生和教师组成 学校员工和管理 学校资源 课程、教学和评价 对学生的职业指导 校风校纪 学校政策与实践 ……

（2）PISA 评估项目。

PISA2000 对来自 32 个国家的处于 15 岁的学生的发展情况进行评价，以了解他们应用所学知识和技能解决实际问题、迎接现实生活挑战的能力。① 它以书面考试的形式进行，包括客观选择题和主观问答题，为每个学生提供两个小时的作答时间，通过学生的答题情况了解他们对所学知识的掌握情况。②这不仅是对学生的知识储备和分析、推理及有效沟通能力的考核，还是对学生终身学习能力的评估，为各国（或地区）了解学生适应未来生活的能力提供了重要参考，也为教学方法的改进、学校课程的制定和教育政策的完善提供了重要的指导信息。

PISA 2003 项目对来自四十多个国家的处于 15 岁的学生在阅读、数学和科学上所表现出的学业发展水平进行了评价，其测试重点是基础教育阶段学生的数学素养，主要围绕学生对不同类型数学技能（定义理解、常规计算、推理证明、问题解决等）的意义建构而展开。③ 问题解决能力是本次项目评估的重要内容，这种问题解决能力不仅指单独解决某一学科领域的问题，还包括对他们跨学科问题解决能力的评估。PISA2003 是运用纸笔测试的方法对学生的问题解决能力进行评估，其中既包括客观的多项选择题，也包括开放性的简答题。学生通过个体的认知过程来面对和解决基于真实情境、跨学科的问题，从而体现他们的实际问题解决能力。在整个评估测试的编制中，以学生应用知识和技能来解决现实生活背景下的问题来实现对他们问题解决能力的评估，这包括学生的认知能力、分析能力、推

---

① TOPPING K, VALTIN R, ROLLER C. Policy and practice implications of the Program for International Student Assessment（PISA）2000 Report of the International Reading Association PISA Task Force April 2003［J］. Retrieved June April, 2003（7）：2005.

② PISA Programme for International Student Assessment（PISA）2000 Technical Report［M］. Paris：OECD Publishing, 2003：15-17.

③ Programme for International Student Assessment. The PISA 2003 Assessment Framework：Mathematics, reading, science and problem solving knowledge and skills［M］. Paris：OECD Publishing, 2003.

理能力和问题解决能力等多个方面的内容。①

　　PISA2006 项目的主要测试内容是基础教育阶段学生的科学素养发展情况，它既包括物理、生物等各类科学知识，又包含学生的科学能力，也就是学生应用科学知识解释生活现象、解决现实问题的能力。② 在这一次的评价项目中，主要对学生个体科学素养的四个相互关联的方面进行评估：第一，学生对科学知识的掌握，应用科学知识解释科学现象、解决实际问题并获取新知识，以及以科学实证为基础描绘科学问题结论的能力；第二，理解将科学作为人类知识并满足需求的特点；第三，理解科学技术是如何塑造我们的物质世界、知识领域和文化环境的；第四，对科学问题充满兴趣，树立科学的思想，为将来成为一名关注并深入思考科学的建设性公民。③

　　在 PISA2006 中，不仅以试题的形式对学生的科学知识掌握和科学素养提高进行评估，还将科学探究作为一种探索活动对学生进行考查。在对学生科学探究的考察中，包含科学兴趣、科学探究能力和科学态度等多方面的内容，是对他们的科学知识、科学技能和对科学的情感态度等全方位的评价。

　　PISA2009 项目的主要目的是对即将完成义务教育的学生应用所学知识和技能解决实际问题并成功应对现实生活挑战的能力进行测评，关注的重点从学生对知识的掌握转化为对他们知识应用能力的评估。④ 这种评估取向反映了科技不断发展、社会不断进步的今天，学校教育目标和课程目标对基础教育阶段学生提出的新要求。在针对学生能力进行评估的 PISA2009

① 王蕾，邓小丽. PISA2003 问题解决能力测评及启示[J]. 外国中小学教育，2008（10）：13.
② BYBEE R，MCCRAE B，LAURIE R. PISA 2006：An assessment of scientific literacy[J]. Journal of Research in Science Teaching，2009，46（8）：865-883.
③ OECD. PISA assessing scientific，reading and mathematical literacy：A framework for PISA 2006[M]. Paris：OECD Publishing，2006.
④ 陆璟. PISA2009 上海实施报告[J]. 教育发展研究，2009（24）：72-75.

项目中，对学生数学素养的评估则旨在了解学生运用数学思想和方法理解、分析并解决实际问题的能力；对学生科学素养的评估则是为了了解学生在理解科学知识的基础上，应用科学观点解释科学想象并将科学思想应用于实际生活的能力。

PISA2012又一次以学生的数学素养为重点进行测试，以对问题解决能力的评估为中心，从阅读、数学和科学三个领域的发展情况对学生展开评估。在PISA2003以纸笔方式测试学生的问题解决能力之后，PISA2012进入了计算化测评阶段，这是在PISA2009引入电子阅读测试的基础上，现代科学技术在大规模学业评价中的又一次广泛应用。PISA2012采用计算机测试的方式对学生的数学素养进行测评，即"基于计算机的数学素养测评"（Computer-based Assessment of Mathematical Literacy，CBAM）。这不仅是测评方式的改变，其测试的知识和能力也突破了传统纸笔测试的限制。以对学生科学素养的测试为例，我们不仅可以实现对不同媒体信息的有效呈现，丰富测试内容，能够以动态的形式实现对各种科学现象形象化的呈现，在为学生提供基于真实问题情境的同时，减少了他们对抽象文字的依赖，有效完成对他们实际问题解决能力的评估。

2. 国际数学与科学趋势研究（TIMSS）

（1）TIMSS的产生与发展。

国际教育成就评价协会（IEA）在20世纪60年代初组织了由十多个国家共同参与的第一次国际数学和科学研究，并于20世纪70年代末80年代初组织二十多个国家进行了第二次国际数学和科学研究。1995年，IEA又组织了第三次国际数学和科学研究，与前两次的数学和科学研究不同，第三次评估首次同时展开对数学和科学两个领域的研究。[①] 1999年，IEA又组织了 TIMSS-R（the Third International Mathematics and Science Study

---

① 李建华. "第三次国际数学与科学研究"成果评介［J］. 比较教育研究，1999（3）：
　　56-60.

Repeat），并于 2003 年正式更名为国际数学和科学趋势研究（Trends in International Mathematics and Science Study，简称 TIMSS），从而使 1995 年、1999 年和 2003 年的三次测试有了一个统一的名称"TIMSS"。

TIMSS 通过对各参与国家和地区的学生学业发展水平进行评估，以了解各国教育实践的优势与不足，并促进各国之间的相互了解与学习，为各国教育事业发展提供重要指导。在对不同国家 4 年级和 8 年级的学生在数学和科学两个领域中的学业发展情况进行评估的基础上，通过对学校、教师、学生、课程和课堂教学活动等内容的分析，了解学生学业发展背后的教育体制、社会、学校环境，以及学生自身等各种因素，在合理评估学生学业发展的同时，对国家或地区的教育质量进行合理评价。同时，通过对各国评估结果的比较发现他们教育体系中存在的优势与不足，从而促进各国之间的相互学习和共同发展，实现各国教育质量的全面提高。

目前，TIMSS 作为一项大型的国际数学和科学评估项目，已经受到越来越多的国家政府和教育机构的关注，尤其是将数学和科学视为维持国家安全和核心竞争力的美国。因此，各国以积极的态度对待 TIMSS，他们的大力支持和广泛参与，有效促进了 TIMSS 的不断丰富与完善。在积极参与 TIMSS 评估项目的基础上，各国也纷纷设立了多角度、全方位研究 TIMSS 评估项目的组织和机构，通过对历届 TIMSS 评估项目的数据分析，在深入了解本国教育实际的基础上，为 TIMSS 评估实际提供更多的反馈信息，也促进了 TIMSS 研究项目的不断改进和完善，并源源不断地为各国教育发展提供重要指导。

（2）TIMSS 评估项目框架。

TIMSS 评估项目的目的：测量并比较不同国家学生的数学与科学学业发展趋势。TIMSS 的目的之一就是测量并比较不同国家四年级和八年级的学生在数学与科学两个领域的学业发展趋势，并通过分析和比较为不同国家的教育改革和教学实践提供指导，也为各国的相互借鉴提供支持。[1] IEA

---

① NEUSCHMIDT O, BARTH J, HASTEDT D. Trends in gender differences in mathematics and science（TIMSS 1995—2003）［J］. Studies in Educational Evaluation, 2008, 34（2）: 56-72.

主席谢默斯(Hegarty Semus)博士在一次报告中曾指出，对学生的学业成就进行国际性比较研究的原因主要有四个：一是促进公众对教育的关注；二是使教育者发现其教育中存在的优势与不足，并加以改进和完善；三是促进参与国对各自教育制度的理解；四是改善各国教育供给状况。① IEA 进行的所有教育研究都是以对各国教育实践进行对比，发现其优势与不足并提出改进和完善意见，TIMSS 也不例外。数学和科学作为影响国家发展的重要学科领域，TIMSS 评估项目可以促进各国对自身教育实际的深入了解，不仅有利于学生在数学和科学领域的学业发展，更为各国科技发展和社会进步打下了坚实基础。

TIMSS 的评估框架。TIMSS 对学生学业发展水平的评估主要包括数学和科学两个领域。在科学领域的评估中包括两个方面的内容：一是内容维度，在对四年级和八年级学生进行科学评估的过程中，其评估的科学内容是存在差异的，对四年级学生的评估主要包括生命科学、地球科学、自然科学等，而对八年级学生的评估内容则更加细化，包括生命科学、地球科学、环境科学、物理、化学等；二是认知维度，主要包括学生对科学知识的认识、理解、应用以及推理和分析等，在这一领域的评估中，对四年级学生和八年级学生的要求没有太大差异。在数学领域也是包括两个维度的：在内容维度上，包括代数、几何、测量、数据等几个方面。在认知维度上，主要包括对数学知识的理解、应用和推理证明等。在数学领域的评估中，TIMSS 对四年级学生和八年级学生的要求基本相同。在实际的评估过程中，TIMSS 则会根据各国教育改革进展和评价项目本身的需要而进行相应的调整，这既包括数学领域，也包括科学领域；既体现在内容维度，也体现在认知维度上。因此，在每次举行的 TIMSS 评估项目中，其评估内容和评估要求都是存在差异的。

---

① 鲁毓婷. 全球化背景下的学生学业成就比较研究——TIMSS 和 PISA［J］. 考试研究，2007(3)：76-92.

在 TIMSS 中，测试题的编制分选择题和解答题两种形式，是由国际知名专家供题，通过所有参与国家的共同审核后对学生进行测试。① 主观题与客观题相结合的试卷编制，可以为学生提供更大的表现空间，在了解学生对知识掌握情况的基础上，更好地表现出他们对所学知识的理解和应用，从而实现对学生学业发展的深入了解。同时，TIMSS 采用轮换测试的形式达到了在占用学生时间最少的情况下覆盖更多测试内容的目的。

（3）TIMSS 测试项目。

TIMSS1995 是继国际教育成就评价协会举行的两次国际数学和科学研究之后进行的第三次国际数学和科学评估项目，不同的是它首次在数学和科学两个领域同时展开评估。TIMSS1995 对来自 45 个国家的学生（三年级、四年级、七年级、八年级以及中学最后一个年级）进行了数学和科学测试，并通过教师、同学、学校等各方面的途径了解影响学生学业发展的背景信息，从而对学生在数学和科学两个领域的学业发展情况进行恰当评价。②③在此基础上对各国的评估数据进行深入分析，从而发现各国教育发展中存在的优势与不足，促进各国教育政策的不断完善和教学质量的不断提高。同时，TIMSS1995 还通过评估数据实现了对各国教育体制和教学实践的比较，为各国的互相影响和相互学习提供重要支持。这是在 IEA 设计的前两次学业评估的基础之上，实现同时对学生数学和科学两个领域的多维度评估，开启了国际数学和科学趋势评估的新方法。

---

① 李建华. "第三次国际数学与科学研究"成果评介[J]. 比较教育研究，1999(3)：56-60.
② 鲁毓婷. 全球化背景下的学生学业成就比较研究——TIMSS 和 PISA [J]. 考试研究，2007(3)：76-92.
③ KELLY D L. The TIMSS 1995 international benchmarks of mathematics and science achievement：Profiles of world class performance at fourth and eighth grades [J]. Educational Research and Evaluation，2002，8(1)：41-54.

TIMSS1999 也被称为 TIMSS-R，用来考察 TIMSS1995 以后各国的发展趋势。这一次研究由 38 个国家和地区参与，其中有 26 个国家和地区同时参加了 TIMSS1999 和 TIMSS1995 的比较研究，并且其中 17 个国家和地区的研究对象(八年级学生)正好是 TIMSS1995 中参与四年级测试的学生。①与 TIMSS1995 不同的是，TIMSS1999 集中研究了第二个年龄阶段中八年级学生的情况，以考察他们四年来的发展趋势。TIMSS1999 中对课堂实录的研究，可以达到对学生课堂表现、教师教学质量、课堂教学效果等各方面的深入了解。与传统的课堂观察、问卷调查相比，课堂录像有其独特的优势，它能够最真实地反映课堂教学情况，还可以突破时间、人员的限制，实现多角度、重复性的观察研究，有利于课堂教学对学生的学业发展进行深入分析。②

2003 年，TIMSS 更名为"国际数学和科学趋势研究"(The Trend of International Mathematics and Science Study)。TIMSS2003 对来自 48 个国家和地区(包括发达国家和发展中国家)的学生(四年级和八年级)在数学和科学两个领域的发展趋势进行了评估，其中有 26 个国家和地区只参加了四年级数学和科学的测评。对三次评估结果的比较为各参与国的教育政策制定和教育改革提供了重要指导，对提高各国教育质量具有重要意义。因此，越来越多的国家和地区参与了 TIMSS 这一国际化的评估项目，我国香港也参加了这次测评活动。TIMSS2003 对学生数学和科学两个领域的研究包括内容和认知两个领域，评估内容如表 0-4 所示。③

① CALSYN C, GONZALES P, FRASE M. Highlights from TIMSS 1999[J]. Trends in International Mathematics and Science Study, 1999(2): 5-7.

② ROTH K J, DRUKER S L, GARNIER H E. Teaching science in five countries: Results from the TIMSS 1999 video study statistical analysis report[J]. National Center for Education Statistics, 2006(11): 8-12.

③ MARTIN M O, MULLIS I V S, CHROSTOWSKI S J. TIMSS 2003 technical report[R]. MA: TIMSS & PIRLS International Study Center, Boston University, 2004.

表 0-4　TIMSS2003 评估框架

	数　　学		科　　学	
	内容领域	认知领域	内容领域	认知领域
四年级	数 代数 测量 几何 数据	知道事实和程序 使用概念 解决实际生活中 的问题 推理能力	生命科学 自然科学 地球科学	事实性知识 概念理解 推理和分析
八年级	数 代数 测量 几何 数据		生命科学 化学 物理 地球科学 环境科学	

　　在 TIMSS2007 中，对来自 59 个国家和地区的四十多万学生进行了数学和科学课程的学业成就评价，其中有 36 个国家和地区参与了四年级测试，48 个国家和地区参与了八年级测试。TIMSS2007 在前三次测试研究的基础上，对评估项目做了相应的改进和完善，使评价指标体系和评价工具更趋近科学化和标准化。TIMSS2007 不仅实现了对各国学生数学和科学发展水平的评价，更通过结合前三次评估项目中所收集的数据，进行了对过去 12 年间内容的评估数据分析，并提供了各国学生在数学和科学领域的发展趋势。[1] 这样，对连续参与评估的国家(或地区)来说，就可以通过对数据的分析和 TIMSS2007 提供的发展趋势，更好地了解本国学生在数学和科学两个领域上的学业发展趋势，并根据学生发展过程中存在的问题进行相应的改进和完善，从而促进整体教学实践的改进和教育质量的提高。与前

① MULLIS I V S, MARTIN M O, RUDDOCK G J. TIMSS 2007 assessment frameworks [R]. MA：TIMSS & PIRLS International Study Center. Boston University, 2005：1-2.

几次评估项目相比，TIMSS2007 在内容和认知两个维度都有所变化（见表0-5）。

表 0-5　TIMSS2007 评估框架

	数　学		科　学	
	内容领域	认知领域	内容领域	认知领域
四年级	数学 几何图形与测量 数据呈现	知道	生命科学 自然科学 地球科学	知道
八年级	代数 几何 数据与概率	应用 推理	生物 化学 物理 地球科学	应用 推理

　　自从 1995 年进行第一次国际数学和科学教学成就评估之后，TIMSS 每四年都会在全球范围内的几十个国家进行一次评估，TIMSS2011 是第五次评估。它是在 TIMSS2007 对学生（四年级和八年级）数学与科学学业发展的评估基础上进行的，根据各参与国家和地区的教育改革对评估框架进行了相应的改进和完善。① 与前四次的评估项目相比，TIMSS2011 在评价指标和工具上显得更趋近标准化和科学化，会为各国进一步的教育改革提供更多的重要信息和指导意见。除了对四年级学生和八年级学生的数学与科学成绩进行测评与比较之外，TIMSS2011 还增加了对教学环境与学生的家庭支持等方面的调查，从更广范围内对影响学生数学和科学成绩发展的因素进行调查和分析，在深入了解学生的学习态度、学习内容、学习结果和学习环境等内容的基础上，对各国学生的数学和科学发展情况给予恰当评

---

① MULLIS I V S, MARTIN M O, RUDDOCK G J. TIMSS 2011 assessment frameworks [R]. MA：TIMSS & PIRLS International Study Center. Boston University，2009：13-16.

价，促进各国的教育教学改革和实践。

3. 全美教育进展评价(NAEP)

NAEP 是对全美范围内基础教育阶段学生学业水平进行的评估，其目的在于了解全国教育进展情况，以促进教育改革的进行，实现教学质量的不断提高。从 NAEP 开展到现在的半个世纪里，它对全美的教育发展产生了重要影响，是大规模评价项目中的典型案例。

这一大规模学业评价项目运用了多维度的评价框架，实现了对学生的学习情况的详尽描述，有效反映了学生对当前知识的整体掌握情况以及学业发展水平，使美国政府、教育行政部门和社会各界对全国基础教育阶段学生的学业发展情况有了深入了解。NAEP 通过对全国中小学的学业发展进行评价，实现了对美国基础教育学业成就发展趋势的测量与评估，从而更好地了解当前国家的基础教育质量，为基础教育改革提供重要反馈信息。

(1)NAEP 的评估框架。

主评价项目与长期发展趋势评价项目。NAEP 主要包括两个方面的内容：一是 NAEP 主评价项目(Main NAEP)，目的是了解学生在各学科领域中的知识掌握程度；二是 NAEP 长期发展趋势评价项目(Long-term NAEP)，旨在测量一段时间以来学生的学业发展状况。[①] 在实际的评价框架设计中，主评价项目与长期趋势发展评价项目之间是存在差别的。主评价项目与长期趋势发展评价项目相结合的评估形式对全美各州学业评价和课程改革都产生了积极影响，对教师的教育教学实践也具有重要的促进作用。

NAEP 主评价项目：对特定学科内容以及影响学生学业发展的因素和背景信息进行评估。NAEP 主评价项目主要在四年级、八年级和十二年级

---

① 任长松. 美国国家教育进展评价 NAEP 及其借鉴意义[J]. 课程·教材·教法，2009(9)：87-92.

开展，评估对象为公立学校和非公立学校的学生。主评价内容由两部分构成，一是特定学科的测试问题，主要涉及数学、科学、阅读、写作、美国历史、世界历史、地理、经济、艺术、公民、外语等学科，问题形式以多项选择题和问答题为主，通过对分数的等级评定或对内容掌握程度的划分实现对学生学业发展水平的评估；第二部分是影响学生学业发展的因素和背景信息，主要包括学生的性别、年龄、家庭状况、学校状况、社会环境等。主评估的各科框架常常会根据教育理论与教学实践的发展（如教育测量手段的更新、教学改革的进行等）而不断融入新的理念、内容、方法及形式，以实现评价方式的更新和评估结果的改进，在适应时代发展和教育改革的情况下为国家和地区的教学实践提供源源不断的信息支持和方法指导。

NAEP 长期发展趋势评价项目：对国家和地区长期以来教育发展的变化和趋势进行评估。NAEP 长期发展趋势评价项目主要针对九年级、十三年级和十七年级的中小学生进行，评价内容只包括阅读和数学，是对这三个年级的学生在阅读和数学两科中所表现出的学业发展情况进行评价。①NAEP 长期发展趋势评价项目与主评价项目不同，它的评价内容、形式、框架、工具和程序等不会因为课程及教育实践的变化而改变，目的在于评价国家和地区长期以来的教育发展变化和趋势，从而了解教育改革的效果和教学实践的长期发展情况，对教育体系的深入发展和不断完善具有重要意义。需要注意的是，由于长期趋势发展评估项目在评估内容、方法等方面都与主评价项目存在差异，我们不能直接将它们二者的测评结果进行比较，而需要分别对它们进行分析和讨论。

（2）国家级 NAEP 与州、学区级 NAEP。

在最初开展的一段时间内，NAEP 只进行全国范围的教育进展评价，随着它的持续开展并逐渐为全国教育改革和教学实践提供越来越多的帮助，这一评估项目也逐渐受到了人们的广泛重视。进入 20 世纪 80 年代以

---

① 曾玮，黄建伟. 美国 NAEP 地理评价述评[J]. 外国教育研究，2012(10)：72-78.

后，各州逐渐意识到仅在全国范围内进行数据的收集并不能在最大程度上促进各地区教育的不断发展，因此，州、学区一级的评估项目逐渐展开。国家级的 NAEP 能够通过抽样调查在全国范围开展评估项目，对整个国家基础教育阶段学生的学业发展水平和教育发展情况给予恰当评价，促进国家教育改革的不断深入和学生学业水平的不断发展。州、学区一级的 NAEP 则是针对各州教育发展的实际情况展开的，它能够在国家级 NAEP 的基础上达到对各州、学区的学生学业水平和基础教育发展情况给予恰当评价，促进各州、学区基础教育的不断发展和完善。

国家级 NAEP。国家级 NAEP 的评估对象是四年级、八年级、十二年级这三个年级的学生，评估内容包括阅读、数学、写作、科学、地理、公民、经济、艺术、外语、美国历史、世界历史等各学科。① 国家级的 NAEP 是从全国范围内抽取样本，学校样本的选择要考虑多方面的因素（经济、政治、文化、学生数量等），例如，芝加哥、纽约、洛杉矶等占有接近全美半数学生的地区是每次评估必选的样本，从样本的代表性和科学性方面考虑，我们还要随机抽取一些小城市、农村地区作为样本。② NAEP 的全国评估几乎每年都会开展，但并不是对所有的学科进行，阅读和数学两个学科是每两年举行一次，科学和写作每四年评估一次，而像公民、经济、艺术、历史等其他学科的评估周期则更长。

州、学区级 NAEP。目前，各州进行的 NAEP 仅在四年级和八年级两个年级开展，评价内容包括阅读、写作、数学和科学四个学科，平均每两年举行一次，目的是提供州内学生学业发展的相关信息。但是，对于阅读、写作、数学和科学四门课程并不是每次评估都会展开，而是周期性地进行，其中阅读和数学两个学科是每两年开展一次，科学和写作则是每四年开展一次。2001 年，《不让一个孩子掉队》法案颁布以后，美国联邦政府进一步加强了对基础教育的重视程度，并开始鼓励对学区开展实验性教育

① AHMANN J S, JOHN G H. National assessment of educational progress：General information yearbook[R]. Denver, Colo：Education Commission of the States, 1974：9.
② 周红. 美国国家教育进展评估体系述评[J]. 全球教育展望, 2004, 33(8)：66-69.

进展评估的可行性研究。① 从 2002 年起，NAEP 开始在学区开展 NAEP 评价，学区级的 NAEP 与州级的 NAEP 类似，不同的是学区级 NAEP 的评估对象仅为公立学校的学生。②

(三) 中国学科能力表现与大规模学科能力评价的相关研究

从某种意义上说，1977 年我国恢复高考以来，国内关于高考的研究成果可谓浩如烟海，全国普通高校招生考试(简称高考)本质上不属于学业评价，而是一种选拔性的考试，不是真正意义上的学业评价，其甄别和选拔的功能远胜于评价功能。20 世纪 80 年代以来，各省实施的普通高中会考制度具有大规模学业评价的性质，但高中会考的功能也仅仅定格在普通高中学生的毕业水平考试。因此可以说，我国改革开放 40 多年来，尚缺乏基于过程监测的大规模学业评价。

学科能力及其标准研究，一直是我国课程教学改革研究的薄弱环节。2001 年以来，我国基础教育课程改革提出了"知识与技能、过程与方法、情感态度与价值观"三维课程目标，其中"过程与方法"指向的是学科能力表现。随着课程改革的深化，教学质量、学生的学习质量、学科能力表现研究等问题日益引起重视。

1. 基于课程标准的学科能力表现及其评价研究

2007 年以来，华东师范大学崔允漷教授开展了"课堂观察研究""基于标准的学业成就评价研究"，初步探讨了学生的课堂表现及其评价问题。特别是其课堂观察的技术，为评价学生的学习过程质量，提供了一套具有参考价值的技术系统。代表论文有《基于课程标准的学生学业成就评价》(《课程教材教法》2007 年第 1 期)、《义务教育阶段学生科学学业成就评价

---

① RUDALEVIGE A. No child left behind act: Policy analysis [J]. Journal of Education Policy, 2003(3): 23-54.
② 任长松. 美国国家教育进展评价 NAEP 及其借鉴意义[J]. 课程·教材·教法, 2009(9): 87-92.

框架的初步开发》(《华东师范大学学报(教育科学版)》2010 年第 3 期)、
《促进学习：学业评价的新范式》(《教育科学研究》2010 年第 3 期)等。

2006 年，人民教育出版社承担了国家社会科学基金"十一五"规划国家级课题"中小学生学科学业评价标准的研究与开发"，在中小学生学业评价标准方面取得了较丰富的研究成果；华南师范大学高凌飚教授开展了学科教学质量评价研究，并翻译出版了比格斯关于学习质量的著作；徐岩、丁朝蓬发表了论文《建立学业评价标准，促进课程教学改革》(《课程·教材·教法》2009 年第 12 期)等。这些研究强调课程标准的重要作用，把课程标准确定的课程目标和课程内容作为学生学科能力质量的基本标准，同时注重研究学生学科能力质量的评价问题。

2. 关于学科能力表现及其监测的重要性和基本策略的研究

(1)关于学科能力质量监测重要性的分析。

2007 年以来，教育部基础教育课程教材发展中心在国家级课程改革实验区和相关省市开展了学习质量监测的相关工作，并与英国杜伦大学等研究机构合作开展学习质量监测技术的合作研究，使教学质量监测问题日益成为人们重视的问题。2008 年，国家教学质量监测中心在北京师范大学成立。同时，董奇、高凌飚等学者围绕教学质量监测和监控开展了理论和技术的研究。2009 年以来，关于学生学科能力、学业质量监测重要性、基本策略的研究，成为学术界的普遍共识，如高凌飚的《中小学教学质量监控刍议》(《全球教育展望》2010 年第 9 期)；张民生的《建立学生学业质量绿色评价系统》(《中国教育学刊》2012 年第 2 期)；顾长明的《中小学生学业质量检测体系的分析与对策》(《天津师范大学学报》2010 年第 10 期)；郭元祥的《加强教学质量的过程监测》(《教育测量与评价》2009 年第 1 期)等。这些研究成果从多角度阐述了加强教学质量或学生学业质量监测的重要性，并提出了一些基本策略。

(2)关于学科能力表现标准分类方法的研究。

自从比格斯的学习质量评价的 SOLO 理论提出以来，我国不少研究者开始关注学生学业质量的分类方法问题。如吴有昌、高凌飚的《SOLO 分类法在教学评价中的应用》(《华南师范大学学报(社会科学版)》2008 年第 6期);吴有昌的《SOLO 分类学对布鲁姆分类学的突破》(《华南师范大学学报(社会科学版)》2009 年第 4 期);吴维宁的《教育评价新概念——SOLO分类法评介》(《学科教育》1998 年第 5 期)多聚焦这一新的理论。

3. 关于学科能力表现标准研制的研究

2010 年以来,关于学业质量监测、学业质量评价体系、学业质量绿色评价系统、区域学业质量管理、学科能力等问题成为高关注度的理论与实践问题,短短两年多的时间内,学术刊物上发表的相关论文达到了 500 多篇,但大多是关于开展该工作的意义和价值的论证与分析,尚未就学业质量及其标准的本体问题开展突破性的研究。近几年国内关于学业质量评价的研究,对于学业质量标准的体系、各标准的内在结构等问题,尚涉及不多。政府导向性的学业质量标准文件尚待建立。

(1)关于各课程的具体质量标准的研究。

近三年来,结合我国新一轮基础教育课程改革颁布的课程标准实验稿的研究,许多学者和教研系统研究人员,开展了针对具体的知识教学目标、"过程与方法"课程目标的研究,并逐步扩展到区域学业质量体系的研究。如黄宪等的论文《构建区域中小学生学业质量管理体系的实践与思考——以广州市为例》(《基础教育课程》2010 年第 11 期)提出了学业质量体系建设的设想。

2007 年,华中师范大学郭元祥教授与中国台湾成功大学李坤崇教授在中国香港启动了"海峡两岸能力生根计划——中小学生学科能力表现与学习质量研究"的合作研究,开展了中小学生综合能力与学科核心能力表现的系列研究,构建了中小学生学科核心能力标准及评价策略,并成立了实验学校,开展了基于学生能力发展的"深度教学实验"研究。该研究通过五年多的时间,对中小学生学习能力进行了分级和分层的设计,结合语文、数学、综合实践活动等学科,对学生的学科核心能力表现的标准、评价技术，进行了卓有成效的探索。同时，与"海峡两岸能力生根计划"项目学校合作，开展了校本学业质量标准的研制工作，目前，国内已经有包括武汉市光谷第二小学、深圳市同乐学校、襄阳致远中学、武汉市 49 中学、江苏江阴中学等在内的 20 所项目学校研制了本校各门学科课程的学业质量标准。主要论文有郭元祥的《中小学生学业质量标准解析》(《课程教材教法》2012 年增刊)，姚林群、郭元祥的《基于学校层面的学业质量标准的研制》(《中国教育学刊》2012 年第 4 期刊发)等。郭元祥带领专家团队直接参与国家级课程改革实验区武汉市武昌区的《小学各门课程学业质量标准与评价体系》的研制工作。①

(2)关于学科能力表现标准的研究。

学生的核心学科能力表现是学业质量中的重要组成部分，也是多年来中小学教学中比较忽视的方面。北京师范大学心理学院林崇德教授较早地关注到这一问题，代表性的成果是林崇德的《论学科能力的建构》(《北京师范大学学报(社会科学版)》1997 年第 1 期)，认为"学科能力是学生的智力、能力与特定学科的有机结合，是学生的智力与能力在特定学科中的具体体现"，认为学生的学科能力是长期以来被人们忽视的发展目标。有研究者为此开展了关于学科能力的量化研究，如续佩君的《关于学科能力的定量研究》(《教育探索》2000 年第 3 期)。

2010 年，全国教育科学规划正式将"中小学生的学科能力表现研究"列为重点招标课题，号召教育理论界开展研究。2011 年，国家人文社会科学重点研究基地华东师范大学课程教学论研究基地将数学、科学、化学三门课程的能力表现问题作为招标课题加以研究。研究者也强调了学科能力表现性评价的重要性，如朱伟强、崔允漷的《基于标准的课程设计：开发表现性评价》(《全球教育展望》2007 年第 10 期)等。

与美国重视学科能力表现标准的研究相比较，我们主张，在研制我国基础教育阶段学生学业质量标准体系中，应该突出学科能力表现的标准。

---

① 姚林群，郭元祥. 基于学校层面的学业质量标准的研制[J]. 中国教育学刊，2012
(6)：48-51.

2009 年 PISA 进入中国之后，大规模教育评价这一有效监测教育系统发展的手段引起了国内教育界的广泛兴趣，国内对大规模学科能力评价的研究也逐渐呈兴盛之状。主要的研究内容包括以下几个方面：

①对一些著名的大规模学业评价研究项目的介绍和比较研究。如《国际学生评价（PISA）概说》《美国国家教育进展评估体系述评》《走进 PISA——国际学生评价项目综述》《全球化背景下的学生学业成就比较研究——TIMSS 和 PISA》等。

②大规模学业评价项目的实施研究和影响分析。如《如何看待上海 2009 年 PISA 测评结果——中国上海中学生首次参加国际测评结果反响述评》《基于 PISA 测试结果的教育政策调整分析》《我国大规模教育评价项目探究与实践》等。

③大规模学业评价对我国教育评价改革的启示。如《PISA 对大规模教育质量的评价解读》《从 PISA 试测研究实践的视角看我国大规模教育评价改革》《基于课程标准的学业成就评价的比较研究》《基于标准的学生学业成就评价》《从国际视域论析教育素质与平等》等。华东师范大学于 2012 年 11 月举办了"学业测量与评价国际论坛"，这是中国学术界首次对大规模学业评价进行集中讨论和成果的展示。①

我国近年来已经有越来越多的学者开始从事学科能力表现及其评价研究，但是总体来看，研究成果的数量和深度都还有待于进一步提高，特别是缺乏系统的理论梳理和建构，在怎样设计适合中国国情的评价项目等问题上有待于进一步探索。

三、意义

数学能力培养的研究，直接关系着学生的发展。同时，对于数学学科的教学实践也具有重要的引导价值，有利于促进教师教学观念的转变，为

---

① 郭元祥，刘晓庆. 大规模教育评价的国际趋势与局限 [J]. 教育研究与实验，2014（1）：27-32.

教师发展学生的数学能力提供依据，以落实"能力培养"的教学目标。

(一) 为数学学业质量监测提供可靠的标准

高中数学教育质量一直是高中数学教师、学校、教研室、教育行政部门、家长、社会关注的焦点。以考试的绝对成绩作为学生的学术素质的主要依据，导致了考试本身的质量不高、测试结果的不准确性、不可靠性，分数的不一致性和不公平性。事实上，高中生数学学业成绩与学生的学业成绩、教师与学生、教师、教学方法、学生的学习风格等因素相关，这些因素直接影响到学生的情感、动力、自信心，进而影响数学教育的质量。

本研究主要通过对比国内外有关高中数学能力的研究，以及了解国际上高中数学学科能力的研究趋势，系统研究高中数学的学科能力结构，提出科学完备的数学学科能力培养体系，从而为我国高中数学课程改革提供参考，同时也为学科教学提供评价标准，并为学校和相关部门检测数学学业质量提供可靠的参照标准，从而加强学生的数学学科能力的发展，促进数学学科教学的不断发展和完善。

(二) 形成数学学科能力评价的方法论体系

通过对数学学科能力的系统研究，可知数学学科能力包括：数学思维能力、数学一般能力以及数学应用能力。另一方面，通过数学学科能力的背景研究，了解教育评价的国际趋势，以及对新课程标准改革的了解，形成数学学科能力评价的方法论体系。

1. 评价理念的新变化

《基础教育课程改革纲要》中指出，评价不仅应注重学生的学习成绩，而且要发现和发展多方面的潜能，了解学生发展的需求，帮助学生认识自我，增强自信心。教育评价的功能，促进学生在原有水平上的发展。新课程改革十分强调发挥评价促进学生发展的重要功能，注重学生的过程性评价。在新的评价观的影响下，数学课程标准中指出对于学生数学学科的评价应该从对学习结果的关注转向关注学生学习过程的变化发展、学生的数学学习水平和学生在数学学习中形成的情感态度倾向。

此外，评价标准也逐渐丰富。分数不再只是评价学生学习效果的唯一标准，应该根据学生学习数学的"知识与技能""过程与方法""情感、态度与价值观"和"一般能力"等多方面维度来对学生的数学能力进行评价。在注重显性知识评价的同时，也要注重对学生学习过程中隐性知识发展的评价。根据对数学学科表现能力的研究，学生的思维能力、动手能力以及数学知识的应用能力等也都应该作为评价学生学习效果的重要标准。

评价方法出现多样化的特点。在课程改革的浪潮推动下，在实际的评价方法中也出现了多元评价方法，如发展性评价、形成性评价和综合评价等方法。因此，对学生数学能力的评价应该运用多样化的评价方法，并将其作为一种辅助手段，以促进学生数学能力的全方面发展。

2. 评价的范畴

数学教育评价不仅包括对学生的学习评价，同时也包括对教师的教学评价，主要有教师课堂教学评价、学生数学学习评价、数学考试评价、教师评价等评价形式。① 教师课堂教学评价，主要是对教师的教学行为进行评价，以提升课堂教学质量；数学学习评价是指有针对性地收集学生在学习数学知识，应用数学的能力和对数学学科的情感、态度、价值观等方面的信息，并据此对学生的数学学习状况作出评价；数学考试评价是学生学业评价的重要组成部分，也是教学过程中的重要组成部分；通过教师的自我反思进行的发展性评价，是为了以评价带动教师的专业素质和教育教学能力的提高，促进教师自我价值的实现。

(三) 引领中学数学教师的教学思维和行为

根据国外的研究，数学教师的教学思维通常是由理解、交换、讲授、

① 刘洪. 对学生数学能力评价方法的思考 [D]. 沈阳：辽宁师范大学，2008：88.

评估、反思和新的理解六个部分组成。教师通过对教学内容的建构性理解，将个人的理解转换成能促进学生学习的理解方式，再进行讲授，然后对自己的教学过程进行反思，从而生成对教学内容的新理解。然而，由于受到传统教育理念和教学方法的束缚，许多教师形成了教学思维定势，导致教师的教学意识封闭，影响了学生的开放性思维的发展和学习。

教学是教育活动的核心，作为一种有目的的活动，教学从本质上来说是为了实现教育目的，即为促进学生全面发展服务的。教学是教师引导学生学习的一种复杂的活动或过程，包括教师对教学的目标、内容、程序、方法、学生参与等的统筹把握。依据学生参与教学活动的程度，教学行为可以分为三类：学生为中心的教学行为、教师为中心的教学行为和互动式教学行为。在传统教育背景下，很多教师在开展教学活动时，在教学中多表现为以教师为中心的教学行为，使得学生在教学中的参与度不足。

本研究通过对高中数学学科能力的系统研究，旨在梳理出高中学生应该具备哪些数学学科能力，为学校教学活动提供参照标准。同时，试图转变教师的教学思维和教学行为方式，引领教师在新的课程标准下，能够进行恰当的教学。

(四)促进中学数学课程改革的深入实施

随着社会的发展，对人才的需求也在不断发展。知识型人才培养无法满足社会对综合型人才的需求。本文通过对高中数学学科能力组成进行研究，构建学科能力模型及表现标准，并建构具体的每一种数学学科能力的特点、培养方法和衡量的内容指标，从而促进形成整体全面的高中数学学科能力体系，促进中学数学课程的深化改革，以帮助学生掌握未来社会生活所需要的数学能力。

第一章

高中数学学科能力表现标准的内涵

学科能力表现的定义是："中小学生在各门课程学习过程中表现出来的比较稳定的心理特征和行为特征，是可观察和外显的学习过程质量。"要构建出一套合理的高中生数学能力表现标准，首先需要明确高中生数学能力的内涵，了解高中数学学科能力的具体架构，在此基础上再进一步探讨高中生数学能力表现标准的具体内容。

一、基本概念界定

概念的理解与运用具有一定的适用性，某个领域对概念的定义有可能并不适用于其他领域。这意味着，我们要对概念做出最切合实际、最适用于本研究领域需要的定义，才能在此基础之上进行深入的研究。

（一）能力及能力表现

1. 能力的定义

能力，是在完成一项目标或者任务中所体现出来的素质。通常而言，能力是指通过外在的行为、在解决问题的过程中体现出来或者在某一方面具有的熟练程度的表征。同时，它还可以指现今还没表现出的某方面的天赋，需要通过后天学习或不断训练的方式才有可能显现。而根据能力适用的场合可以进一步分为一般能力和特殊能力，"一般能力适合于许多日常活动，涵盖认识和实践操作能力；特殊能力适合于在某一研究领域发展所需要求"，两者相辅相成。每个人的能力存在着差异，如何评估个体能力的差异，我们"可以通过一个人在实际工作与学习方面的成就进行考查，也可用各种形式的能力测验或智力测验的结果来表示"。

2. 能力表现是能力的外在体现

能力是和人完成一定的实践活动联系在一起的，是指"人在某种实际行动和现实活动中表现出来的可以实际观察和确认的实际能量，它表明人驾驭某种现实活动的熟练程度,是人在活动中显示出的能量和作用"。而"能力表现"中的"表现"一词是指一种外在行为表现的过程。这意味着,学生的能力可以通过一些具体的行为特征进行观察和测量,如学生的语言表达能力、与人交际的能力等。某些能力需要借助一些实物才可以展现,例如借助于学生数学试卷的完成情况,可以了解学生数学运算能力的发展水平。还有一些能力,是无法在短时间内观测的,比如说,学生的组织能力。总而言之,通过学生的外在行为表现可以了解学生能力的发展,能力表现是能力的外在体现。

(二)学科能力及其表现

1. 学科能力的定义

学科具有两种含义:"一是指一定科学领域的总称或一门科学的分支;二是指高校科研、教学的功能单位。"学科在一定程度上与教学科目通用。比如,中国古代的"六艺"和欧洲古代的"七艺",都是当时学校设置的教学科目,也即学科。随着现代学校教学内容日益丰富与完善以及学科科目的增加,如何更好地开展学科教育的研究也在逐渐深入。学科教育,即学校设置的学科的教育,其教学内容除了受到科学分化的影响,还受到学校教学目标和学生身心发展特点的约束。它是根据学科的知识框架和逻辑体系组织,通过传授学科知识,培养学生的学科能力。

学科能力有三个层面的理解,一是学生掌握某学科的一般能力;二是学生在学习某学科时的智力活动及其有关的智力与能力的成分;三是学生学习某学科的学习能力、学习策略与学习方法。也就是说,一种学科能力,不但体现在某学科的一般能力,还包括学科能力的结构,它既有常见的某学科能力的表层表现,又有与非智力因素相关的深层因素。

2. 学科能力的构成

分析学科能力的构成时要从以下三个方面考虑。

（1）学科能力最直接的表现是一般能力。

要研究某学科的学科能力，首先要考虑该学科具有的特殊性，找到最能直接体现该学科特殊要求与问题的一般能力。

和语言相关的语文、外语学科能力中，听、说、读、写四种能力就是其一般能力的特殊表现，只是母语和外语在内容与形式上有一定的差别。任何一种语言，听、说、读、写是学习这门学科的一般能力前提。听、说与读、写的侧重点不同，听、说主要在于训练口头语言，而读写的着重点则是书面语言的理解与掌握，并且两种语言各自的特点也大不相同。口头语言相对于书面语言，前者较为具体、灵活，后者较为简练、严密；因此，运用口头语言进行表达，要求我们必须具备灵敏的思维；而运用书面语言进行表达对我们的思路提出的要求是清晰、严密。口头语言与书面语言也是密不可分的：前者是后者的前提，后者又可以简化前者。因此，比较听、读与说、写，前者是后者的前提，后者也是前者的基础。听、说、读、写四种能力构成了语文或外语的一般能力系统。

对于数学学科来说，其相关能力的首要前提就是计算的能力，也即数的能力，以及不同维度空间的想象力，也即形的能力。此外，人类思维体现于数学上，逻辑思维能力表现了数学学科的一般能力。计算既指数或数学上的计算，同时也指对数学式和方程的调整和变形，还包括极限、微积分、逻辑代数等的计算。不同维度空间想象包括对空间观念的一些理解，对二维、三维空间几何图形运动、位置关系的变换等方面的理解以及对图文结合、代数问题的解析等。数与形的能力，二者的基础是数学的逻辑思考能力，它除了包括数或数学的一些定义、判断、推理等基本思维方式之外还包括类比、归纳、演绎、分析与综合等逻辑思维能力。数学学科能力的一般能力系统是由计算、对空间的想象能力以及数学抽象思维组成的。

不同的学科之间是存在一定的差异的，同时学科间的差异也能凸显出学科的特殊性，因此要揭示出不同学科能力的一些特殊表现，如，实验操作能力一般应用于生物、化学、物理等学科，而价值观则一般体现在思想品德学科中。与此相关的一切能力，都可视为该学科的一般能力，可把它作为学科中的表层能力结构。而涉及对具体成分组成的分析，则需要人们进一步去作研究。

(2)学科能力的基础是概括能力。

概括能力是人的思维和智力活动众多特点中的最基本的特点。概括则是指归纳事物的共同点并进行简单叙述，目的是使文章更加简单易懂，方便人们对文章主要内容的理解与掌握。概括是一种将从各种事物中抽象出来的共同特征在头脑中联合在一起的过程，亦即思维由个别过渡到一般的过程。

从理论上来说，人们形成或者掌握概念的基础和前提就是概括。掌握概念，就是对一类事物进行分析、比较、综合并从中抽取出共同的、本质的属性或特征加以概括总结。提高思维活动的速度，加大灵活迁移的广度、深度，以及创造程度等智力品质是以概括为基础的。可以说几乎不存在哪种学习活动是不需要概括的，知识体系的结构化整合程度与其概括能力呈现正相关关系。概括性与知识的系统性成正比，要使一个人的思维和智能获得高速发展，就要能够灵活地进行迁移。概括在科学研究中的地位非常重要，它既是一切科学研究的出发点，也是掌握各种规律的基础，几乎所有科学研究的结论都来源于概括过程。

概括在实际的教学中也就是指掌握和运用知识。就迁移而言，其根本特征则是概括。学生在不运用概括的情况下是不能很好地理解、掌握和运用知识的；此外，若无概括，学生在形成概念上就比较困难，学生则不能牢固地掌握那些基于概念的法则、公式、定理等；若无概括，学生则不能有效地建构他们独特的认知结构。进而，学生在进一步学习那些越来越复杂与抽象的内容上就可能存在较大的困难。故我们可得出这样的结论，即概括在我们的现实生活中以及思维形成、智力发展中发挥着非常重要的作用。因此，我们才会将概括作为思维研究中十分重要的课题，概括水平则作为衡量学生思维能力发展等级的标准之一；此外，智力培育方面也注重概括能力，智力的发展有赖于概括能力的提升。同理可得，学生们的学科能力是以学科知识为基础和前提的，而学科知识又是通过概括而得的。故我们可以这样说，教学若着重发展学生的学科能力，最重要的前提就是关注学生概括能力的培育。

（3）学科能力的构成包括思维品质。

一种具体的学科的能力，都要以学生自身的思维活动为前提，并在其中获得提升，思维活动是体现学科能力的重要组成部分。故学生思维的个体特征亦即思维品质应凸显于该学生的某种具体学科能力之中。

构成思维品质的成分复杂，其呈现方式也十分多样，思维品质主要由深入性、灵巧性、独立创造性、批判性和敏捷性构成。深入性既包含进行抽象的思维活动，又包含活动的广泛性、深刻性和难易程度；所谓灵巧性就是指体现于个体思维活动中的灵巧程度；而独立创造性则是指体现于思维活动中的个体独立创造的品质；批判性则是指体现于个体思维活动中的自行分析和批判所能达到的程度；敏捷性则是指体现于个体思维活动中的快速又精确的程度。如上所述的几种思维品质对于智力与能力层级的判断来说是具有决定性意义的。从某种意义上来说，我们的智力与能力集中表现在我们独特的思维品质上。我们要以思维品质的表现为依据来确定某人的智力与能力的层级。因此，在研究某学科能力的结构之前，首先要考虑的就是上述思维的五个品质。

基于上述的深刻思考，可将概括作为能力的基础。对于数学来讲，将三种一般能力与上述五种思维品质组成 15 个交叉点的开放性的动态系统。

3. 学科能力存在着思维或认知的独特性

思维或认知在不同学科能力发展中的特征也存在差异。从宏观的角度，学科可分为文科与理科。具体来说，文科的学科能力在思维发展上主要强调形象逻辑思维，认知则主要体现为社会认知的特征；而理科则主要偏向抽象逻辑思维和认知。从微观角度划分的学科分类就是指文科和理科所包含的那些具体学科，这些具体学科拥有文科和理科大致的思维或认知特征，出于对具体学科独特性的考虑，我们还得进行一些具体分析，尤其是交叉学科，更有其特殊性。在建构不同学科能力中的思维或认知时需要通过形象逻辑思维与抽象逻辑思维，社会认知与认知来体现它们各自的特征。

（1）形象逻辑思维与抽象逻辑思维。

形象逻辑思维主要是基于形象或者表象来进行思考的，它是一种特殊的思维活动。形象逻辑思维不但拥有清晰的表象还拥有高度的概括性，能够使人通过局部认识普遍。通过事物那些既生动形象又富有感性的外在特征可以充分地认识事物的内在本质和规律。思维的多种特征在形象思维中都能够充分地表现出来，包括四种具体的心理构成部分，即联想、表象、想象和情感。想象过程尤为突出，在一定程度上非常接近于形象思维的过程，甚至可以说它就是形象思维。要想从本质上去区分想象和形象思维的界限具有一定的难度。可以说所有的文科能力在一定程度上都与形象逻辑思维有着密不可分的联系，因为形象逻辑思维更多地体现出想象力的发展，是文学、艺术学科能力的发展，而文学和艺术形象的创造，更多的也是自觉表象运动的直接结果。

抽象逻辑思维的思维形式就是抽象概念。人类思维的核心形态就是抽象逻辑思维。相对于形象逻辑思维来说，尽管抽象逻辑思维在某种程度上基于一定的形象和实际动作来思考，但它最特别的是它的表现形式是基于概念以及判断等那些具有抽象性质的材料。抽象逻辑思维属于那种基于假设来发展自身的反省性思维，它是通过发现问题、提出问题、提出假设、检验假设、做出结论等一系列活动过程进行的。基于形式的视角，抽象逻辑思维又可分为辩证逻辑思维与形式逻辑思维。而数学学科能力的培育关键就在于逻辑思维能力的发展。

数学学科能力是一种包含空间想象的理科能力，而语文能力是一种既包含形象逻辑思维，又包含抽象逻辑思维的文科能力。这也就是说某一种学科能力，不仅仅只与某一种思维相联系，它可能也包含着另一种思维成分。

（2）社会认知与认知。

对于社会认知来说，它拥有四个明显的特征。第一，被认知的对象是特殊的。社会认知的对象就是认知者所处的社会环境和整个世界。人及人际关系是社会认知的首要内容。故社会认知的内容包括一切人类活动，如社会规范、文学历史、政治生活、民族文化等。可以这样理解个体社会认知的发展过程——它是一个个体吸收消化基于认知而习得的知识并用来指引自己行动方向的过程。此外，我们可以说个体在社会认知中的最重要角色不是作为认知者而是作为相对于认知者来说更加活跃的实践者，原因就在于社会认知的对象是个体生活于其中的社会环境，个体能够通过积极的人际交往来完善对生活于其中的社会环境的认识。第二，不能将个体的社会认知发展与对认知的简单重复画等号。原因在于社会认知能力和我们所理解的一般智力之间的关系是很弱的，所以一般智力只决定一小部分社会认知能力。即除智力以外的因素对社会认知有重要作用。第三，一个人的社会互动经验和社会生活环境与其社会认知的内容和发展速度及水平有密切关系。社会互动经验对社会认知的作用有两种表现。一是通过互动可以发展其社会敏感性，习得直接知识及经验；二是可以通过与人之间的互动来了解别人的想法以及完善个体自身观点。第四，个体的情感对社会认知有很大的影响。这就是为什么在社会认知中经常出现移情现象，也是其不同于物理认知的一个特性。

认知是人对客观世界认识的过程。认知是有目的性的，在特定的心理结构中进行信息加工的过程是心理学家们看待认知的共同点。信息加工的对象包括无生物界、生物界和人类社会三大部分的客观世界。无生物界和生物界合称自然界，而国际心理学界将自然界称为物理世界，将人类社会则称为社会世界。也就是说，认知和社会认知的关系不是同一级别的并列关系，而是上下位的概念关系。因此物理认知是它的一个对应面。然而人们理解的"认知"，从某种意义上说是"物理认知"，也就是"非社会认知"。因为传统的认知理论的基础是自然人类个体对物理世界的一种整体认知研究。综上所述，我们对认知存在着两种不同的分类与理解，第一种就是基于广义的视角把认知理解为一种整体认知，它同时包括了社会世界以及物理世界；第二种则是基于比较狭义的视角把认知理解为对物理世界的认知。

4. 学科能力的特点

通过学科教学以促进学生智力的发展，我们称之为学科能力，学科能力是学生智力能力的体现。下面四种不同的鲜明特征包含于学科能力之中。

（1）学科知识是学科能力的基础。

培养学生的学科能力的前提是学科知识的习得与积累。在学习过程中学生学科能力的形成都是以该学科的学科知识为基础，因此，可说学科知识经验是发展学生学科能力的具体材料。

对这种材料一般划分为感性材料与理性材料，二者的特性互不相同。前者是指那些具体的表象和感觉等，可以说学生学科能力的培育是基于这些具体的感性材料的。举一个具体的例子——对于小学中低年级学生来说，虽然现实的状况是他们已经或多或少掌握了一些数学的符号表征，但要激发他们的具体经验，在实际的运算过程中要以感性材料为支柱并借助直观教具来完成。理性材料主要是指各学科的基本概念，是由感性材料经过科学加工而形成的。概念与思维之间的关系密不可分。前者是后者的最一般的方式；反过来，前者的发展有赖于后者为其提供相关的条件，即概念的发展与判断等一系列具体的思维活动密不可分。例如，在数学学习中，中学生学习新的概念、定义等一般都是基于对数字、字词的习得与掌握进而进行相关的判断、推理等。学生在学习中都是通过上述这些理性材料来发展与完善自身的学习数学的能力的。因此，我们可得出如下结论——在学习过程中，对于学生学科能力发展来说，它之所以具有丰富性的原因就在于学科知识经验不但有量的改变而且还有质的飞跃。

（2）学科能力是静态结构与动态结构相统一的结构。

学科能力结构的一个非常明显的特征就在于系统性，该系统性主要是指学科的静态与动态的统一。

只强调对构成学科能力的具体部分的探究体现了人们只是从静态的视

角来审视学科能力构成的；然而，如若我们着眼于从内在的关联及其发展趋向来审视学科能力构成的话则体现了动态性。上述的"动""静"结合则突出了学科能力的系统性，其中前者在学科能力的构成中发挥了不可替代的重要作用。首先，主客观的统一和主客观交互作用的结果使动态性体现了学科能力的结构，即学生自主适应教学环境，并通过处理各种问题改善学科能力的结构。其次，学科能力结构的发展是动态的。内在结构、成分及关系和发展的特征是学科能力结构的本质。最后，学科教学活动在学科能力中起到了激发和起点的作用也突出了动态性。通过教学活动，学生能够结合感知、表象、语言、思维并掌握某种操作程序，获得不断发展，进而逐步完善和发展学科能力结构，慢慢地形成多样化的学科能力模式。

（3）学科能力具有可操作性。

在具体的学科教学中，通过将知识运用于实际情境与问题解决以及具有明显的操作性动作表现，我们可以说学生的学科能力获得了具体化。换一句话来描述就是，经过学科教学，学生对各个学科的进一步学习将基于并有赖于学生已经习得的学科能力以获得更好的结果，并且学科教学能够提供操作技能和知识运用要求的系统方法。

学科语言与学科能力之间存在着密切的联系，语言具有描述、规范、指导的作用，因此，学科语言可用来阐述学科能力的可操作性。比如，语文学科能力的操作要求可以通过语文语言来阐述；同理，数学学科能力的操作要求可以通过数学语言来阐述。使用学科语言来阐述该学科能力操作要求的原因在于这样可使各科学科能力的培养有条可依，并有利于学科能力更大操作性的发挥，这是当前学科能力研究中的一个重要课题。

（4）稳定性是学科能力的一个重要特性。

个人对某个或者一系列问题的成功解决而体现出来的良好适应性的心理特点可以归功于智力与能力，智力与能力之间是存在不同特征的，具体表现为：智力着眼于认识，它主要强调知不知道，可以说智力是正确地认识客观事物的一系列稳定的心理特征的集合；相对于智力而言，能力则着眼于活动，能力主要强调会不会，可以说能力是有效地保证活动的顺利进行所具备的稳定的个性心理特点的集合。而学科能力是两者的结合，它不仅要解决知不知道的问题而且还要解决会不会的问题。又因为认识和活动的统一是教学的实质，所以，学科能力是综合的个性心理特点——表现出学生的能力和智力的统一。学科能力的稳定性是指具体的个人所具备的稳定的特点，但是这种稳定与我们所强调的学科能力的变化发展并不相互矛盾，因为事物都是辩证统一的，都是动态与静态的统一，事物每时每刻都是变化发展的，但其也具有相对静止的特性。学生逻辑思维趋于成熟的时候是在高中二年级前后，这时不同个体的学科能力的差异水平是逐步趋向定型的，相反地，学科能力的个体心理特点则愈发明显。学科能力发展在个体抽象逻辑思维成熟前具有很大的可塑性，但是相对于成熟前的学科能力来说，学科能力的发展在个体抽象逻辑思维成熟后的可塑性大大降低，在这方面表现明显的是理科学科能力。虽然有一部分学生在文科学习中学科能力表现出"大器晚成"，但若基于大多数人的视角来看待这一问题的话，此现象可说是例外，因为他们所拥有的多数学科能力与其成年期的水平基本一致。因此，在基础教育阶段应着重培养学生的各科学科能力。

5. 学科能力表现是学科能力的外在体现

"学科能力表现是指中小学生在各门课程学习过程中表现出来的比较稳定的心理特征和行为特征，是可观察的和外显的学习质量和学习结果。"①在学科学习中，学科能力表现在一定程度上构成了学生的学习质量或学业成就。依据学生的认知活动及其对知识的学习，学生的学科素养体现了学生的学科能力表现，学科素养一般决定于外显的学科行为反应以及内隐的学科思维过程。

学科能力表现分为两类，一类是学科一般能力；另一类是学科特殊能力。学科一般能力是指"学生在各学科学习过程中表现出来的普遍存在的

① 郭元祥，马友平. 学科能力表现：意义、要素与类型［J］. 教育发展研究，2012（Z2）：29-34.

基本学科能力，包括认知与理解能力、想象与思维能力、观察能力、问题解决与创造能力等在学科中的具体表现"①。林崇德教授认为，"所谓学科能力，通常有三个含义：一是学生掌握某学科的一般能力；二是学生在学习某学科时的智力活动及其有关的智力与能力的成分；三是学生学习某学科的学习能力、学习策略与学习方法"，"学科能力是学生的智力、能力与特定学科的有机结合，是学生的智力、能力在特定学科中的具体体现。它是衡量学生心理发展的一个重要的指标，是当前学科教育改革的一个中心问题，同时也是一个被研究者长期忽视的问题"②。学科特殊能力是指"学生在不同学科学习过程中表现出来的具体能力，学科特殊能力由于学科知识性质与学习过程的差异，在不同学科中的具体能力表现不同"③，如物理、化学、生物等学科学习中的观察能力与实验操作能力；语文学习中的阅读与理解能力、写作与表达能力；数学学习中的逻辑思考与因果分析能力、运算能力等。此外，我们也应注意到不同的学生之间的学习方法、学习策略等也互不相同，差异显著，因此，它们也可归属于特殊学科能力表现，学科特点体现于特殊的学科能力。

从 20 世纪 80 年代至今，"分析问题、解决问题的能力"被理解为我国各门学科的学科能力表现，这很明显地体现了对学科能力表现的研究的不足，而由于缺乏对"基本技能"具体要求的阐明，进而造成实际教学中"基础知识"与"基本技能"的培育严重不平衡，实际上更多的是强调对书本知识的学习。而"基本技能"也不能与学科能力直接画等号，这从新修订的义务教育课程标准就可以看出来。2011 年新修订的义务教育课程标准中，不再强调"双基"，而是在"双基"的基础上增添了另外两基，即除了基础知

① 郭元祥，马友平. 学科能力表现：意义、要素与类型[J]. 教育发展研究，2012（Z2）：29-34.

② 林崇德. 论学科能力的建构[J]. 北京师范大学学报（社会科学版），1997（1）：5-12.

③ 郭元祥，马友平. 学科能力表现：意义、要素与类型[J]. 教育发展研究，2012（Z2）：29-34.

识、基本技能之外还包括基本态度和基本经验。虽然说相对于之前的"双基"来说，"四基"可谓是一种跨越，但是一直存在的主要问题——对各学科核心能力表现进行详细具体的阐述——还是没能解决。

（三）课程、内容及表现的标准

正如前文所述，随着新课程改革的进一步实施，"课程标准"已经成为公共话题。高校的理论研究者、中小学一线教师、普通民众，还有学生的家长，都对"课程标准"这个词耳熟能详，甚至表达了一些自己的观点。但是在当前已经颁布的《普通高中数学课程标准》（实验）中，仍缺乏对表现标准的描述。"从本质上说，课程标准是一种特殊的目标体系，一般包含内容标准和表现标准。"表现标准和内容标准两者之间既相互依存又相互补充，共同构成了课程标准。所以，一份理想的课程标准应该是内容标准和表现标准的综合，而不是内容标准或表现标准的单一集合。

总的来说，内容标准就是指对学生应该知道和能够做什么做出的规定。1994 年，美国的克林顿总统签署了《目标 2000：美国教育法》，在这份法案里，对内容标准下了这样的定义，内容标准是"指学生在特定学科中应当获得的普遍的知识与技能"。综上可知，内容标准的主要任务是阐释教育目标的一般层面含义、相对来说较抽象层面的含义，确定学生的知识任务、思想发展目标和提出能力要求。无独有偶，克林顿总统对表现标准的表述是：从教育内容标准角度使用具体实例和定义说明学生的知识和技能学习目标以及实践运用能力。与内容标准相比较，表现标准则强调了学生对内容标准的把握程度和把握水平。内容标准明确了学生学习过程中的知识领域和主要内容，表现标准说明了学生完成学习任务时要达到的目标和要求。不难看出，前者是从范围层面进行阐释，后者是从程度层面进行规定的。前者是后者的前提条件，后者是前者的必要补充。二者都对学生的知识学习目标、技能学习目标和能力发展提出了一定的要求和期许，这种期望和标准是教师课程实施的依据，也是对学生进行评价不可缺少的根据。

（四）数学学科能力表现的标准

在《现代汉语大词典》里面，标准指："1. 衡量事物的准则；2. 本身合乎规则，可供同类事物比较核对的事物。"笔者认为学生数学学科能力评价是凭借"标准"所述得以开展的。在学生能力发展的道路上，"标准"是一面旗帜又是一个标杆。它不仅提出了学生学习与发展的基准线，而且考虑到学生的多样性和无限发展空间提出了高目标、高期许。

谈到学生的数学学科能力，明确其表现标准需要解决的问题是非常必要的。根据之前对表现标准的阐释，数学学科能力表现标准应该需要解决学生在数学不同层次的学习阶段需要发展到什么水平和如何评价学科能力发展到了何种程度这两大问题。由此看来，数学学科能力表现标准不仅确定了基准线，而且也确认了学生的发展空间能达到的发展水平。同时，数学学科能力表现标准还是学生数学学科能力评价的重要依据，也是教师开展教学活动的参考，解答教学过程中"教到什么程度""怎么评价学生数学学科能力发展到什么水平"等问题。因此数学学科能力表现标准不仅是学生能力发展的标准，也是教学活动和教学评价二者的标准。

二、比较研究数学学科能力

数学能力的构成要素决定着数学学科能力的核心内容，影响着数学学科能力表现标准的制订。弄清楚学生学科能力的结构要素，不但有利于确立数学教学的主要目标和基本内容，而且对提高数学教学评价的规范性和科学性具有重要作用。通过分析、比较已有关于数学学科能力要素的研究，为本研究构建数学能力模型提供借鉴参考。

（一）历年来我国数学学科对能力的考查

20世纪90年代以来，我国学者就数学学科能力展开了系统研究，数学学科能力的构成要素是研究中的重要问题。代表性学者及观点主要有：

　　林崇德教授开展了"培养中小学生的能力发展"①一系列的实验研究，主要是从数学学科能力结构当中的思维品质着手，将数学能力归纳为："数学能力是以概括为基础，将运算能力、空间想象能力和逻辑思维能力以及思维的深刻性、灵活性、独创性、批判性、敏捷性组成的一个开放的动态系统结构。"数学学科能力结构是由这三种传统数学能力和五种思维品质所组成。并且，能力和思维品质之间的关系不是平行关系，而是一种交叉的关系，从而形成了 15 个交叉点，而每个交叉点代表着其能力的不同特点。

　　李镜流认为，数学能力结构主要包括三方面的内容，分别是：认知、操作以及策略。② 其中，认知是指对数学概念、符号、图形、数量关系和空间关系的理解；操作涉及学生思维的表达、解题的过程和运算的操作；策略则是关于元认知的知识，关系着学生对自己解题方法、速度和思路等的自我认识和把握。但是，李镜流没有明确阐述数学能力的核心构成。

　　司徒伟成主要是对中学生的数学水平进行了测量与评价③。他通过因素分析的方法，分析了影响中学生数学能力发展的主要因素，认为数学能力的结构主要由逻辑思维能力、微积分能力、空间思维和想象能力组成。但是作者在研究的过程中采用的方法本身就具有一定的局限性。

　　陈仁泽等对厦门市四类中学（高中）的入学考试试卷用因素分析法进行了分析，用四种主要的数学能力进行了评估，分别是：抽象概括能力，主要包括概念理解和数式运算，这关系着学生是否真正掌握数学概念，并在此基础上进行数学命题的判断；综合运算能力，是指学生能够根据数学公式进行综合运算和证明的能力；思维转换能力，与数学思维密切相关；逻辑推理能力，是指学生通过对数学命题的分析，能够顺利进行证明推理的能力。这四种能力可以分析评估学生的数学总体能力，并且彼此之间是密

---

①　林崇德. 学习与发展——中小学生心理能力发展与培养[M]. 北京：北京师范大学出版社，1991：120.

②　曹才翰. 中学数学教学概论[M]. 北京：北京师范大学出版社，1990：210.

③　司徒伟成. 数学水平的测量与评价[M]. 广州：广东高等教育出版社，1988：25.

切相关的。然而，陈仁泽在研究的过程中，提出的假设存在着问题，即不一定可以成立。此外，入学考试的试卷本身没有通过编制量表来分析，因此，研究结论的得出实际上缺乏足够的根据，并且结论的依据，其可靠性和科学性也是受到怀疑的。

胡中锋主要是对高中生的数学能力结构进行了研究。① 他以经典测试理论与项目反映理论作为研究的理论基础，并且与因素分析法相结合。胡中锋得出了高中数学能力结构的四因素模型，即逻辑运演能力、逻辑思维能力、空间想象能力和思维转换能力。而这里的四个分类能力与传统的高中数学教学分类恰好是相似的，这在一定程度上证明了以往数学学科开展的教学具备了一定的合理性。此外，与当前的高中数学教学相比，扩大了对学生数学能力的要求，同时，也扩大了对能力形成的研究。

赵裕春在我国较早开始了关于数学能力结构的研究，同时也将苏联心理学家克鲁捷茨基的代表作——《中小学生数学能力心理学》一书翻译成中文。赵裕春等人对小学生的数学能力进行了相关研究②，研究方法是通过传统的测试方法，编制数学量表，对学生的数学能力进行了测试。但这项研究也存在着一些不足，并没有对数学能力的基本结构、研究方法或经验进行分析，其研究方法是对其进行描述性统计分析（如均值、标准差）的方法。

王权对小学生数学能力结构进行了研究③，建立了11项分测试，包括口算、数的概念、手工计算、算法、基本的应用题、发展的应用题、几何有关的应用题、几何的概念、代数的概念、代数几何题以及测量的知识。并且通过因素分析法，推断出构成小学生数学能力结构的四个因素：基本的演绎推理能力、确定定量关系能力、空间想象能力、速度能力。

刘兰英采用现代因素分析法，通过自制"初等数学推理测验"，在杭州

① 胡中锋，莫雷. 高中生数学能力结构研究［J］. 华南师范大学学报（自然科学版），2001（2）：24-30.
② 赵裕春. 小学生数学能力测查与评价［M］. 北京：教育科学出版社，1987：78.
③ 王权. 现代因素分析［M］. 杭州：杭州大学出版社，1993：99.

等地抽取了 640 名，随机使用 270 个科目的探索性因子分析数据，与其余 370 位参与者的信息可能模型进行了因素分析。① 将初等数学推理结构分为五种能力，分别是可逆推理能力、类比推理能力、归纳推理能力、整体转换推理和演绎推理能力。由于研究样本量不是很大，测试问题本身的一些特点也不是很好，所以一些结论的得出存在着一定的问题。但这个研究基本验证了小学生数学推理能力构成的几个能力，无论在方法上还是在结果解释上都更为进步与合理。

张君达等人主要是在智力能力发展的理论基础上，对超常儿童的数学能力结构的关键因素进行了研究②，并且得出超常儿童数学能力结构的五个主要因素，即综合操作能力、逻辑思维能力、抽象概括能力、空间想象能力和灵活形象思维能力，同时对各个能力的特点进行了深入分析。

曹日昌先生认为数学能力最基本的构成要素是概括能力、"简化"能力和运算的灵活性这三方面。③ 其中概括能力是指能够对数学材料进行迅速概括的一种能力；"简化"能力是指思维活动在操作过程中能够快速加以"简化"的一种能力；最后一种能力是指正运算过渡到反运算的过程中体现出来的灵活性。

张士充认为数学能力中最根本的是(形式和辩证)逻辑思维能力。④ 这种逻辑思维能力，常常表现为独立的逻辑思维能力的形式，即数、形的逻辑思维能力，同时也表现为逻辑思维能力的组合。三种逻辑思维能力与形式辩证逻辑的思维形式和规律相结合，构成数学学科能力结构的网络体系，其中的每一点，都可以作为独立的研究课题。

我国其他学者关于数学能力构成的研究见表 1-1：

---

① 刘兰英. 小学生数学推理能力结构的验证性因素分析[J]. 心理科学，2000(23)：227-229.
② 张君达，倪斯杰. 超常儿童数学能力的因素分析[J]. 心理科学，1998(6)：511-514.
③ 曹日昌. 普通心理学[M]. 北京：人民教育出版社，1979：111.
④ 张士充. 数学能力的分析研究与综合培养[J]. 数学通报，1985(6)：2-4.

表1-1 我国部分学者关于数学能力构成的研究

研究者	数学能力构成成分	研究对象及方法
王奎实（1995）	计算能力、逻辑思维能力、空间想象能力、分析问题解决问题能力、解题能力、直觉思维能力、数学审美能力、数学诠释能力	中学数学教师；思辨
车翔玖（1996）	运算能力、逻辑思维能力、抽象思维能力、空间观念	师范生；思辨
魏立平（2001）	逻辑思维能力、数学推理能力、空间想象能力、运算能力、数学建模能力	师范生、在职中学数学教师；问卷调查
涂荣豹（2003）	逻辑推理能力、空间想象能力、语言表达能力、运算能力、研究能力、解题能力	数学教师；思辨
顾沛等（2005）	类比的能力、分析的能力、归纳的能力、抽象的能力、联想的能力、演绎推理的能力、准确计算的能力、学习新知识的能力、运用数学软件的能力、"应用"数学的能力	数学系大学生；集体讨论
傅敏等（2005）	空间想象能力、抽象概括能力、推理论证能力、运算求解能力、以及提出、分析和解决问题的能力	中学数学教师；思辨

另外，我国学者针对数学核心能力有一定的研究进展。喻平教授认为分析数学核心能力要从其各组成成分特性入手，分别是：数学元能力、共通任务能力和特定任务能力。而孙以泽教授则认为有必要从活动的主客体的角度出发，认为数学能力分为数学基础能力、数学核心能力和综合性数学能力三大类，细分则包括数学观察能力和数学抽象能力等九种能力。从不同角度分析数学核心能力得出不同的研究结论，对我国数学学科核心能力模型的构建有重要意义。我国学者曹才翰指出，数学能力是一种稳定的个性心理特征，它在数学活动中形成与发展，能够帮助个体有效完成各类数学活动并且影响活动效率。换句话说，数学教学主要是数学活动的教学，帮助学生获得严格意义上的数学基础，在习得数学知识与数学思想、

方法的同时，收获创造、交流等教学活动经验，这些都是我国义务教育阶段数学课程标准提倡的。因此数学核心能力和数学活动在本质上是密切联系的，我们一方面要关注数学活动的本质，另一方面要接受现代社会发展对数学活动提出的新要求、新意见。

由此看来，国内对数学能力的相关研究，成果比较丰富，为我们后续的研究打下了坚实的基础。但是，仔细分析不难发现，已有的研究基本上都是关于学生数学能力结构的研究，对于数学能力进行分级和表现的研究涉及得还比较少。

（二）各国（地区）学者及组织关于数学学科能力比较

众所周知，数学学科的核心能力是数学世界研究的重心，也是世界各国数学教育改革的核心。关于数学学科能力，世界各国（地区）的学者都展开了丰富而有成效的研究。

苏联心理学家克鲁捷茨基对中小学生数学能力进行了长达12年的系统研究，产生了较大的影响。通过广泛的实验研究，克鲁捷茨基认为"能力"是指"人的个别心理特点，这些特点有利于迅速而容易地掌握特定的活动（如数学活动）——掌握适当的习惯和技能"[①]，并指出数学学科能力由9种能力组成，初步呈现出中小学生数学能力结构的轮廓。华东师范大学鲍建生教授和周超博士对其进行了归纳总结，如表1-2所示：

表1-2　中小学生数学能力结构[②]

	活动阶段	能力成分
必要成分	获得数学信息	A. 对于数学材料形式化感知的能力；对问题形式结构的掌握能力

---

① 克鲁捷茨基. 中小学生数学能力心理学[M]. 北京：教育科学出版社，1984：88.
② 鲍建生，周超. 数学学习的心理基础与过程[M]. 上海：上海教育出版社，2009：124.

续表

	活动阶段	能力成分
必要成分	数学信息加工	B. 在数量和空间关系、数字和字母符号方面的逻辑思维能力；对数学符号进行思维的能力 C. 迅速而广泛地概括数学对象、关系和运算的能力 D. 缩短数学推理过程和相应的运算系统的能力；以简短的结构进行思维的能力 E. 在数学活动中心理过程的灵活性 F. 力求解答得清晰、简明、经济与合理 G. 迅速而自如地重建心理过程的方向，从一个思路转向另外一个相反思路的能力(数学推理中心理过程的可逆性)
	数学信息保持	H. 数学的记忆(关于数学关系、类型特征、论据和证明的图式、解题方法及探讨原则的概括性记忆)
非必要成分		1. 以时间为特征的心理过程的敏捷性，数学家可以慢慢思考，但是却想得非常透彻和深刻 2. 计算能力，法国著名数学家庞卡莱(Poincare)说，他自己即使做加法也会出错 3. 对数字、符号、公式的记忆，正如科尔莫戈罗夫(Kolmogorov)指出的那样，许多数学家在这方面的记忆并不突出 4. 关于空间观念的能力 5. 对抽象数学关系和相依关系形象化的能力

　　瑞典心理学家魏德林认为数学能力是一个复杂的概念体。[1] 数学能力首先是一种理解能力，包括对数学问题、符号和方法等内容的理解；其次，它也是一种真正掌握数学知识的能力。具体来说，是指在理解基础之上，学生能够学会数学知识，在记忆中加以保存，并在需要的时候再现出

---

[1]　喻平. 数学教育学导引[M]. 桂林：广西师范大学出版社，1998：90.

来，即将所学数学知识内化到自己的知识体系当中。此外，它还是一种运用能力，能够顺利地解决相关数学问题的能力。魏德林还进一步指出，在数学能力结构中起着关键作用的是推理能力，也就是说，逻辑思维能力构成了数学能力的核心要素。

吉尔福特主要是对一般的能力结构进行了研究。通过对智力因素的分析，提出了能力结构构成的模型。这一模型主要由操作、材料内容和产品三个维度组成，构建出一个方块。每一个维度有若干个要素，这样相互结合一共有 $4×5×6＝120$ 种可能，代表着一种智力因素，从而构建了一般能力结构的模型，也呈现出能力要素的具体构成，如图 1-1 所示。吉尔福特的研究方法，为建构数学学科能力结构提供了参考模式。

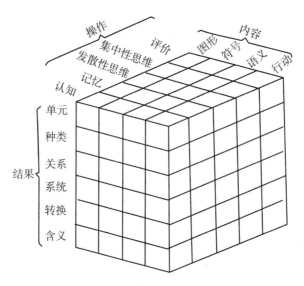

图 1-1　吉尔福特的智力三维结构模型

李善良等通过对苏联、日本、德国、美国、英国等国制定的数学教学大纲中关于数学能力内容的比较，发现了数学能力具有的共同点：应用于生活以及在社会上有广泛应用的数学知识、数学能力的培养、学生良好的个性品质(对自己的数学能力要有信心，懂得数学的价值，自觉欣赏数学之美）。

由美国教师协会制订的数学课程标准与德国和日本颁布的数学教学大纲中，主张数学能力应包括四个方面的内容：数学的知识观念、创造能力、思维品质和科学语言。学生具有的数学知识观念是指一种数感，能够灵活地运用数学概念理解、表示和解释客观事物的数学关系；创造能力是指学生能够运用所学的数学知识和技能，以及数学方法，分析解决生活中的数学问题；思维品质是指学生能够掌握数学思维的方法，进行抽象概括和逻辑推理，形成良好的数学思维方法；科学语言是指学生理解数学语言作为一种科学的语言，所具有的高度简约性、抽象性和准确性的特点，并能够初步使用这种数学语言。

在新西兰课程框架（The New Zealand Curriculum Framework）中，要求学生在七个学习领域中获得八种基本运用技能，数学能力是其中重要的技能之一，并指出数学能力是个体在生活中能够顺利应用数学的一种能力。具体来说，数学技能包括六种技能，分别是计算、估计、使用相关数学工具（计算器或测量工具）、辨识数学信息、组织信息以进行逻辑推理和应用代数式。这六种数学技能与数学内容的学习、数学学科能力的要求和其他课程之间紧密联系。①

Cockcroft Report 是由考克罗夫特（Cockcroft）领导组成的学校数学教学调查委员会，在经过长达三年的时间，对当时英国面临的数学教育问题调查研究之后，向当局政府提交的一份报告。该报告中提出了一个核心观点，即"数学教育是为了满足学生未来的生活、就业和学习的需要"。为实现这三种需要，该报告进一步详细地论述了学校教育应该提供怎样的数学教育。该报告首先分析了以往数学教育中存在的问题，即过于强调学生对数学基础知识的掌握，以致教师花费大量时间给学生介绍与考试大纲相关的知识内容，反而忽视了学生数学能力的发展，甚至于丧失了数学自信

---

① Neill, W. A. The essential of numeracy [EB/OL]. http://www.nzcer.org.nz/default, 2008-02-23.

心。因此，学校教育应该重点关注学生数学能力的培养。这主要包括"读数和计数、知道时间、购物付款和找零、计重和测量，看懂浅显易懂的时间表及简单的图表和完成与此有关的必要的计算能力"，这些能力都是直接指向学生在未来生活中所需要运用的数学能力；此外，还需要发展估算和近似计算的能力，以及培养学生的数学信心，使学生相信自己能够充分有效地运用所学的数学知识和技能。①

本书认为研究数学学科核心能力模型主要为我国学业质量评价提供有价值性的参考，因此制订学业质量评价不仅要考虑国际研究方向与趋势，而且也要遵循从本土历史文化与现实情况衍生的原则。国际上数学教育实践研究的经验表明：构建数学学科模型需要从两个方面考虑，一方面是学科本身的特性，另一方面是时代发展对数学教育提出的新要求。作为研究真实世界中数量关系和空间位置结构的科学，尽管呈现出很强的演绎体系，但是苏联数学教育家斯托利亚尔（Stolyar）表示："数学在最初的建立阶段，同其他任何人类知识体系一样，人类必须先发现定理，然后才能想办法去证明定理，我们应当猜测到证明的思路，然才能做出这个证明。"因此，在数学教育中一定要重视培养学生的"猜测"能力，然后才是发展学生的证明能力。荷兰数学家和数学教育家弗赖登塔尔（Freudenthal）在数学教育方面提出了独特的见解。他认为数学来源于生活中的常识，人们通过实践不断地反思总结，将常识不断地深化和系统化。因此，他表示数学学习是一个再创造的过程，是数学化的过程，是学习者不在外在力量的压迫下主动自觉地进行数学化的过程。在数学教学中应当注意数学化的教育过程，培养学生的自主性和独立性，通过反思培养他们建立自己的数学知识结构体系和数学思想，形成正确的数学知识态度，构建自己的数学世界。

（三）小结与启示

从上面的讨论可知，无论是在国内或国外，对于学生能力的评价都有

---

①　张奠宙. 数学教育研究导引［M］. 南京：江苏教育出版社，1998：91-93.

了大量的研究，对我国确定学生数学能力表现标准和能力表现的评价具有重要的启发，但同时，也存在一些不足，具体表现在以下几个方面：

其一，对高中生数学学科能力结构的研究较少。目前，许多研究者开展了关于中小学生数学学科能力结构的研究，并提出了数学学科能力结构各种构成。但在选择研究对象的时候，一般涉及的是小学生和初中生的数学学科能力结构，而专门针对高中生数学能力结构进行研究的比较少。而高中生具有其自身独特的认知特点，意味着高中生形成的数学学科能力结构与小学生、初中生的数学学科能力结构有一定的差别，这样制定出来的数学学科能力结构的适用性有一定的局限性。因此，根据高中生身心发展的特点，对高中生的数学能力结构进行专门的研究，显得十分必要。

其二，对数学学科能力评价标准体系的研究不够深入。关于数学能力评价的研究，主要是大致地描述学生数学的分级表现的学科能力，却没有详细地描述数学能力的表现标准，对于数学学科能力评价标准体系的研究还不够深入。这样，无法为教师对学生数学能力发展进行评价提供可操作性的建议。为了能够有效地指导教师评价学生数学学科能力以促进学生数学学科能力的发展，对高中生数学学科能力评价标准体系进行深入地探究是不可或缺的。

其三，缺乏基于教育学的视角开展对数学学科能力的研究。目前关于"能力"的研究，主要是心理学上的研究，比如，基于认知加工理论将"能力"理解为"人们成功地完成某种活动所必需的个性心理特征"。而数学学科能力结构的研究，也主要是运用心理学经典实验的方法，得出的结论是偏心理学的。当然，一方面，心理学的研究视角能为全面认识"数学学科能力"提供重要的视角。但学校的教育教学，更需要基于教育学的立场来认识"数学学科能力"。无论是数学学科能力的结构构成，还是高中生数学学科能力的表现、评价的研究，都不能够忽视教育学的立场。因此，在教育学的场域中开展对高中生数学学科能力结构的研究，是非常值得教育研究者探究的问题。

其四，对学科能力表现标准的研究较少。随着新课程改革实施以来，

"课程标准"一词取代了以往的"教学大纲",而逐渐成为研究的热点问题,研究者们纷纷开展了"基于课程标准的教学目标设计""基于标准的教学""对标准的评价"等的研究。但课程标准中仅仅包括了内容标准,而没有制定表现标准,对于学科能力表现标准的研究也较少。内容标准的重要性不言而喻,Borthwick 和 Nolan 认为,内容标准能"对教学计划的设计提供指导",并且是"用预期的知识和技能的覆盖面来检查质量的工具",是对学生要掌握的学科知识的规定。但是,只有内容标准还不足以形成科学的课程标准,表现标准亦是课程标准的重要组成部分,它忽视了对学生能力培养的关注。学生学习成绩的提高,并不意味着学生能力得到了发展。因此,在新课改中出现的这场"基于标准"的讨论中,"有必要产生和内容标准相一致的表现标准"。对于数学学科课程标准来说,存在着侧重于知识内容的标准、忽视能力表现标准的问题。关于这一方面的研究,目前开展得比较少。

总之,通过以上总结分析,根据前面对数学学科能力表现标准的界定,高中生数学学科能力表现标准包含了多个方面的内容,一方面,它要回答"学生应该发展何种能力"的问题,这就需要对高中生数学学科能力进行结构的划分;另一方面,高中生数学学科能力表现标准还要回答"学生能力发展到何种程度"的问题,这就需要对标准进行详细的说明,以求准确地阐述学生要掌握什么和能做什么。所以,高中生数学学科能力表现标准至少应该包括数学学科能力要素、表现水平和能力表现层级描述三个部分。

1. 数学学科能力要素

在高中生数学学科能力表现标准中,有必要对数学学科能力的结构进行细分,进而对学生在不同的能力要素上的能力进行描述,这样,对学生数学学科能力的表现标准的描述才会更加清晰与明确,而不至于笼统。事实上,只有对数学学科能力进行了结构的划分,以及对不同的能力要素分别进行描述,才能够真正起到能力表现标准指导教学目标设计、教学实施以及教学评价的作用。

2. 表现水平

由于学生的思维发展水平各异，学生自身拥有的先验知识和背景经验之间也存在一定的差异，因此高中生的数学学科能力的发展会呈现出不均衡的状态。为了使得数学学科能力表现标准能够起到客观评价学生以及促进学生数学学科能力发展的作用，表现标准应该将学生的能力表现从低到高分不同层级进行描述。事实上，表现标准应该是具有多个水平的，只是对不同水平的称呼不一样而已。比如，1994 年美国修订后的《美国中小学教育法》对各州教育工作人员的要求是表现标准必须分级，至少是三级，依次以高级、熟练、部分熟练排序。除此之外，迈阿密州从四个方面，即新手、基础、高级、杰出来描述学生的能力水平。①

另外，由美国 NAEP（National Assessment of Educational Progress）制定的评价框架主要是将 13 岁学生对数学的认知能力分为三种水平：概念理解、程序性知识和问题解决。（见图 1-2）②

美国国家数学科学教育研究中心开展了基于数学情境评估的研究项目，主要是从三个方面对学生在数学方面的学业成就进行了评价，分别是数学领域、数学思维和理解以及学生的反应期待。其中将学生的数学思维和理解视为包括再现、联系和数学化三层水平。③

所以，认识学生数学学科能力发展的水平差异性，对于设计和组织学生数学学习的教学序列，提高数学教学的针对性和实效性，加快学生数学学科能力发展的进程都具有重要意义。这就要求我们在研究中小学生数学学科能力时，应根据学生的身心发展特点、思维水平和知识状况等体现一定的水平差异，突出每一阶段数学学科能力发展的重点。关于这一方面，

---

① 陈霞. 基于课程标准的教育改革——美国的行动与启示［D］. 上海：华东师范大学，2004：47.

② 张春莉. 小学生数学能力评价框架的建构［J］. 教育学报，2011（5）：69-75.

③ 张春莉. 小学生数学能力评价框架的建构［J］. 教育学报，2011（5）：69-75.

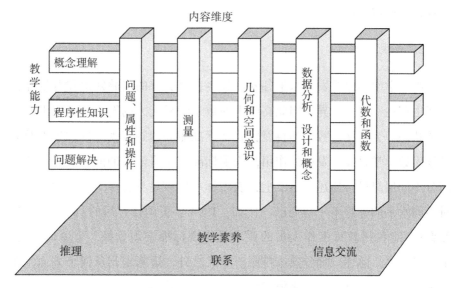

图 1-2　13 岁学生数学认知能力的三种水平

我国的研究和实践还有待进一步深化。

3. 能力表现层级描述

数学学科能力表现标准说明的是学生经过学习，其数学学科能力的发展应该到何种程度，即需要掌握什么和能做什么。而学生数学学科能力的发展是一个长期的过程，是一个不断完善和提高的过程，因此，对于同一个年级的学生来说，虽然其经历的学习和训练的区别不大，但由于其思维发展水平、学习方法的差异，他们之间数学学科能力的发展会存在一定的差异，处于不同的水平。在对学生的数学学科能力进行评价和判断时，不仅要对学生的数学学科能力发展的好与坏进行评价，更重要的是回答学生数学学科能力的发展处于何种层级，达到何种水平，以便为教师的教学提供最真实的信息。在高中生数学学科能力表现标准中，一个最重要的方面即是对不同层级的数学学科水平进行说明，详细阐述在不同的能力层次，学生数学学科能力的具体表现。随着学生学习的深入，其数学学科能力逐渐发展，能力表现层级会逐渐上升。

第二章

高中数学学科能力表现标准的理论建构

众所周知，理论的作用在于指导实践。在详细阐述高中数学学科能力模型及表现标准之前，笔者认为有必要对基于此的理论进行一番相关的探讨。数学学科能力不是一个单独存在的概念，它与数学知识、数学思想方法之间存在着一种紧密且不可分割的联系。理解数学知识及其与数学学科能力的关系，理解数学思想方法及其与数学学科能力的关系有利于我们对数学学科能力有更加深刻的认识。同时，对相关理论基础的建构有助于对数学学科能力模型及表现标准的构建。

一、数学学科能力与数学知识

数学学科能力与数学知识之间存在着紧密的联系，在本书的研究中，我们将探讨如何理解数学知识，数学知识的特征以及数学知识与数学学科能力之间的关系如何直接影响到高中数学学科能力模型及表现标准的制定。

（一）数学知识概述

知识是课程与教学的核心，对知识的不同理解会导致教师产生不同的教学行为，因此，对数学知识的不同理解也会在极大程度上影响着教师的课程实施。

1. 关于知识定义的梳理

关于知识的定义可谓繁多，不同的学科、不同的人对知识有着不同的理解，此处仅列出其中比较有代表性的知识定义，以供研究参考。

一般使用较多的传统知识观认为知识应该展示的是一个存在于现在时空的、独立的、不与认识者主观世界相混淆的真实世界，并且真实的前提是知识能正确客观地反映那个独立的世界。①

---

① 郑太年. 知识观、学习观、教学观［J］. 全球教育展望，2006，35（5）：32-36.

布卢姆(Bloom，1986)认为知识是一种回忆，是对具体事物和普遍原理的再现，对方法和过程的再现，对模式、结构和框架的再现。

认知心理学家则认为：知识可以被看作一种专业化的系统能力，特别是智力。他们对知识的表述是：在长时记忆中存在的由信息元素构成的表征。该定义展现了知识的结果，但是未能体现知识的来源，因此只能说是对知识的现象描述。

《布鲁姆教育目标分类学(修订版)》在表述教育目标时采用了知识和认知过程两个维度，在此它对知识所作的阐述是个人头脑之外的教材内容知识。①

皮连生认为知识需要从两个方面来描述，一方面是个体的知识，是指个体通过与外界环境相互作用获得的信息及组织，另一方面是人类的知识，存储在个体之外的知识，比如以书籍或其他媒介存在。②

心理学建构主义者则不再将知识看作客观世界的反映，认为知识是个人与世界、情境建立的意义，其关注知识的生存力。

总之，从以上各种界定可以看出，大致上可以将知识的界定分为两类，一类是本体知识论持有者的观点，认为知识是客观的、普遍的、绝对准确的，和价值无涉的，是静态主义的知识观。另一类是价值知识观的持有者的界定，将知识看作兼具主观性和客观性的、学习者主动建构的、个体与社会文化价值互动的结果。总之，我们不仅要看到知识的客观性、普遍性，还应看到知识在个体习得过程中个体的作用和个体的差异，即看到情境、环境和文化等在知识习得过程中的重要作用。

在具体知识分类上，不同的学者对此有不同的看法，国内外较有影响的分类有以下几种。

(1)安德森：陈述性知识、程序性知识。

---

① 蒋小平. 布鲁姆教育目标分类学(修订版)[M]. 北京：外语教学与研究出版社，2009：178.
② 皮连生，王小明，胡谊. 教学设计(第二版)[M]. 北京：高等教育出版社，2009：201.

从心理学的视角出发，认知心理学家安德森认为知识可以被划分为两类，一种是陈述性知识，一种是程序性知识。所谓陈述性知识，即有关人们所知道的事物状况的知识，可以是对事实、现象、事件等的陈述或描述。一般包括命题、表象等，一般是静态的，仅反映事物的状态及其联系。我们一般认为公式、定理、原理、数、形等属于该数学知识范围，也就是让人们知道数学是什么的知识。而程序性知识是关于'如何做'的知识，涉及认知技能(包括智力技能、认知策略)和动作技能两个分支。相对于陈述性知识，程序性知识侧重于运用知识解决问题。

(2)布卢姆：教学目标分类。

布卢姆的教育目标分类学在世界范围内影响极大，几乎影响了20世纪后半期以来的全球的教育教学与评价实践。早期的《教育目标分类学第一分册：认知领域》(Bloom，B. S.，1956)一书中仅将教育目标分为知识、领会、运用、分析、综合和评价。最新的《面向学习、教学和评估的分类学——布卢姆教育目标分类学(修订版)》(Anderson，L. W. & Krathwohl，D. R.，2001)则采用了"知识"和"认知过程"二维框架。知识指代的是学习的过程中触及的内容，包括了从具体到抽象四个类别：事实、概念、程序和元认知。其中，概念和程序的抽象程度有一定的交叉，即有的程序性知识比最抽象的概念性知识更具体。认知过程指代在知识习得过程中拥有的学业行为表现或称为学习业绩，共有六种类型：记忆、理解、应用、分析、评价和创造，这些类型的先后排列次序主要是依据认知的复杂程度按由低到高的顺序来分布的：它具体将知识分为事实性知识、概念性知识、程序性知识、反思性知识四类，其中，事实性知识从字面上理解是指关于事实的知识，是学生掌握一个主题、一个学科内容或者运用它能够很好解答其中的问题所应该具备的知识基础；概念性知识是对事实性知识的更高水平的整合。概念性知识是在给定的知识领域内，对几个方面具有相关性的有意义内容进行集成存储。程序性知识是执行某项任务的行为或操作步骤的知识，包括一系列的具体操作程序和相关技能。反思性知识是个体对自身的行为、经历、认识进行再审视、再思考、再调整而获得的知识，是一种内隐化的知识。

(3)加涅：学习结果分类。

加涅提出的学习结果分类在本质上与布卢姆的教学目标分类是一致的，只是划分的方法有了一些区别。他将学习的结果分为五类。①

言语信息：用口头或书面表达的事实性知识或事件信息。

智慧技能：个体使用符号保持与环境接触的能力，又分为辨别、具体概念、定义性概念、规则、高级规则。这五个部分保持紧密的联系，其中要掌握复杂的技能必须以简单的技能学习为先决条件。

认知策略：学习者用来调节学习、工作记忆和思维等方面的信息加工过程的方法。

动作技能：一种通过练习巩固下来的能力，体现在动作的稳定性、精准性和连续性等方面。

态度：影响个体对特定对象认识的主观状态，由情感、认知和行为倾向三个部分构成。

(4)迈克尔·波兰尼：显性知识和隐性知识。

迈克尔·波兰尼（Michael Polanyi）基于哲学的视角提出了两类知识，即显性知识与隐性知识。显性知识是我们通常所说的知识，是用文字、符号表述出来的知识。它具有可以通过文字记录和传播的、理性的、顺序的、思维的、数字的等特性，又称为"言明的知识"。此外，还存在着另外一种类型的知识，是没有成文的知识。尚未被语言或其他形式表述的知识，甚至是难以言明和表述的但又确实存在的知识，比如说我们在解决题目的过程中所运用到的思维知识。它具有内隐性、经验型、即时性、身体性等特征。人们共同认为显性知识是人所拥有知识的一小部分，而人所拥有的大部分知识是隐性知识。

显性知识和隐性知识的概念最初源于哲学领域，后来引入企业管理领域，其影响逐渐扩大，并进一步发展，在此基础上有人提出了 SECI 转化

①　R·M·加涅.学习的条件和教学论[M].上海：华东师范大学出版社，2001：47.

模型(见图 2-1)。

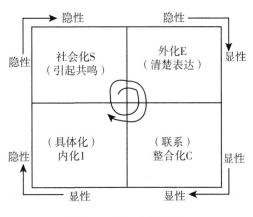

图 2-1　SECI 过程模型

知识社会化的含义是：隐性知识间的转化。它是通过经验的共享进行传递，不是通过语言而是通过观察、模仿和练习来习得隐性知识的过程。

知识外显化的含义是：由隐性知识转化为显性知识。它是将隐性知识表述为显性概念的过程。

知识组合化的含义是：显性知识间的转化和组合。通过各种媒介形式将各种零乱、分散的显性概念进行组合，使其系统化的过程。

知识内化的含义是：由显性知识内化为隐性知识。通过显性知识的形象化表达，并通过人不断地研习和内心感悟来实现知识的内化，从而形成共享的心得和经验。

这四个过程不断循环往复使得知识不断地循环进化，进而形成了知识的生态转化体系。

从以上论述可知，各种知识分类均具有其合理性和科学性，但关注角度却各不相同，安德森的陈述性知识和程序性知识是从心理学的角度提出的；布卢姆的教学目标分类和加涅的学习结果分类则是从教学评价的角度提出的；波兰尼的显性知识与隐性知识是从知识外化表达的角度提出的。而乔纳森在仔细考察和认真分析知识研究的基础上，提出一个更加全面的知识分类理论，基于学习的视角将知识分为了三个大的类别：本体类知识、认识类知识和现象类知识。每一类知识下面还可以进一步细化。① 我们更倾向于使用该种分类，它不仅涵盖性较高，而且也易与当下的教学理念和对学习的认识相切合。

2. 关于数学知识的梳理

数学最初有学习、学问、科学之意，随着社会和科学分科的深入，数学更倾向于较狭隘且技术性的意义——数学研究或数学学科。我们这里讲的"数学"是指，以数学语言符号为工具研究事物之间的数量、结构、空间和变化等关系的一门学科。数学作为学习、学问之意，是人类思维表达形式的体现；作为一门学科，则包含着相关的知识，即关于"数学知识"的知识。一般来说，数学知识具有其自身的独特性，其内容是关于客观事物之间的空间关系和数量关系。数学知识是人们对世界认识的成就，包括对周遭物体的"数""形"和"有秩序的理论体系"两部分。按照乔纳森的观点，数学知识也可以分为数学的本体类知识、数学的认识类知识和数学的现象类知识三类。其中，数学的本体类知识主要包括数学的"数""形"的定义、概念、原理等陈述性知识、结构性知识或概念性知识；认知类知识包括数学推理的步骤、算法的步骤、解决具体数学问题的方法等与程序性、情境性或策略性相关的知识；现象类知识则是数学的具体运用方面的知识，一般是内隐的且具有社会文化性和经验性等，如统计全班考试成绩所用到的数学知识。

(二) 数学知识的特征

数学是关于数和形的科学，"数"和"形"两部分存在于人的理性世界，换言之，数学对象从现实世界中来，但却又超越了现实世界，是对现实世

---

① 何克抗. 对美国建构主义教学成功还是失败大辩论的评述[J]. 电化教育研究，2010(10)：5-24.

界的超越。因此，数学知识不仅具有一般知识的特征，还具有其自身的特性，即超验性、演绎性和程序性。

首先，数学知识是超验性与经验性的分离与统一。我们知道，数是抽象的产物。"我们运用抽象的数字，却并不打算每次都把它们同具体的对象联系起来。我们在学校里学习的是抽象的乘法表，而不是男孩的数目乘以苹果的数目，或者苹果的数目乘上苹果的价钱……同样在几何中研究的，例如，是直线，而不是拉紧了的绳子。"①数学完成了对客观世界的抽象，甚至是抽象体的再抽象，也就是说数学知识是具有超验性的。但数学却又不是无限地与现实生活世界分离。很多时候，它从现实抽象又回归现实，是现实经验的总结与使用。如分数，知识本身是抽象的，但在具体生活中却又是经验的，如一个西瓜十个人平均分吃。

其次，数学知识是演绎性与合情性的统一。数学知识的获得，需要严格的演绎论证，也就是说，数学知识必须具有可证明性，不可证明的数学知识不能称其为数学知识。数学知识的证明过程在满足演绎的前提下，这一过程还应该是合情合理的，即数学知识演绎过程需要符合人的认知过程，只有合情的数学知识才可能被人们广泛接受。因此，从某种意义上讲，数学知识还应是演绎性与合情性的统一。

最后，数学知识是程序性与现象性的统一。数学中拥有大量的程序性知识，例如运算法则、解题方法和解题策略等。即便陈述性知识，如代数式、方程、函数等大量数学概念的形成过程也要经过活动阶段、过程阶段、对象阶段、图示阶段，且这些数学知识的形成过程几乎均可与具体的现实生活情境联系起来，因而许多数学概念都具有过程与现实的双重属性，程序性和现象性可以算作数学知识的又一特征。②

① A·D·亚历山大洛夫等. 数学：它的内容、方法和意义（第 1 卷）[M]. 孙小礼，赵孟养，裘光明，等译. 北京：科学出版社，1986：125.
② 巩子坤. 数学知识的特征与学习方式的有效选择[J]. 中国教育学刊，2005(11)：55-58.

（三）数学知识与数学学科能力的关系

"知识不能等同于能力，知识的记忆与掌握不能等同于能力的提升"已经成为共识。当然，能力的提升离不开知识的积累。林崇德也指出："学科能力源起于学科教学促使学生掌握的学科知识，却又依赖于学生心理能力本身的发展。"①也就是说，学科能力是知识学习与知识内化、知识运用等智力发展相互作用与融合的过程。从某种意义上讲，学科能力的发展离不开学科知识的学习和积累，然而单独的知识学习与积累又不能直接转化为能力发展，还需要知识的运用与体悟，即学科能力的发展不仅需要学科知识的学习与积累，还需要学科知识的运用与体悟。若学科知识的学习仅仅停留在了解、知道的浅层次陈述性知识上，学科能力就难以发展，学科知识只有经历了运用，甚至经历"愤""悱"之过程，学科知识才能在学生的体"道"与悟"道"中获得学科能力发展。因此，我们可以说学科知识的学习与积累是学科能力提升的前提和基础。

具体到数学学科，数学学科知识包括本体类知识、认识类知识和现象类知识三类。这三类知识是以书籍、互联网等媒介方式存储的，要转化为个体头脑中的知识，就需要一个"转识成智"的过程，即需要将外在的知识内化为个体头脑中的知识，从而在知识的积累中转化为数学学科能力。当然，从数学知识到数学能力的转化不是一蹴而就的，需要经过一系列的转化过程。要完成习得知识到生成智慧的转换，需要有许多条件和因素来促成，赵汀阳先生将其解释为："知识从根本上不是关于说，而是关于行动，智慧是做出来的，而不是想出来的。"②也即，要从知识的习得转到指向知识运用和掌握的智慧，需要跨越"从知识习得到实践应用""从实践运用到智慧生成"两道鸿沟。由此可以看出，数学知识本身不是数学学科能力，也不能自动转化为数学学科能力，而需要经过一系列的过程。为此，可以

---

①　林崇德. 论学科能力的建构[J]. 北京师范大学学报（社会科学版），1997（1）：5-12.

②　赵汀阳. 一个或所有问题[J]. 江西教育出版，1998（1）：70-78.

通过数学知识习得、数学知识内化、数学知识实践应用、数学知识理性反思，以及数学能力生成等教与学的过程，最终实现从数学知识到数学学科能力的飞跃。

二、数学学科能力与数学思想方法

数学学科能力除了与数学知识之间存在联系之外，它与数学思想方法之间的联系也是十分紧密的。数学学科能力的培养离不开数学知识的传授，更离不开数学思想方法的培育。对数学思想方法及其与数学学科能力关系的理解有助于我们更好地建构高中数学学科能力模型及表现标准。

(一)数学思想方法概述

思想是指客观存在反映在人的意识中，并经过思维活动而产生的结果，是人类一切行为的基础。数学思想就是"人对数学科学的本质及规律的深刻认识"，它是数学科学和数学学科固有的灵魂。① 方法可以理解为达成某种目的而采用的途径、手段与方式。因此可以说，数学方法就是解决数学问题或从事数学活动的策略和程序，是实施数学思想的路径，是数学思想的具体反映。如果说数学知识是组成数学学科的"组块"，那么数学方法就是组织数学学科"组块"的"筋"，数学思想则是赋予数学学科灵性的"魂"。但由于数学方法是数学思想的具体化，数学思想是数学方法的提升，因此，在数学研究或数学活动中数学思想和方法是相互联系、相互渗透的，甚至难以严格地区分二者。

回顾数学研究活动的历史可以发现，关于数学思想和方法的探究从没间断过，许多杰出的数学思想家提出了丰富而深刻的数学思想和方法。早在古代甚至远古时期，人们已经在现实生活与生产的计算与测量中形成了

---

① 王传赠. 初中数学教学中的数学思想方法教学[J]. 教学与管理(中学版)，2001 (8)：49-50.

算术与几何。如印度的《绳法经》中记载了几何内容和建筑中的代数计算问题，如勾股定理、矩形对角线的性质以及作图法等；埃及在单位分数、几何方面也有相关应用；美索不达米亚人创造了一套以60进制为主的楔形文记数系统；我国在殷商时期的甲骨文中已经有了关于十进制的记载，《周髀算经》就已经有了关于分数运算、勾股定理等数学思想与方法，并将这些思想与方法广泛应用于日常生活实践和天文测量中，《九章算术》可以说是中国古典数学的集大成者，书中记载了算术、代数、几何等几个领域的知识。随着数学研究的发展，逐渐形成了具有一定系统性的数学思想与方法，如古希腊亚里士多德的形式逻辑、古希腊欧几里得几何公式化（几何原本）、英国纳皮尔的"对数方法"、培根的归纳数学思想等。

近代，文艺复兴与工业革命使得数学得到了长足的发展，这时期产生了许多重要的数学思想和方法。如笛卡尔在《方法论》中提出了系统的怀疑方法、辩证分析的思想、逐次逼近方法、综合归纳方法；牛顿在《自然哲学的数学原理》中提出的归纳推理与假设的思想和方法；欧拉在《关于整数的约数纸盒的最奇异定理的发现》中提出的类比、归纳、推理的思想。到了近代，数学思想与方法更是发展神速，产生了罗巴切夫斯基、黎曼等非欧几何的思想、伽罗华的抽象群的思想方法、哈密顿的四元数等。

国内对数学思想和方法研究始于徐利治，他在《浅谈数学方法论》（1980年）中首次提出了数学方法论，并在1983年出版的《数学方法论选讲》中对十来个公认比较有趣的专题展开论述；解恩泽和徐本顺在《数学思想方法》中对"数学思想方法的历史演进、数学的思维方式与数学研究基本方法、数学家的思想方法、数学学派的思想方法、数学的潜形态及其向显形态转化的机制、数学与其他学科相互渗透的思想方法基础、数学学科的特点、数学内容的辩证性质、数学理论产生发展的动力及其规律性、数学的功能"等专题进行了研究；张奠宙和过伯祥合著的《数学方法论稿》从"基本的和重大的数学思想方法、与一般科学方法相应的数学方法、数学中特有的方法、中学数学中的解题技巧"四个层面上对数学思想与方法进行了论述；王仲春、李元中在论著《数学思维与数学方法论》中，从数学教育理论的视角出发，通过独特的视角对数学思想与方法进行了比较和详尽的研究。

(二) 数学思想方法与数学学科能力的关系

数学思想方法是数学的本质，是联系各方面数学知识的纽带。其中，数学思想是对数学理论和方法在更高层次上的提炼和概括，属于理性认识的范畴；数学方法是人们在数学活动中使问题得以解决的途径和手段，是数学理论与实践的中介，并指向数学实践活动。① 二者虽属于数学方法论层面的不同层次的事物，但它们既相互区别、分离，又紧密联系在一起。正如苏联数学家弗利德曼对它们之间的关系所作的表述："任何一种思想都是在科学的个别方法中，在认识和实践中获得一定的结果，在理论方面和实践方面体现出来。"②也就是说，数学方法中蕴含着数学思想，数学思想中又孕育着数学方法。

能力的提升需要个体认知结构的形成与发展，因此，数学学科能力的发展离不开个体数学认知结构的形成与发展。数学认知结构由各种繁纷复杂的部分构成，其主体以数学知识、心理成分、数学思想和方法三个部分为基础。数学知识是数学学科能力提升的知识基础，数学思想和方法是数学能力提升的认知策略基础，心理成分是数学学科能力提升的心理基石。数学思想和方法是这三者中最重要也最活跃的组成部分，它不仅联系着知识基础，还是孕育数学能力的思维方法。因此，可以说学生数学学科能力的提升离不开数学思想和方法的传授与培育，主要体现在以下几个方面。

第一，数学思想和方法的掌握有利于构建系统的数学知识体系。首先，数学思想和方法是自成系统的，它涵盖并贯穿着与之相关的所有数学知识。如果把数学知识比作一串佛珠，那么数学思想和方法就是串起佛珠

---

① 郭刘龙，陈宇涛. 论数学思想方法的教育价值[J]. 教育理论与实践，2005(2)：59-60.
② Л. M. 弗利德曼. 中小学数学教学心理学原理[M]. 陈心五，译. 北京：北京师范大学出版社，1987：7.

的线，有了数学思想和方法的贯穿，数学知识才能成为一串被人们应用于问题解决的持珠。其次，数学思想和方法的掌握有利于数学知识高层次升华。一般来说，数学知识是具体、琐碎的，而实际问题的解决不能单靠某一知识点。数学思想和方法是对数学知识的抽象与超越，它的掌握有利于学生全面建构数学知识的结构与体系，促进数学知识向高阶知识转化和升华。也就是说，掌握数学思想和方法有利于学生数学知识体系的建构。

第二，掌握恰当的数学思想和方法可以促进学生运用数学知识能力和解决数学问题能力的发展。数学思想和方法是从知识原理的高度对数学知识的统领，具有高度的概括性。美国心理学家贾德指出："在学习活动中方法迁移的发生应具有一个前提条件，那就是学生首先需要掌握所学知识原理和结构从而在形式和内涵上形成类比，才能迁移到相应的具体的类似学习中。"我国北京师范大学著名数学教育家曹才翰教授也认为："在学习活动中学生的认知结构如果具有较高抽象、概括水平和观念，将有利于后续的新的学习活动的展开"，"迁移的发生只有当学习者的认知结构对所学知识具有概括的、巩固的和清晰的概念以后才能够实现"。可见，具有较高抽象性和概括性的数学思想和方法有利于学生在学习与现实中运用数学知识迁移知识。因此，我们可以说数学思想和方法的学习与运用有利于学生数学学科能力的提升。

三、制定高中数学学科能力表现标准的理论基础

理论具有一定的导向作用，学科能力模型及表现标准是建构在知识论基础、心理学基础、评价理论基础之上的。

(一)知识论基础

"古今以智相积"，能力的提升与培养离不开"集千古之智"(方以智)，即人才的培育、能力的提升离不开知识的习得与积累，这不免让我们追问究竟什么是知识，即知识观的问题。

1. 何谓知识观

要进行教育，进行人才的培养，就离不开教学活动的发生。而开展教学就离不开传授知识的问题，关系着知识的内涵、知识的价值、知识的形成以及知识的传递方式。也就是说，要追问人们常说的知识观的问题，即"知识的本质是什么？""知识的价值何在？""人们又是如何习得知识的？"等一系列有关的问题。

知识观，可以理解为人们对于知识的基本看法，是对知识本质与价值等方面的思考与认识。我们知道，知识是人类认识世界的产物，人类的认识过程可以认识世界，也可以对认识产生的知识进行再认识，即形成了关于知识的本质、来源、形成过程以及价值等的观点，也就形成了关于知识的观念或观念群，也就形成了知识观。当然知识观是比较丰富、多维的，不同的时代人们对知识的认识也是不一样的。同时还应看到，自有了人类，便有了认识，进而产生了知识。作为对知识进行哲学追问与反思的知识观，是随着人们对知识以及知识反思的产生而产生的。因此，知识观是历史地发展着的，随着时代的发展而演变。

2. 从外在到内在：知识观的嬗变

回顾人们追求知识的路径，我们发现由于对过往知识观的回顾和思考，人们对知识的观点正在发生变化，"从追求知识的外在意义转向内在意义"，"从价值无涉到价值关涉"，"从追求'共相'的习得转向知识的社会建构"。

（1）知识本质：追求知识的外在意义转向内在意义。

当代知识观的转型，从根本上说，是人们对知识意义的关注焦点的转移，即从关注知识的外在意义转向关注知识的内在意义，一言以蔽之，从现代知识观转向后现代知识观。① 基于传统知识观的视角来看，事物是客

---

① 周燕. 从知识的外在意义到知识的内在意义[J]. 全球教育展望，2005(4)：29-33.

观存在的，知识则是对客观实在的反映，也就是说，知识是人们对客观实在的经验，知识是经验知识，纯粹用逻辑和理性将知识论建构成类似物理学那样的精密知识，完全排除社会、历史和心理等因素。① 同时，传统的知识观仅从静态的、理性的角度关注知识，知识成为完全中立的、不依赖任何主体的、有着绝对客观性和真理性的语言陈述，忽视了知识本质的历史性、社会性和个体认知参与的特征。

随着人们对传统客观主义知识观的反思，逐渐形成了建构主义知识观，建构主义知识观虽流派纷呈，出现了如个人建构主义、社会建构主义、激进建构主义等流派，但却在知识观的看法上体现出惊人的一致性。

首先，建构主义知识观认为知识是具有建构性的，也就是说，建构主义知识观认为知识不是客观存在的对象，不能被动地吸收和传递，而是通过个人主动的意义建构才能形成。② 认知主体获得知识是处于一定的社会文化情境之中，将新知和个人原有经验互相融合而主动建构的过程，而不是与其自身无涉的客观实在。

其次，建构主义知识观强调知识是一种对客观世界的合理解释或可靠假设，但并不是客观主义追求的"一"（问题的最终答案）。③ 也就是说，建构主义知识观不再仅仅认为知识是客观实在的真理，而是一种合理的解释或可靠的假设。同时认为，多样的认知对象、多元的认知主体使得认知结果也是多样的，正如激进的建构主义者冯·格拉塞斯费尔德认为，认知是为了更好地适应，而对经验世界加以组织，并不是本体论意义上客观实在的发现。他强调："没有客观的、真实的知识，而仅仅有主观的、建构的、有用的知识。"④

---

① 顾正林. 从个体知识论到社会知识论——当代知识论的另一个转向[J]. 科学技术与辩证法，2007，24(6)：51-54.

② 高文. 教育中的若干建构主义范型[J]. 全球教育展望，2001，30(10)：3-9.

③ 卢强. 学习共同体内涵重审：课程教学的视域[J]. 远程教育杂志，2013，31(3)：44-50.

④ 高文，任友群. 知识的生产与习得的社会学分析[J]. 华东师范大学学报（教育科学版），2004，22(2)：7-13.

最后，建构主义知识观认为知识具有文化情境性，即知识是在个人生存的社会文化环境中产生的，也就是说，"知识总是包括认知者对真理的质疑、对知识的渴求、对知识的建构与理解以及所有这一切发生的情境脉络"①。情景认识理论是在建构主义的基础上发展而来的，它表述为"知识是基于社会情境的一种活动，而不是一个抽象具体的对象；知识是个体与环境交互作用过程中建构的一种交互状态，不是事实；知识是一种人类协调一系列行为、去适应动态变化发展的环境的能力"②。社会建构论者认为，语义只有在一定的情境中才能体现出来。"我们关于语言与指代物之间关系的约定总是植根于特定的社会历史环境的。"③总之，"知识总是包括认知者对真理的质疑、对知识的渴求、对知识的建构与理解以及所有这一切发生的情境脉络"④。

（2）知识属性：从价值无涉转向价值关涉。

客观主义认为"知识就是在那儿，不论你来还是不来"，即知识是价值中立或价值无涉的客观实在的反映。而建构主义知识观首先认为知识不仅仅是我们以前追求的"客观实在的反映"，而是依据个体经验而建构的合理解释或可靠假设。因此，知识就难以摆脱个体生活的社会文化圈，难以超越个体存在的历史时期，就如沙逊（Sasson，D.，1999）指出的："知识也是与人、社会的发展与变革密切相关的，因此是不断变化与发展的，不再是价值中立的知识了。"⑤而从波兰尼关于个体知识以及隐性知识的探究也可

① 莱斯利·P·斯特弗，杰里·盖尔. 教育中的建构主义[M]. 高文，徐斌燕，程可拉，等译. 上海：华东师范大学出版社，2002：21.
② 王文静. 情境认知与学习理论：对建构主义的发展[J]. 全球教育展望，2005，34（4）：56-59.
③ 肯尼思·丁·杰根. 社会建构和教育过程[M]//莱斯利·P·斯特弗，杰里·盖尔. 教育中的建构主义. 高文，徐斌燕，程可拉，等译. 上海：华东师范大学出版社，2002：20.
④ 莱斯利·P·斯特弗，杰里·盖尔. 教育中的建构主义[M]. 高文，徐斌燕，程可拉，等译. 上海：华东师范大学出版社，2002：20.
⑤ Sasson, D. Empathetic education：An ecological perspective of educational knowledge [J]. School Leadership & Management，1999（3）：45-60.

知，知识的探究过程其实是一个充满了理智和激情的过程，探究者需要有着"初恋般的热情和宗教般的意志"才可能达到知识探索的彼岸，也就是说探究者只有在探究过程中赋予了个人兴趣和价值，才可能使得探究得以继续。而客观主义恰恰忽视了这一点，"在拉普拉斯那里得以典型表述的严格的客观知识的理想，继续支持一种普遍的趋势，即提高科学之观察的准确性和体系的精确性，而牺牲它和其主题的关系"。以上表述中提到的"牺牲"恰恰是对是个体兴趣的漠视，是对知识"价值"的无视。总而言之，不存在中立性的知识，社会环境必然影响着知识的创生、传播与使用。因此，价值涉及的知识观反映了人们对知识认识的进一步发展。

（3）建构方式：从追求"共相"的习得转向意义的个体建构。

客观主义赋予知识以客观性、真理性、合理性、价值中立性等特征，使得人们将知识学习理解成为"鼓励个体突破表象、偶然和个人意见的限制，与某种本质的、必然的、普遍的事实建立起联系，进入一个代表永恒真理的世界，这个永恒世界意味着个体对'本质'的认识的完成，因而也就意味着个体一劳永逸地从'无知'中摆脱出来，实现了自身的'解放'"。①因此，知识学习成为了追寻普遍性的过程，在这个过程中抽离了人的个体性和丰富性。然而，建构主义知识观超越了传统客观主义的局限，认识到知识本质的历史性、社会性和个体认知参与的特征，认为知识的建构离不开其建构主体的知识、经验、兴趣与价值倾向，离不开知识建构者生存的文化社会环境，离不开其赖以生存的历史情境。可见，知识的建构方式从追求知识"共相"习得转向了在社会历史文化环境下的、在真实情境下的个体的意义建构，具体有以下两个方面：

首先，知识学习是在尊重个体意见基础上的知识建构。知识并不能分毫不爽地提供生活世界的法则，在面对变动不居的生活问题时更不会"螺钉对螺母"，一用就灵，而是需要针对具体情境进行再创造，这意味着，知识不是与个人意见、经验无关的纯客观的"共相"，即"知"不是概念式

---

① 王帅. 诗性知识与知识教学的诗性建构[J]. 全球教育展望，2010，39（3）：19-23.

的、形式化的先在体系，不是个体在世界之外冷眼旁观的知识，而是个体在世界之中的"知"，是世界向个体显现的那个样子。① 个体在实施学习行为的过程中，总是带着已有的知识、经验来组织，个体是一个有着兴趣取向与激情的个体，个体的"思"与个体的"在"是截然分不开的。也就是说，一切知识的建构都要扎根于个体意见和生活经验的基础上个体意义的体现，它是一个鲜活的、有着思维的生命，而不是孤零零地在那里的死的"知"。

其次，知识学习是在尊重社会情境基础上的个体意义的建构。知识学习的过程离不开个体的直觉也离不开个体对周围社会文化环境的感知与体验。因此，意味着知识学习是对真实境脉的真实感受、体验与反思，它追求一种个体参与的"有意义""有智慧"的体验，鼓励知识学习个体通过自我的独特方式对知识、智慧进行追寻，以自我的独特方式对知识进行审视与选择，从而获得一种带着独特体味的个体知识。也就是说，个体知识的建构过程是离不开个体生存的社会境脉和知识与个体相遇的境遇的。

3. 教育学科立场的知识

审视知识观的转变，人们对知识的关注由关注外在意义转向了内在意义、从价值无涉转向价值关涉、从追逐共相转向意义生成，这必然需要人们重新审视知识教学的问题，也就是说，从教育学科的立场上讲知识应是什么样的？国内著名学者郭元祥指出，教育学科立场的知识应具有"生命立场与主体视野、生成立场和过程取向、价值立场和意义关怀"等特征。② 可以看出，郭元祥教授提出的教育学科立场知识的三个特征切合了知识观的三个转向。笔者认同这种观点，在此仅作简述：

(1)生命立场与主体视野。

教育是使人成人的过程，所有的出发点应是学生的生命成长。因此，

---

① 王帅. 诗性知识与知识教学的诗性建构[J]. 全球教育展望，2010，39(3)：19-23.
② 郭元祥. 知识的教育学立场[J]. 教育研究与实验，2009(5)：1-6.

教育不能也永远不能只是告诉学生知识是什么。仅仅告诉学生"关于世界的知识"（knowledge of the world），而不能使人获得"加入世界的知识"（knowledge of and in the world）。① 也就是说，教育是得"渔"的过程，而不是得"鱼"。因此，应该从学生生长、生成和发展的角度上关注知识教学，使其在学生成长过程中发挥重要的作用，建立起与学生的意义联系。超越简单的知识传递层次，从以生为本的视角来进行知识教育，才能真正关注学生作为一个生命个体的成长。

（2）生成立场与过程取向。

郭元祥教授指出，"生成立场和过程取向反对在教育活动中直接对知识进行接受性的传授，强调通过学生与知识的相遇，实现知识教学的丰富价值"②。基于这种认识所理解的教育学科立场的知识教学，才是营造人们与知识相遇的氛围，创生人们与知识相遇的境遇，通过人们与丰富的人类认知成果的不断相遇，生成新的意义。教育是一个慢的过程，是人们在境遇中与知识相识、相知、相依的过程，在这一复杂而漫长的过程中不断产生新结果、新经验、新体验、新观念、新价值。

（3）价值立场和意义关怀。

知识的价值性和对知识意义的关注要求教育对待知识问题不能仅仅具有"科学立场"和对"真"的把握，而应时刻关注知识对学生发展的价值，赋予知识以意义关怀。③ 一旦教育缺乏价值思维将难以达成学生个人知识的形成和意义的建构，难以获得知识的社会意义和深层意义，难以培养健全的人。只有超越静态的教育思维，运用动态的、历史的、发展的思维看到教育，使知识教学不仅在于与客观的、确定的、普遍的、中立的知识的相遇，还在于对文化的、不确定的、境遇的、价值的知识的感悟，人们才能超越单一的"工具理念"的知识掌握观念，把知识与人类的境遇、命运和幸

① 赵汀阳. 心事哲学. 长话短说[M]. 北京：东方出版社，2001：189.
② 郭元祥. 知识的教育学立场[J]. 教育研究与实验，2009(5)：1-6.
③ 郭元祥. 知识的教育学立场[J]. 教育研究与实验，2009(5)：1-6.

福关联起来，实现知识学习的真正价值。①

(二)心理学基础

瑞士著名的心理学家让·皮亚杰(Jean Piaget)在他的论文《儿童和青年的智力发展阶段》中提出了儿童的认知发展阶段(Stage in Cognitive Development)理论，揭示了人们认知发展的过程和规律。他认为，儿童的认知发展过程可以分为感知运动、前运算、具体运算、形式运算四个阶段。

1. 感知运动阶段(感觉-动作期，Sensorimotor Stage，0~2岁)

皮亚杰认为，本阶段是思维的萌芽期，本阶段的心理发展状态决定个体为了心理发展演进的整个过程，本阶段主要是动作智慧的发展，即儿童靠动作图式(Scheme)来认知世界，并按空间-时间结构和因果来组织现实的东西。

2. 前运算阶段(前运算思维期，Preoperational Stage，2~7岁)

本阶段的儿童从具体动作中摆脱出来，开始以符号作为中介来表征外在事物。前运算阶段又分为2个子阶段：前概念阶段和直觉思维阶段。

A. 前概念阶段(2~4岁)：前概念阶段又叫作象征思维阶段，这一时期儿童开始运用象征性符号进行思维，出现了"意之所指"和"意之所借"的分化。

B. 直觉思维阶段(4~7岁)：直觉思维阶段的儿童对事物的显著特征有了较好的敏感性，具备了一般的逻辑结构，认知能力得到了显著的增长。但此阶段的儿童的思维有着"思维的不可逆性，缺乏守恒结构""自我中心性""具体性"等特征。

---

① 赵汀阳. 知识、命运和幸福[J]. 哲学研究，2001(8)：36-41.

3. 具体运算阶段(具体运算思维期，Concrete Operations Stage，7~11 岁)

这一时期的思维特征如下：首先，思维具备了可逆性和传递性，产生了守恒性；其次，加法结构和乘法结构产生；最后，还具有了组合型、可逆性、结合性、同一性等特征，摆脱了自我中心性。

4. 形式运算阶段(形式运算思维期，Formal Operational Stage，11 岁以后)

处于形式运算阶段的人们，思维开始能够摆脱思维内容，可以运用假言命题进行逻辑推理，即可以进行假设—演绎推理，从而解决现实问题。

当然，我们还要认识到，这四个阶段具有顺序性，但在时间上没有严格的界限，思维发展是连续的，而非跳跃性的。

(三)评价理论基础

1. 布卢姆教育目标分类学及其发展

1956 年，布卢姆等人出版了《教育目标分类学第一分册：认知领域》，对有关认知领域的教育目标进行了分类。依据认知行为的复杂程度加以区别，分别是知道(知识)、领会(理解)、应用、分析、综合、评价六个大类，每个大类中又分若干子类或次级子类(见表 2-1)①。

1956 年的布卢姆教育目标由于其具有时代性和历史性，因此具有一定的局限性，如，它仅仅包含了一些可以测量的行为；它适合于指导教育评价，却不能很好地指导教学和学习；是根据学习结果进行的目标分类，与认知过程的次序无关，更不是行为发展的过程。这就决定了其适合于教育评价而不能较好地指导教学和学习。也就是说，我们在运用传统的布卢姆

---

① 乔金芳. 布卢姆目标分类学在高中物理教学案例设计中的应用研究[D]. 南昌：江西师范大学，2011.

表 2-1 布卢姆认知领域教育目标分类表

类别	主类	亚　类
第一类	知识 knowledge	(1)对专门或孤立信息的识记：①对专门术语的识记；②对具体事实的识记(如日期、事件、人物、地点、资料来源等) (2)对处理专门信息手段和方法的识记：①常规方法的识记；②倾向和序列的识记；③分类和类别的识记；④评判标准的识记；⑤方法论的知识 (3)对待定领域普遍和抽象知识的识记：①一般原理和概念的识记；②理论和结构的识记
第二类	领会 comprehension	(1)翻译 (2)解说 (3)推断
第三类	应用 application	无亚类
第四类	分析 analysis	(1)要素的分析 (2)关系的分析 (3)组织原理的分析
第五类	综合 synthesis	(1)独特交际方式的产生 (2)计划或操作方案的提出 (3)抽象关系的衍生
第六类	评价 evaluation	(1)从内部事实来进行评价 (2)从外部标准来作出评价

的教育目标分类方法的时候，一直被其如何指导教学、学习等问题所困扰。因此，安德森随后又对布卢姆的教育目标分类理论进行了发展和修订，于 2001 年出版了《学习、教学和评估的分类学：布卢姆教育目标分类学修订版》。在该书中，主要探讨了四个方面的主要问题：在有限的时间里，学生最应该学习什么内容；教师应该如何设计教学内容，以促进学生的高效能学习；如何对学生的学习情况进行准确地评估，以促进学生发

展；如何实现目标、教学和评价三者间的协调。①

这是安德森教授等人在借鉴原有教育目标分类学的基础上，以及借鉴当代心理学对学习研究的成果，从知识维度和认知过程维度上建构教育目标分类体系，其中知识维度主要指向教师教或学生学的内容，认知过程维度主要是指根据学生认知的阶段历程，教师提供相应指导。具体来说，知识维度主要分为事实性知识、概念性的知识、程序性知识和反省认知知识。其中，事实性知识主要包括一些比较零散的事实信息；概念性知识涉及具体的概念、定义、原理等知识，比较具有组织性；程序性知识是关于如何做的知识，也就是说完成一项任务或解决一个问题所应当进行的方法步骤等；反省认知知识是个体对自我的认知过程、认知思维等的再认识的知识，它能及时调整认知策略，实现认知的有效。认知过程维度上，与1956 年版的差别不大，对比可知，去掉了"综合"，使用了"创造"一词。将认知过程维度分为"记忆、理解、运用、分析、评价、创造"六个子过程。当然，每个子过程中，还包括一些子类，将认知过程具体化，使得评价过程更具操作性(见表 2-2)。这样从知识和认知过程两个维度上形成了一个二维分类表(见表 2-3、表 2-4)。②

表 2-2　分类表

知识维度	认知过程维度					
	记忆	理解	运用	分析	评价	创造
事实性知识						
概念性知识						
程序性知识						
反省认知知识						

① L·W·安德森等. 学习、教学和评估的分类学：布卢姆教育目标分类学修订版[M]. 皮连生，译. 上海：华东师范大学出版社，2001：5.
② L·W·安德森等. 学习、教学和评估的分类学——布卢姆教育目标分类学修订版[M]. 皮连生，译. 上海：华东师范大学出版社，2001：26.

表 2-3　知识维度的主要类别和亚类

主要类别与亚类	例　子
A. 事实性知识——学生通晓一门学科或解决其中的问题所必须知道的基本要素	
A_A　术语知识	机械的词汇、音乐的符号
A_B　具体细节和要素的知识	主要自然资源、可靠的信息来源
B. 概念性知识——能使各成分共同作用的较大结构中的基本成分之间的关系	
B_A　分类或类目的知识	地质学年代周期、商业所有权形式
B_B　原理和概念的知识	毕达哥拉斯定理、供应与需求定律
B_C　理论、模型和结构的知识	进化论、国会结构
C. 程序性知识——如何做什么，研究方法和运用技能、算法、技术和方法的标准	
C_A　具体学科的技能和算法的知识	用于水彩作画的技能、整数除法
C_B　具体学科的技术和方法的知识	面谈技术、科学方法
C_C　决定何时运用适当程序的标准的知识	用于确定何时运用涉及牛顿第一定律的程序的标准 用于判断采用特殊方法评估商业代价的可行性的标准
D. 反省认知——一般认知知识和有关自己的认知的意识和知识	
D_A　策略性知识	把写提纲作为掌握教科书中的教材单元的结构的手段的知识，运用启发式方法的知识
D_B　包括情境性的和条件性的知识在内的关于认知任务的知识	特殊教师实施的测验类型的知识 不同任务有不同认知需要的知识
D_C　自我知识	知道评判文章是自己的长处，而写文章是自己的短处，对自己知识水平的意识

表 2-4　认知过程的主要类别和亚类

过程类目	认知过程及例子
1. 记忆——从长时记忆系统中提取有关信息	
1.1　再认	（如，再认美国历史上重要事件的日期）
1.2　回忆	（如，回忆美国历史上重大事件的日期）

续表

过程类目	认知过程及例子
2. 理解——从口头、书面和图画传播的教学信息中建构意义	
2.1 解释	（如，解释重要演讲或文件的含义）
2.2 举例	（如，给出各种美术绘画类型的例子）
2.3 分类	（如，将考察到的或描述过的心理混乱的案例分类）
2.4 概要	（如，为录像磁带上描写的事件写一则简短的摘要）
2.5 推论	（如，在学习外语时，从例子中推论出语法原理）
2.6 比较	（如，比较历史事件与当前的情形）
2.7 说明	（如，解释法国 18 世纪重要事件的原因）
3. 运用——在给定的情境中执行或使用某程序	
3.1 执行	（如，多位整数除以多位整数）
3.2 实施	（如，将牛顿第二定律运用于它适合的情境）
4. 分析——把材料分解为它的组成部分并确定各部分之间如何相互联系以形成总体达到目的	
4.1 区分	（如，从数学应用题中区分出有关和无关数字）
4.2 组织	（如，组织某一历史上描述的证据使之成为支持或反对某一特殊证据
4.3 归属	（如，根据文章作者的政治观点确定他的观点）
5. 评价——依据标准或规格做出判断	
5.1 核查	（如，确定科学家的结论是否来自观察的数据）
5.2 评判	（如，判断两种方法中哪一种对于解决某一问题是最适当的方法）
6. 创造——将要素加以组合以形成一致的或功能性的整体；将要素重新组织成为新的模式或结构	
6.1 创新	（如，提出假设来说明观察到的现象）
6.2 计划	（如，计划写一篇历史题目的论文）
6.3 建构	（如，为某一特殊目的建筑住处）

通过对《布卢姆教育目标分类学的修订版》进行分析可以看出，研究者

们努力弥补前一版本的不足，使制定出来的教育目标分类框架能够满足教学、学习和评价三者间的共同需要。但仍存在着不足，比如该教育目标分类框架的知识维度的分类还是有过于简单之嫌，同时忽略了对人们认知过程中特有的隐性知识、社会文化知识等的关注。

2. SOLO 分类理论

SOLO 分类理论（Structure of the Observed Learning Outcome）是由澳大利亚教育心理学家比格斯（Biggs，J. B.）和克莱斯（Collis，K. F.）提出的，它是一种依据皮亚杰的认知发展阶段论而发展起来的以等级描述为基本特征的质性评价方法。其理论基础是结构主义学说，将学生对问题的反应，按照思维结构的复杂程度不同划分为从低到高五个不同的层次：①

（1）前结构（pre-structure）。

不相关或完全错误的答案，即，由于学生没有对问题形成理解或不具备与问题相关的知识，以致对问题回答过于简单，或逻辑混乱，或与问题完全不相关。

（2）单一结构（uni-structure）。

学生回答问题时，只能找到单一的联系事件，然后就直接跳到结论上。也就是说，学生仅仅靠记忆来回答的问题，对问题基本没有理解或理解较浅。

（3）多元结构（multi-structure）。

学生能联系多个孤立的事件回答问题，也就是说，学生抓住了或使用了问题的所有方面或其中几个方面的信息来回答，甚至建立起了两两之间的联系，但学生还未建立起完整的知识网络。

（4）关联结构（relational）。

学生能联系所给问题的全部相关信息进行综合性的回答，也就是说，

---

① Biggs, J. B. & Collis, K. F. Evaluating the quality of learning—The SOLO taxonomy [M]. New York：Academic Press, 1982：23-29.

学生能够充分理解问题，并可使用与问题相关的多方面的信息对问题进行充分的阐述和做出回答。但是这个水平的学生在回答问题时所使用的信息仍然是与问题直接相关的，不会使用问题没有直接涉及、但是与问题本身有联系的其他信息，不会将问题置于更一般的、更广阔的情境中进行考虑或者对问题提出质疑。①

（5）拓展结构（Extended abstract）。

学生能在深入理解问题的基础上，综合使用各种与之相关的信息来回答相关问题，而且答案具有较大的自由性和开放性，从而拓展了问题自身的内涵和外延。

SOLO 分类理论提及的五个层次分别反映了学生掌握具体问题的五个不同的水平，从前结构到拓展结构，等级越接近拓展结构，说明学生对此问题的理解就越深刻越透彻，回答得越到位。SOLO 评价分类理论有利于教师诊断学生对某一问题的掌握程度，帮助教师诊断教学，改进教学激励措施，实现高质量教学；SOLO 分类评价理论有利于教育评价深入质的层面，使过程评价深入日常教学；同时，SOLO 分类评价理论为开放试题的计分方式提供了理论依据，② 为开放性题目设计者提供了 5 个反应层次以及 5 个等级的细分描述，同时也为题目设计提供了一定的实践操作指导。

SOLO 分类评价法作为评价工具有其独特价值，但也存在其自身的局限。首先，SOLO 分类评价法层次概念的理论表述模糊，致使实践操作上较为困难。Biggs 等人使用的层次概念笼统且有些模糊，理论使用者往往在实践操作中难以判定学生的答案在 SOLO 分类中属于哪个层次，难以判定不同的结构水平和学生的思维水平；再者，没有关注教育目标的整体性是 SOLO 缺陷，它只适用于部分教育目标的评价，就如 SOLO 的名字所表达的——可观察的学习结果结构，即适用于可观察的学习结果的评价，而对

---

① 李英杰. SOLO 分类评价理论在阅读能力评价上的应用[J]. 首都师范大学学报（社会科学版），2006(2)：104-107.

② 李春玉. SOLO 分类评价法在学生学业评价中的优势和局限[J]. 教学与管理，2013(30)：65-67.

情感、态度、价值倾向、隐性知识等不可观察的学习结果领域有些无能为力。

3. 分类理论对数学学科能力表现模型构建的启示

其一，构建模型时要关注到学生思维水平的层次性。SOLO 分类理论认为对思维过程的检测就是评价学生是怎么样学的，因此学生的思维过程是可以检测的。我国以往对数学学科的评价基本上不涉及对学生思维过程的评价，如在数学问题解决能力的评价中，教师通常会采用总体评分和"采点"评分的测量方法来对学生的应用题解题能力进行评判。但这种评价只是关注局部显现出来的问题，而忽视了文章的整体性和学生思维水平层次提高的培养。因此根据 SOLO 分类理论，在构建高中数学学科能力表现标准时要关注学生的思维水平层次。

其二，制定标准时要注意对数学学科能力的结构进行划分，确定其能力要素。布卢姆教育目标分类理论中，知识维度细分了四种知识类别，同时认知过程维度也细分成 6 个类别，而每个类别下又再次分成了几个亚分类，这样对教育目标的细致分类，更便于教师对学生的行为评价。制定标准时，对数学学科能力也如布卢姆对教育目标那样细致地分类，就是使得数学学科能力要素显得更加清晰，能更好地促进学生数学能力的发展。

第三章

高中数学学科能力表现模型及指标构建

能力通常是指在任务或情景中表现的一组行为。一般认为能力是一种具有问题解决倾向的心理特征，以知识的获得与积累为基础，但又超越了知识本身，是知识的创造性运用的外在表现。具体到数学学科，我们认为数学学科能力是学生学习数学需要和表现出来的能力，它不仅包括掌握数学需要的能力、策略与方法，还包括学生运用所学的数学知识与技能，在各种情境中有效地进行分析、推理和交流数学问题，解决和解释数学问题的能力。

国内著名学者郭元祥教授将"学科能力表现"定义为"中小学生在各门课程学习过程中表现出来的比较稳定的心理特征和行为特征，是可观察的和外显的学习质量和学习结果"。仔细分析这一定义可以发现学科能力表现不仅包括可观察、可记录的行为、结果或现象，还应当包括内隐的思维过程或情意因素。因此，我们审视数学学科能力表现的时候，不仅要站在外显的视角上考察，更应当重视对看不到的、隐藏着的因素的考量。据此，数学学科能力表现可以概括为学生在学习数学课程的过程中，表现出来的一种相对稳定的心理特征以及行为特征，不仅仅包括可观察的数学知识和技能，还包括在各种情境中处理数学问题所表现出来的行为与态度。

数学学科能力表现作为反映学生数学学习质量的重要维度，反映了人们对学生在数学学科领域或者核心能力领域素质发展的基本构想。一般来说，学科能力表现指标和标准指标维度、层级水平、条件是三个基本向度。数学学科能力标准也离不开从这三个向度上考察，即数学能力表现应当表现为哪些指标维度？每个指标维度的层级水平是如何的？它发生或应用的条件是什么或者情境是什么？

一、高中数学学科能力表现模型

人类的学习是非常复杂而又充满着顿悟的过程。因此，从知识获得走向能力发展同样是曲折而又烦琐的过程。从一般角度上讲，知识具有符号表征、逻辑结构和意义这三个不可分割的内在结构。人们学习的过程不仅在于对符号表征的掌握，还在于对知识的逻辑过程的掌握，对逻辑思维过程的体会，更需要体悟知识的意义。从教育发生学的角度讲，知识的习得首先是人们对知识表征符号的记忆，然后才是对知识逻辑结构的体会、掌握与运用，最后才深化到知识与人的交互意义上。如学习"花前人独立，微雨燕双飞"一句，不仅需要记忆词句本身，更要体会汉语言所表达的意思。可见，这一句词对我们真正的意义不是我们会读或理解其意思，也许最重要的在于某天体会到了作者写词时刻"欲说无词"的体验，从而借词可以道出自我"欲说还休"的惆怅。也就是说，知识学习应当包含三重境界——符号的记忆、逻辑的体会、意义的体悟。数学知识的学习也是一样，如小学生学习"数"的概念，对学生来说知识符号是具体的，甚至刚开始是指向具体的事物的，如指头、苹果等现实中存在的事物。但理解"数"的内涵，必须超越这些具体，于是学生的头脑中有了数的逻辑，建立了数量的概念。最后，数才逐渐在人们的具体生活中走向意义世界。

（一）学科能力表现描述要素

如果说知识的符号表征指向知识的外在，那么知识的逻辑结构则是知识的认知形式，相较于"符号表征"，它更利于转知成智，而知识的意义则更倾向于对情感与意义世界的联系。由此看来，能力的形成既是人们获得知识、体会知识的逻辑结构，转化思维，应用知识特别是应用知识的逻辑，又是创造知识的逻辑并体验知识意义的过程。也就是说，能力的形成不仅需要知识的习得，更需要对知识逻辑结构的体悟，需要对知识意义的感受。因此，具体到数学学科能力的发展问题，也必然需要数学知识的习得，数学过程的掌握，数学思维的发展，以及数学思想的感悟。

由此观之，学科能力发展源于学科知识的学习，又超越了学科知识本身，学科能力是学科知识在与学习者互动中对学习者产生的影响。诚如弗兰西斯·培根所说："读史使人明智，读诗使人聪慧，学习数学使人精密，物理学使人深刻，伦理学使人高尚，逻辑修辞使人善辩。"学习不同学科的内容可增长不同的才能。而将此缩小到一个学科的内部，学科知识不同的模块也对人有着不同的影响，如高中数学中的代数学更多倾向于运算求解，而三角函数则更多地倾向于逻辑推理，立体几何则需要人们有更好的空间想象。难怪有学生在学习立体几何的时候反映，有时候还没有证明出来它们的关系，但你会知道它就是那样的。这就是对空间的感知，即空间想象能力。

由此分析可知，不同的学科内容或主题集中体现了某种学科能力，也即学科能力并不是空中楼阁，而是建立在相应学科内容或学科领域的基础之上。此外，学科能力的高低又表现为不同的水平，也即在学科能力表现上体现为不同层级水平的行为现象。要判断能力水平，有必要使用可引出行为表现的评价任务，并且评价任务为学生展现其学科能力提供了情境，也即这种情境成为能力外化的一个"施展平台"。因此，情境成为能力培养以及评估能力的必要条件，而能力是具体情境中解决问题的外在表现。也就是说，学科能力表现首先需要学科主题或学科内容为基础；其次表现为维度上的不同，即由不同的能力组成；再次表现为层次水平的不同，即学科能力表现体现着不同的层次水平；同时，还需要体现学科能力表现所发生的条件，也即问题情境。由此形成了如下学科能力表现的描述分析模型（见表3-1）。

表3-1　学科能力表现描述要素

学科能力表现描述要素	
学科领域内容	某一主题
学科能力表现维度	能力维度
表现层级水平	表征、分析、应用、评价、创新五个层级
问题情境	某情境

（二）高中数学学科能力表现层级水平的划定

若把高中数学的学科能力表现维度看作学科能力表现的要素划分，那么学科能力表现层级水平的划定即是对各学科能力表现维度的层级划分，即某一高中数学学科能力应当从哪些层面上界定其高低。审视国内中小学课程教学及其评价可知，正因为学科能力表现类型和水平层次的模糊，学生的学业质量、教学评价甚至教学难以真正实现"转知成智"。

1. 相关理论及研究

目前，对相关文献进行查阅发现，国内外关于此研究较少，国内学者郭元祥教授虽从概念上提出了"学科能力表现的水平层次"，认为"学科能力表现的水平层次，体现了学生学科素养培育和发展的阶段性和顺序性的要求"①，但郭教授并没有对此进行详细的研究和划定。通过对相关文献分析发现，国内外对学习结果或教学目标分类的研究相对较多，如布卢姆教育目标可分为认知、动作和情感这三大方面，同时根据人类认知活动的层次性(复杂性)将认知领域的教育目标又细化为知识、领会、运用、分析、综合、评价六大过程。② 后经安德森发展，将一维转变为二维，即知识维度和认知过程维度。同时，优化了认知过程的六个过程，将其转变为记忆、理解、应用、分析、评价和创造。

比格斯和克莱斯在分析和总结布卢姆的教育目标分类学理论的不足的基础上，借鉴皮亚杰的认知发展阶段理论，提出了可观察的学习成果结构理论，即 SOLO(Structure of the Observed Learning Outcome)。SOLO 分类体系的特色在于把评价的目标从学习者本身的行为转移到其学习行为所产生的结果，进一步从学习行为结果在结构上的复杂性这一角度出发来评价学生的学习质量。虽然是把个体认知发展的功能划分为感觉运动方式、形象方式、具体符号方式、形式方式以及后形式方式，每种方式又归纳为前结

---

① 郭元祥. 学科能力表现：意义、要素与类型[J]. 教育发展研究，2012(Z2)：33-34.

② 陆灵明. 论教育目标分类学中的"马氏理论"对"布氏框架"的超越[J]. 远程教育杂志，2012(1)：79-84.

构、单点结构、多点结构、关联结构以及抽象扩展结构这五个层次水平，但 SOLO 是基于知识认知建立的评价标准，对认知行为结果考察的层次界定较为模糊，目标表述缺乏较强的系统性，适应开放性的内容而缺少对客观性强的内容的考量，且缺少对能力、情感态度领域的观照。

马扎诺将知识分为信息、心理程序、心理动作程序三个不同领域的知识，并设计了回顾(或提取)、理解(或领会)、分析、知识运用、元认知系统、自我系统六个过程运转阶段。① 这种分类虽然体现了一般的认知活动序列，相对布卢姆的分类具有更高的科学性和可行性，但其本质也是对认知领域的分类，虽涉及知识学习的深化过程，但没涉及能力是如何分类的。

PISA 能力测试则通过过程维度展示学生进入数学问题解决过程中所需的认知技能，即"交流、数学化、表征、说理和证明、设计解决问题的策略、'使用符合的、正式的、科技语言和操作'、使用数学工具"八项能力，并依据层次的不同将其再细化为再现、联系和反馈，形成具有三个不同层级的能力丛。在 2012 年的 PISA 数学能力测试中，经合组织(OECD)从素养的角度给出了一个数学素养模型(见图 3-1)，其中将过程分化为表述、运用、阐释、评估四个过程阶段。②

PISA 测试的"实践中数学素养模型"立足实践的视角，从数学问题或任务解决的四个过程上反映了能力深化的过程，有较高的实践借鉴价值，但缺乏对能力的态度和情意因素的考量。③

笔者对以上四种学习目标分类理论进行了对比分析，见表 3-2。

---

① 罗伯特·J·马扎诺，约翰·S·肯德尔. 教育目标的新分类学(第 2 版)[M]. 北京：教育科学出版社，2012：8.

② OECD. PISA 2012 assessment and analytical framework：Mathematics, reading, science, problem solving and financial literacy[M]. Paris：OECD Publishing, 2013：26.

③ ER Format . PISA 2015 draft mathematics framework[DB/OL]. http://www.oecd.org/pisa/pisaproducts/Draft%20PISA%202015%20Science%20Framework%20.pdf.

真实情境的挑战
数学内容领域：数量、不确定性和数据、变化和关系、空间和图形
真实情境的类别：个人的、社会的、职业的、科学的

数学思维和行为
数学概念、知识和技能
数学基本能力：交流；表征；设计策略；数学化；推理和论证；使用符号化、形式化和技术性语言和运算；使用数学工具
过程：表述、运用、阐释/评估

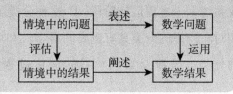

图 3-1 数学素养模型

表 3-2 四种学习目标分类对比分析表

类 别	水平 1	水平 2	水平 3	水平 4	水平 5	水平 6
布卢姆教学目标分类	回忆	了解	应用	分析	评价	创造
马扎诺教学目标分类	回顾	理解	分析	知识运用	元认知	自我控制
SOLO	前结构	单点结构	多点结构	关联结构	抽象扩展结构	
PISA 数学素养	表述		运用	阐述	评估	

1986 年，联合国教科文组织提出了教育的四大目标：Learning to know（学会求知）；Learning to do（学会做事）；Learning to co-operate（学会合作）；Learning to be（学会生存与发展）。要求我们不仅要强调知识的教授，更要注重让学生"会学"知识、会做事、会合作、会生存，成为一个完全的个体。因此，美国联邦教育部组织了"21 世纪技能合作组织"，他们负责并制定了《21 世纪技能框架》。《21 世纪技能框架》认为基于核心课程我们应

当培养学生的"学习与创新技能""信息、媒体与技术技能"和"生活与职业技能"三大方面的能力，力争使学生成为 21 世纪适应性创新人才。根据马克思主义人的全面发展的要求，教育应在结合社会发展需要的基础上，在教育教学活动中进一步丰富、发展学生的各种素养。从终身学习的理念上讲，教育教学应使学生获得并掌握其终生所需要的知识、技能与理解，并可以在任何任务、情况与环境中有信心地、创造性地以及愉快地应用它们。从多元智能理论的角度上讲，教育教学应培养学生多方面的能力。

2. 学科能力表现层级水平的划定

从我国一直推行的素质教育理念角度讲，在教育目标上应培养德智体美劳全面发展的合格公民；在教育功能上应根据人的发展和社会发展的需要，尊重学生的主体地位和主动精神，注重形成人的健全个性，提高学生各方面的素质。① 也即，教育教学的最终目的是全面提升受教育者的各项能力，实现人的全面、自由发展。

作为基础教育中的一门基础课程，数学主要培养学生与数学学科相关的知识和技能，也即数学学科能力。数学课程要为学生准备与未来生活相关的数学能力，这种能力不仅是知识的掌握，还包括在实际生活中对知识的应用，它表现为处理事情的过程。

教育理论界一般把能力定义为"顺利完成某些活动所需要的个性心理特征"。② 这一从普通心理学或发展心理学角度提出的定义对研究学科能力并不能提供很多的指导，因为他们没有告诉我们能力中哪些因素是先天的，哪些能力因素是可以通过后天教育教学培养的，更没有考虑能力的操作过程。为此，美国心理学家吉尔福特(J. P. Guilford)提出了一种新的能力结构模型，即能力(智慧)是由操作(认知、记忆、分散思维、辐合思维与评价五种智力类型)、材料内容(包括图形、符号、语意和行为等)和产

① "素质教育的概念、内涵及相关理论"课题组. 素质教育的概念、内涵及相关理论[J]. 教育研究，2006(2)：3-10.
② 顾明. 教育大辞典[M]. 上海：上海教育出版社，1998：1145.

品(包括单元、门类、关系、系统、转换和含蓄等)三部分组成。也就是说,吉尔福特将能力构想成为一种过程,即对现实事件、问题或材料的操作、处理与生成新产品的过程。为此,借鉴吉尔福特的构想,以及素质教育对能力的理解,我们认为应从过程的视角对能力进行界定,即能力是在特定情境下为解决特定任务或问题而表现出来的一系列的心理活动或外显行为特征,个体能力本身具有动态发展性。因此,数学学科能力即在特定的情境下,为解决数学任务或问题而表现出来的一系列的心理活动或数学技能,它们均指向数学问题的解决。数学能力表现作为数学学科能力的内隐心理特征和外显行为,体现为解决数学任务或问题的过程中的行为或结果表现。

因此,综合考虑21世纪人才培养需求、素质教育的要求、人们对能力表现的定义、布卢姆认知目标、马扎诺认知目标、吉尔福特的能力模型构想和PISA测验的数学素养模型等相关研究,我们认为:应站在能力为现实服务的立场上考察数学学科能力问题,即从真实的或接近真实的情境问题出发,考查学生解决问题的过程表现。一般来讲,要解决一个真实的或情境性的问题,首先,真实情境问题要转化为数学问题;其次,要在数学内,用数学思维、方法、策略等分析问题,寻求解决方法并予以解决;最后在反思与评价中回归现实情境,甚至寻求新的解决方法或途径。这样,在真实问题的表征、分析、应用、评价和创新中,形成并发展自身的数学思想、思维习惯以及数学情境。依据此,我们形成了数学学科能力层次水平模型(如图3-2所示)。

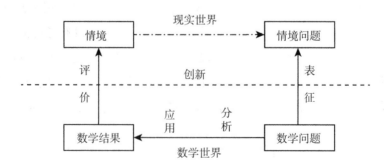

图3-2　数学学科能力层次水平模型

真实问题向数学问题转化、解答数学问题、反思和评价问题解决的过程，即包含着人们识别问题中的回忆和理解，分析、解决问题中的数学知识的应用，从数学世界走向现实世界的反思、评价，甚至是在反思与评价中的创新。这一从现实问题到数学问题、数学结果，再到现实结果的过程即内隐能力的不同层级。因此，我们完全可以将问题的解决过程作为判断数学学科能力表现水平的依据。为了确保评定的合理性与科学性，在具体评价学生的数学能力水平时，应力争从学科能力水平的多个侧面进行测评，用测评的综合得分确定学科能力某一方面水平的高低。

（1）表征

表征是学习者对现实问题中数学问题的觉察、理解，并能利用数学知识将现实的或情境的问题转化为数学问题，合理利用数学语言或表达方式将其准确地表征出来，完成情境问题到数学问题的转化。简言之，表征是指用某种形式表达数学概念或关系。数学表征有助于学生理解概念、关系或关联以及解决问题过程所使用的数学知识，是现实情境世界对数学世界的一种映射，可以将表征进一步描述为：用某种数学形式（如数学符号、图形图表、操作性模型等）表达所要解决的现实世界的问题，以便解决问题的过程。

（2）分析

分析是对数学问题各要素相互关系的梳理，是对数学问题解决思路的考量，是探究数学问题解决途径的推测与设计。也就说，学习者需要利用已有的知识和技能梳理已表征出来的数学问题的要素、关系，猜想问题解决的方向，并根据设想提出可能路径的推测，设计出可能的解决方案。具体可以分为：要素的分析、关系的分析、方法或策略分析（找出组织或整体结构的关系，找出解决问题的方法或策略）。

（3）应用

应用是根据分析及其推测与设想，运用数学知识、方法、策略、技能解释或解决数学问题，得出相应的数学结果，即用数学知识、方法、技能解决问题的过程。具体讲可分为执行实施与结果得出。

（4）评价

评价是具备"对'从情境问题到数学问题，再到数学结果'过程的回顾与反思，对数学问题解决方式的得失判断与思考，对数学与情境世界关系的思索与考察"的能力，包括回顾检查、判断评论等过程。它对"情境问题数学化、数学化解决情境问题"的思维习惯或思考方式有重要的作用，对提高学习者的数学元认知有着重要的作用。

（5）创新

创新是整合各数学要素，形成对数学或情境问题的新见解、新方法、新程序的过程。这一过程不是一蹴而就的，而是一个存在着想象、假设、设计甚至顿悟的过程。对于高中数学学科能力来说，创新不是仅仅指向产生新方法、新思路，而是更多地指向创新的意识、对数学问题的现实解决途径的质疑与探究、举一反三的探索行为等。它需要元认知、元策略等知识与技能的参与。

知识是学科能力的基础，知识的学习是促进学科能力生长的必然步骤。然而，关于人类的知识有多种，分类繁多且各具特色。综观已有的分类，详细且较全面的当属乔纳森的归纳和总结，即将知识分成本体类、认知类和现象类三大类知识，同时又将本体类知识分成陈述性知识、结构性知识和概念性知识；认知类知识分成程序性知识、情境性知识和策略性知识；现象类知识分成经验性知识、社会文化知识和隐性知识。当然，不同的学科能力水平对人类知识的要求也不一样，如表征能力水平阶段，主要是从情境或情境问题走向数学问题，即对情境或情境问题的数学转化与表示，主要是涉及数学问题的陈述性知识、概念性知识，甚至会关涉情境性知识、策略性知识或经验性知识，但相对以本体类的相关知识为主。知识与能力水平虽然存在着某种关系，但应看到知识与能力水平不是一一对应的，而是交叉甚至混合的。具体如图 3-3 所示：

由此，学科能力与能力表现水平的交互即形成了高中数学学科能力表现理论模型（如图 3-4 所示）。

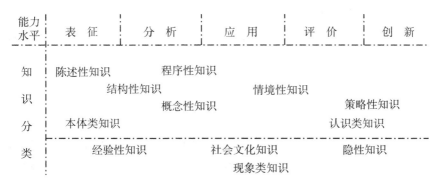

图 3-3　能力水平与知识分类的关系

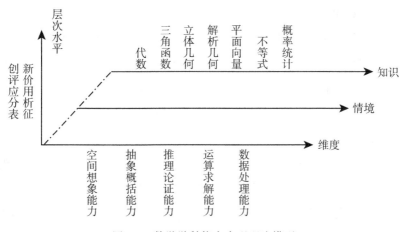

图 3-4　数学学科能力表现理论模型

二、高中数学学科能力表现指标体系框架的构建

　　笔者是高中数学一线教师，在长期的教学和交流中，就能力指标体系已经与众多专家请教、交流过很多次，在问卷实施之前，根据相关的文献，在探讨吸收前人有关建构指标的经验和方法的基础上，结合多年教学经验和与众多专家交流的结果，建构出初步的评价指标，然后通过三次问卷调查以确定最终所需建构的指标体系。问卷采用德尔菲法确定指标体

系，根据专家意见和建议反复修改问卷，使其更加符合区分高中数学学科能力培养的指标维度，对每一次问卷结果运用 SPSS 软件分析各指标的均值与标准差大小，从而为下一次设计问卷确定指标维度提供参考数据。

（一）概念界定——德尔菲法

在本研究中，主要采用德尔菲法来确定高中数学学科能力表现维度。德尔菲法，又称为专家规定程序调查法，该方法主要是先由调查者制定调查表，然后通过一定程序，向各专家分别进行咨询，专家再以匿名的方式将意见转达给调查者。经过几次协调，最终专家的意见逐渐达成一致，以此获得最终结果。

通常，德尔菲法的具体实施步骤如下：（1）确定专家组成员。被调查的专家组成员除了要对该领域的理论与实践比较熟悉外，同时还要具有较强的判断力和分析能力。（2）拟定调查问卷。所拟定的调查问卷主要内容应包括调查说明、调查项目、评分标准等方面。（3）进行第一轮的专家调查。首先发放调查问卷，然后对调查结果进行汇总和分析。（4）进行第二轮的专家调查。根据第一轮的调查结果对问卷进行修改，并将第一轮的调查结果反馈给每位专家，然后进行第二轮的调查。（5）以此类推，根据情况反复进行 3 轮的专家调查后，再对调查结果进行统计与分析，从而得出相对集中的意见。

（二）第一次德尔菲法调查问卷设计与结果分析

1. 第一次德尔菲法调查问卷设计

本次问卷采用半开放式结构设计，首先根据《普通高中数学课程标准》提出的数学应培养学生的抽象概括、数据处理、空间想象、推理论证和运算求解等基本能力，采用以上五种能力维度作为一级指标，同时查阅有关高中数学学科能力培养的相关资料和学位论文，对每种能力进行子能力划分，即作为二级指标。因为采用半开放式的问卷结构，在问卷设计量表中对于每个一级指标能力在其右边同时提供了用于对专家、学者表达评价和建议的空间，用来作为修正相应指标的参考，详见表3-3。本问卷采用五点量表法，由不重要到非常重要来划分层级，根据重要性等级赋值 1~5 分，从而专家可根据指标的重要程度来勾选，还可以在评价及建议栏中填入其他建议的指标和相关修正意见。另外在第一次问卷设计中对二级指标的概念界定时，存在某一种子能力的不同培养侧面，也就是针对某一种子能力概念的不同的表述法。因此本次设计主要针对各种子能力的不同侧面进行了区分和保留，请专家对指标的重要程度打分。

表3-3　第一次德尔菲法调查问卷设计

一级指标	二 级 指 标
空间想象能力	建立空间观念的能力(1)：熟悉基本的几何图形(平面或空间)，能找出相应的概念原型，同时能正确地画出实物、语言或数学符号所表述的几何图形
	建立空间观念的能力(2)：能根据已知信息将抽象的平面或几何图形与生活中的实物相联系，在大脑中构造出其"实际"模型，并提炼出有价值的数学信息
	建构几何表象的能力(1)：能正确地分析出图形中基本元素之间的位置和度量关系，明确几何图形与实物空间形式之间的区别与联系
	建构几何表象的能力(2)：能借助于图形来反映和思考客观事物或用数学语言来表达空间形状和位置关系
	几何表象的操作能力：可以对画出的图形或头脑中已产生的形象进行分析、组合，并产生新的空间形象同时能判断其性质
抽象概括能力	抽象能力：能够通过对实例的探究发现研究对象的本质，从而可自觉排除一些非本质的干扰因素，由表及里、由此及彼地进行分析及综合，同时在各类事物之间建立联系
	概括能力(1)：能够发现事物之间的内在共性特征，并将其用适当的语言描述出来，形成一个日常概念或科学概念
	概括能力(2)：可以从给定的信息材料中概括得出一些结论，同时可用于解决问题或作出新的判断

续表

一级指标	二级指标
推理论证 能力	归纳推理能力(1)：能够理解归纳推理的概念，了解其作用，并掌握归纳推理的一般步骤，同时进行一些简单的归纳推理
	归纳推理能力(2)：学生自主学习归纳推理的一般方法，建构归纳推理的思维方式，让学生明白数学发现的过程和方法，培养学生分析问题、解决问题的能力，锻炼他们探索规律、融会贯通的能力，并使学生的思维能力得到提升
	归纳推理能力(3)：通过学生主动探究、合作学习、相互交流，培养不怕困难、勇于探索的优良作风，增强学生的数学应用意识，提高学生数学思维的情趣，给学生成功的体验，形成学习数学知识、了解数学文化的积极态度
	类比推理能力(1)：了解类比推理的含义及其特点，并可利用类比进行简单的推理
	类比推理能力(2)：能够通过生活与学习中的实例来创设情境，并进行探究，以此提高学生的观察猜想和抽象概括的能力，并渗透类比的思想方法
	类比推理能力(3)：体会类比推理方法在实际的生活和数学发现中的作用，提高学生对学习数学的兴趣，并增强其创新的意识
	演绎推理能力：经历观察、实验、猜想、证明等的数学活动来发展学生初步的演绎推理的能力，并锻炼其能有条理地、清晰地阐述自己的观点的表达能力
	知识迁移：能将推理出的结果迁移到新的问题情境中，能够将推理的结果运用到现实生活中去解决实际问题
运算求解 能力	定义、公式、法则和定理的运用能力：掌握有关运算的基础知识，并正确、熟练地综合运用定义、公式、法则、定理进行运算，通过数学运算解决一些常规问题
	运算方法的合理选择和运算过程的简化能力：根据不同问题的条件，能够寻找并设计出合理而简捷的运算途径，简化运算过程，节省运算时间，提高运算的正确率与解题效率

一级指标	二级指标
运算求解能力	近似计算与估算能力：可以根据相关的条件和知识，通过观察、比较、判断和推理等方法，对事物的数量或者运算结果作出一种大致的判断，并根据要求对数据进行估计和近似计算
	运算方法的合理选择和运算过程的简化能力：能灵活运用运算法则、公式，并能根据客观情况的变化而变化，全面理解问题，不忽视每个运算过程的细节。在数学运算过程中解题起点灵活，从不同角度来解决数学问题
数据处理能力	数据的收集能力：能够利用一定的方式从收集的众多数据中查找相关数据，体会收集数据的艰辛与乐趣
	数据的整理能力：能根据问题的需要，对数据做进一步的整理，如：排序、选择有价值的数据等，用多种方法揭示所收集的数据的特征，用合适的度量表表示其规律性和差异性等
	数据的表述能力：能运用文字、图表、公式等对数据进行转换、解释，并对数据进行相应的组织、分类、比较和加工等
	数据的探究能力：能够制定数据应用的方案，探究新的问题情境，并利用数据解决相关实际问题

2. 第一次德尔菲法问卷调查各选项人次及意见整理汇总

第一次专家咨询，被调查专家包括湖北省数学教研员、大学教授、中学一线教师等共 10 位(专家名单详见附录十一)。本次调查共发放问卷 10 份，回收问卷 10 份，回收率 100%，有效率达 100%。为处理第一次和第二次德尔菲法问卷调查所得资料，将指标的重要程度按照五点量尺来划分，也即"非常重要"为 5 分，"较为重要"为 4 分，"一般"为 3 分，"不太重要"为 2 分，"不重要"为 1 分，并将调查的结果资料采用简单的总数、均值和标准差等来呈现相应的指标集中分散情况，简要说明如下：

（1）总数：在所有专家勾选指标项目的重要程度以后，采用五点量尺法计算出来的总分数。

（2）均值：属于集中量数，体现了专家意见的集中趋势。

（3）标准差：反映一组数据离散程度的指标，数值越大代表离散程度愈大，反之数值越小代表专家的意见越集中。

统计结果如表3-4所示：

表3-4　第一次德尔菲法问卷调查结果

能　　力	和	均值	标准差
建立空间观念的能力2	78	4.47	1.007
建立空间观念的能力1	74	4.35	1.115
建构几何表象的能力1	78	4.47	0.624
建构几何表象的能力2	78	4.47	0.800
几何表象的操作能力	78	4.47	0.624
抽象能力	78	4.47	0.800
概括能力2	83	4.71	0.470
概括能力1	79	4.53	0.717
归纳推理能力2	85	4.94	0.243
归纳推理能力1	82	4.65	0.786
归纳推理能力3	78	4.47	1.007
类比推理能力2	81	4.59	0.618
类比推理能力3	75	4.41	0.795
类比推理能力1	69	4.00	1.118
演绎推理能力	82	4.65	0.493
定义公式法则和定理的运用能力	83	4.71	0.588
知识迁移	82	4.65	0.606
运算方法的合理选择和运算过程的简化能力1	84	4.76	0.437
运算方法的合理选择和运算过程的简化能力2	78	4.47	0.624

续表

能　　力	和	均值	标准差
近似计算与估算能力	70	4.18	0.728
数据的收集能力	71	4.29	0.686
数据的整理能力	76	4.47	0.624
数据的表述能力	81	4.59	0.507
数据的探究能力	73	4.35	0.702

上表所示：运用 EXCEL 软件将问卷分析结果按照能力与标准差关键字进行排序，将同一种指标的均值大小做比较，并结合其标准差值，有选择性地剔除同一种指标中均值相对较小的一个或两个，保留其中一个。另外，对所有指标的均值大小进行比较发现，最重要与不太重要的两种能力指标为归纳推理能力 2 与类比推理能力 1，也就是五个一级指标下所有二级指标中 10 位专家、学者们认为高中数学学科能力应当注重培养学生的"归纳推理能力 2"，而且其标准差为 0.243，说明各位专家在认同此能力上的意见趋于集中，具有一致性；同时，排列最低的"类比推理能力 1"均值为 4.00，说明专家、学者们在认同此能力上强度较弱，那么在高中数学课堂中对学生"类比推理能力 1"的培养应当有所调整。

另外，从上表可看出"归纳推理能力 3""建立空间观念的能力 2""建立空间观念的能力 1""类比推理能力 1"这四个二级指标的标准差大于 1，说明专家们在认同四种能力的意见上离散程度相对较大。而除此之外的其他子能力维度标准差值均小于 1，说明专家们认同或不认同这些能力的意见显得相对集中。那么这对笔者进行第二次问卷设计提供了有效的数据说明与参考。

在评价与建议中，一些专家、学者们都提出了非常宝贵的意见或建议，其中华师附中骨干教师江河、湖北省孝感高级中学骨干教师幸芹与武汉市数学教研员孔峰三位教师提出在高中数学学科能力培养维度上还应增加"实践能力"（要求学生会提出、分析和解决带有实际意义的或在相关学科、生产和生活中的数学问题;能够使用数学语言表达问题并进行交流,形成使用数学的意识)和"创新能力"(对自然中或社会中的数学现象存有一颗好奇心,不断地追求新知识,独立思考,能够从数学角度发现并提出问题,在此基础上进行探索和研究)。另外湖北省数学教研员周远方认为在高中数学学科能力培养维度上还应增加"数学建模能力",他指出"数学建模能力是对现实问题进行抽象,用数学语言进行表达和解决问题的过程,具体表现为:在实际情境中,从数学视角提出问题、分析问题、表达问题、建构模型、求解结论、验证结果、改进模型,最终得到符合实际的结果"。

(三)第二次德尔菲法调查问卷设计与结果分析

1. 第二次德尔菲法调查问卷设计

对第一次德尔菲法调查问卷分析的结果,将一些不合理的指标剔除,并根据同一种子能力的重要性等级筛选出其中一种更加符合高中生数学学科能力培养的维度指标。同时,结合专家建议新增的指标,修正设计出第二次问卷。具体见表3-5:

表 3-5 第二次德尔菲法调查问卷设计

一级指标	二级指标	具 体 表 现
空间想象能力	建立空间观念的能力	能根据已知信息将抽象的平面或几何图形与生活中的实物相联系,在大脑中构造出其"实际"模型,并提炼出有价值的数学信息
	建构几何表象的能力	能分析出图形中的基本元素相互间的位置关系和度量关系,明确几何图形与实物空间形式之间的区别与联系
	几何表象的操作能力	能够对画出的图形或者头脑中已形成的形象进行分析和组合,进而产生一个新的空间形象并能够判断其性质

续表

一级指标	二级指标	具 体 表 现
抽象概括能力	抽象能力	能够通过对实例的探究发现研究对象的本质，自觉排除非本质性因素的干扰，由表及里、由此及彼地进行分析与综合，并在各类事物之间建立联系
	概括能力	能够根据已给定的信息材料，概括出一些结论，并用其来解决问题或者作出新的判断
	实践能力（新增）	能提出、分析和解决带有实际意义的或在相关学科、生产和生活中的数学问题；能够使用数学语言来表达问题并进行交流，形成使用数学的意识
	创新能力（新增）	对自然界或社会中的数学现象存有一颗好奇心，不断地追求新知识，独立思考，能够从数学的角度发现问题并提出问题，并进一步地探索和研究
推理论证能力	归纳推理能力	学生自主学习归纳推理的一般方法，建构归纳推理的思维方式，让学生明白数学发现的过程和方法，培养学生分析解决问题的能力，锻炼他们探索规律、融会贯通的能力，并使学生思维能力得到提升
	类比推理能力	能够根据在生活或学习中的实例来创设情境并进行探究，提高学生的观察猜想和抽象概括的能力，渗透学生类比的思想与方法
	演绎推理能力	通过观察、实验、猜想和证明等数学活动的过程，形成初步的演绎推理能力，并能够条理清晰地阐述自己的观点
	知识迁移能力	能将推理出的结果迁移到新的问题情境中，能够将推理的结果运用到现实生活中去解决实际问题

续表

一级指标	二级指标	具　体　表　现
运算求解能力	定义、公式、法则和定理的运用能力	掌握有关运算的基础知识，并正确、熟练地综合运用定义、公式、法则、定理进行运算，通过数学运算解决一些常规问题
运算求解能力	运算方法的合理选择和运算过程的简化能力	可以根据问题的条件，寻找或设计出一个合理且简捷的运算途径，简化运算过程，节省运算时间，提高运算的正确率与解题效率
	近似计算与估算能力	能够依据现有的条件或相关知识，采用观察、比较、判断和推理等方法对事物的数量和运算结果作出大致的判断，并根据要求能够对其进行估计或近似计算
数据处理能力	数据的收集能力	能够利用一定的方式从收集的众多数据中查找相关数据，体会收集数据的艰辛与乐趣
	数据的整理能力	能根据问题的需要，对数据做进一步的整理，如：排序、选择有价值的数据等，用多种方法揭示所收集的数据的特征，用合适的度量表表示其规律性和差异性等
	数据的表述能力	能运用文字、图表、公式等对数据进行转换、解释，并对数据进行相应的组织、分类、比较和加工等
	数据的探究能力	能够制定数据应用的方案，探究新的问题情境，并利用数据解决相关实际问题

2. 第二次德尔菲法调查问卷结果分析

第二次的专家咨询，被调查专家包括湖北省数学教研员、大学教授、中学一线教师等共 10 位(专家名单详见附录十二)，问卷回收率 100%，有效率 100%，详细结果如表 3-6 所示：

表 3-6　第二次德尔菲法问卷调查结果

	N	极小值	极大值	和	均值	标准差
归纳推理能力	17	4	5	84	4.94	0.243
定义公式法则和定理的运用能力	17	4	5	81	4.76	0.437
运算方法的合理选择和运算过程的简化能力	17	4	5	81	4.76	0.437
建立空间观念的能力	17	4	5	80	4.71	0.470
概括能力	17	4	5	80	4.71	0.470
演绎推理能力	17	4	5	79	4.65	0.493
建构几何表象的能力	17	4	5	78	4.59	0.507
类比推理能力	17	3	5	78	4.59	0.618
抽象能力	17	3	5	78	4.59	0.618
数据的表述能力	17	4	5	76	4.47	0.514
数据的整理能力	17	4	5	76	4.47	0.514
几何表象的操作能力	17	3	5	76	4.47	0.624
数据的探究能力	17	3	5	75	4.41	0.618
数据的收集能力	17	4	5	75	4.41	0.507
近似计算与估算能力	17	2	5	75	4.41	0.870
知识迁移能力	17	2	5	67	3.94	1.029
实践能力	17	2	5	66	3.88	1.054
创新能力	17	2	5	65	3.82	1.015
有效的 N（列表状态）	17					

　　将第二次问卷分析结果按均值大小由高到低进行排序，显示排列最后三位的三种指标维度为"知识迁移能力""实践能力"与"创新能力"，其均值大小分别为 3.94、3.88 与 3.82。而且这三种指标的标准差均大于 1，分别为 1.029、1.054 与 1.015，说明专家、学者们对于这三种指标的认同度不强，并且意见趋于离散。而对于其他指标，与第一次数据结果比较无明显差异。

在第二轮问卷中，根据专家评价与建议，选取了合理性的建议，其中黄冈原教研员张祝华与高级教师汪萍认为"知识迁移能力"不属于《高中数学课程标准》中的能力培养指标，所以应从以上指标中予以剔除。同时，依然有个别专家认为应当在以上指标体系中增加"数学建模能力"。

(四)第三次德尔菲法调查问卷设计与结果分析

1. 第三次德尔菲法调查问卷设计

在第三次问卷设计时，以第二次分析数据结果与评价建议为参考，从所有二级指标体系中剔除第二次问卷分析结果中排列最后三位的"知识迁移能力""实践能力"与"创新能力"三种能力，形成第三次的问卷模型(见表3-7)。

表3-7 第三次德尔菲法调查问卷设计

一级指标	二级指标	具 体 表 现
空间想象能力	建立空间观念的能力	能根据已知信息将抽象的平面或几何图形与生活中的实物相联系，在大脑中构造出其"实际"模型，并提炼出有价值的数学信息
	建构几何表象的能力	能分析图形中的基本元素相互间的位置关系和度量关系，能够明确几何图形和实物空间形式之间的区别与联系
	几何表象的操作能力	能够对画出的图形或者头脑中已形成的形象进行分析和组合，进而产生一种新的空间形象，并能够判断其性质
抽象概括能力	抽象能力	能够通过对实例的探究发现研究对象的本质，自觉排除非本质性因素的干扰，由表及里、由此及彼地进行分析与综合，并在各类事物之间建立联系
	概括能力	能够根据已给定的信息材料，概括出一些结论，并用其来解决问题或者作出新的判断

一级指标	二级指标	具 体 表 现
推理论证能力	归纳推理能力	学生自主学习归纳推理的一般方法，建构归纳推理的思维方式，让学生明白数学发现的过程和方法，培养学生分析解决问题的能力，锻炼他们探索规律、融会贯通的能力，并使学生思维能力得到提升
	类比推理能力	能够根据在生活或学习中的实例来创设情境并进行探究，提高学生的观察猜想和抽象概括的能力，渗透学生类比的思想与方法
	演绎推理能力	经过观察、实验、猜想和证明等数学活动的过程，形成初步的演绎推理能力，并能够条理清晰地阐述自己的观点
运算求解能力	定义、公式、法则和定理的运用能力	掌握有关运算的基础知识，并正确、熟练地综合运用定义、公式、法则、定理进行运算，通过数学运算解决一些常规问题
	运算方法的合理选择和运算过程的简化能力	可以根据问题的条件，寻找或设计出一个合理且简捷的运算途径，简化运算过程，节省运算时间，提高运算的正确率与解题效率
	近似计算与估算能力	能够依据现有的条件或相关知识，采用观察、比较、判断和推理等方法对事物的数量和运算结果作出大致的判断，并根据要求能够对其进行估计或近似计算
数据处理能力	数据的收集能力	能够利用一定的方式从收集的众多数据中查找相关数据，体会收集数据的艰辛与乐趣
	数据的整理能力	能根据问题的需要，对数据作进一步的整理，如：排序、选择有价值的数据等，用多种方法揭示所收集的数据的特征，用合适的度量表示其规律性和差异性等
	数据的表述能力	能运用文字、图表、公式等对数据进行转换、解释，并对数据进行相应的组织、分类、比较和加工等
	数据的探究能力	能够制定数据应用的方案，探究新的问题情境，并利用数据解决相关实际问题

2. 第三次德尔菲法调查问卷结果分析

第三次专家咨询，被问卷调查的专家包括湖北省数学教研员、大学教授、中学一线教师等共 10 位（专家名单详见附录十三），问卷的回收率 100%，问卷的有效率 100%，详细结果如表 3-8 所示。

表 3-8　第三次德尔菲法问卷调查结果

	N	极小值	极大值	和	均值	标准差
归纳推理能力	17	5	5	85	5.00	0.000
定义公式法则和定理的运用能力	17	4	5	84	4.94	0.243
运算方法的合理选择和运算过程的简化能力	17	4	5	81	4.76	0.437
建立空间观念的能力2	17	4	5	80	4.71	0.470
概括能力	17	4	5	80	4.71	0.470
近似计算与估算能力	17	4	5	79	4.65	0.493
类比推理能力	17	4	5	79	4.65	0.493
建构几何表象的能力1	17	4	5	79	4.65	0.493
几何表象的操作能力	17	4	5	78	4.59	0.507
演绎推理能力	17	4	5	78	4.59	0.507
抽象能力	17	3	5	78	4.59	0.618
数据的整理能力	17	4	5	77	4.53	0.514
数据的探究能力	17	4	5	77	4.53	0.514
数据的表述能力	17	4	5	76	4.47	0.514
数据的收集能力	17	4	5	75	4.41	0.507
有效的 N（列表状态）	17					

表 3-8 统计结果表明所有指标的标准差均小于 1 且所有指标的均值均大于 4.41，表示专家的意见相对集中，达到了一致性，所以表 3-8 所得的各项指标即为最终确定的指标。

第四章

高中数学学科能力表现标准开发

高中数学学科能力表现应依据学科能力表现描述和高中数学学科能力表现指标体系框架。也就是说，在表现标准的要素上要体现学科内容、能力维度、层次水平和情境。为此，依据高中数学学科能力维度进而细化指标体系，具体情况如下。

一、空间想象能力表现标准

高中数学课程应注重培养学生数学思维能力的发展，而空间想象能力是形成高中学生数学思维的重要方面之一，在促进学生理性数学思维发展的过程中发挥着独特的作用，是教师应该重点关注的数学基本能力之一。

空间想象能力是指人们通过对客观事物的空间形态经过观察，能够进行抽象地分析、思考，并加以创造性构造的能力。① 提升它的目的是精确地感知形象世界，同时能够对空间形象进行再创造。② 具体来说，在高中数学课程当中，空间想象能力对学生主要提出了以下几点要求：熟悉有关平面几何与立体几何的基本图像，在头脑中形成基本元素间的位置关系；以画图的形式呈现出来客观事物的空间形象以及位置关系；理解用数学符号表示的空间形象以及位置关系；较强的识图、辨图能力。③ 简单来说，就是要求学生在识图、画图、识符、画符及图形与符号的相互转化等方面达到较高水平。④

空间想象能力大体来说可以划分为三个层次，分别是建立空间观念的能力、构建几何表象的能力以及对几何表象进行操作的能力。⑤

① 吴宪芳. 中学数学教育概论[M]. 武汉：湖北教育出版社，2005：455-466.
② Grouws, D. Handbook of Research on Mathematics Teaching and Learning[M]. New York：Macmillan，1992：78.
③ 十三院校协编组. 中学数学教材教法[M]. 北京：高等教育出版社，1981：205-206.
④ 李燕杰，李晓东，宋士波. 更新观念，完善学生空间想象能力的培养[J]. 数学教育学报，1996(4)：57-60.
⑤ 邵光华. 论空间想象能力及几何教学[J]. 课程·教材·教法，1996(7)：32-36.

（1）建立空间观念的能力

空间观念具有三层含义：第一层含义是空间感，第二层含义是实物的几何化，第三层含义是依照几何图像想象实物。① 空间感要求学生能在大脑中建立三维映像，根据二维平面图形，在头脑中建立起三维的视觉形象。实物的几何化，就是由形状规则、简单的实物通过正确地分析、归纳，想象并构建出几何图形。依照几何图像想象实物，要求学生能够初步理解及表征三维空间的位置关系，认知与再现基本几何图形，具有由二维图形想象出三维空间结构的能力。建立空间观念是发展空间想象能力的基础，它是高中生创建数与图形之间的关系、平面几何与立体几何图形间关系的基本要求。

（2）构建几何表象的能力

构建几何表象的能力，是指学生能够根据数学符号，在头脑中呈现出相应的空间形象以及位置关系。该能力的发展，既能够促进学生进一步学习几何内容，同时通过让学生感知图形与现实的密切联系，能够激发学生学习空间几何的兴趣，进一步培养学生空间想象能力，进而提高数学学习能力。

（3）几何表象的操作能力

对几何表象进行操作的能力是指学生通过对头脑中已有的表象进行加工、整合，形成新的表象的能力。此处的"表象"不单单是以语言、文字等符号形成的表象，还包括通过观察直观图形而形成的表象。在中学数学学习中，常常需要学生在大脑三维映像中对对象进行空间的平移、旋转、拆取与分解等。

（一）建立空间观念的能力

1. 表现描述

主要包括对空间简单图形的再现、识记与思考和对事物进行几何化的

---

① 任子朝，孔凡哲. 数学教育评价新论［M］. 北京：北京师范大学出版社，2010：111.

能力。要求学生能够建立空间感，培养空间意识，增强图像识别能力，并且能对实物进行抽象化形成几何图形，使用二维图形的方法来表示空间图形，把立体图形直观化。

2. 表现水平

表现水平	表 现 描 述
表征	认识简单图形的形状、大小及其位置关系
分析	思考简单图形的形状、大小及其位置关系，并能够再现
应用	从形状简单的实物中识别出空间图形，并能用空间图形表示实物
评价	正确判断再现简单图像的形状、大小及其位置关系
创新	建立自己的空间观念

3. 涉及的学科内容(或主题)与问题情境

画出简单实物的三视图是建立空间观念能力的体现，学生需要认识与思考实物的空间位置关系，从而锻炼建立空间观念的能力。

实例一：(2015 陕西高考理科 5)一个几何体的三视图如图所示，则该几何体的表面积为(　　)

A. 3π 　　　 B. 4π 　　　 C. $2\pi+4$ 　　　 D. $3\pi+4$

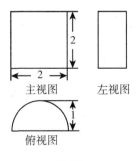

图 4-1

【解析】由三视图知：该几何体是半个圆柱，其中底面圆的半径为1，母线长为2，所以该几何体的表面积是$\frac{1}{2}\times2\pi\times1\times(1+2)+2\times2=3\pi+4$，故选D。

【考点定位】1. 三视图；2. 空间几何体的表面积。

【能力分析】本题主要考查的是三视图和空间几何体的表面积，属于容易题。解题时要看清楚是求表面积还是求体积，否则很容易出现错误。本题先根据三视图判断几何体的结构特征，再计算出几何体各个面的面积即可，反映了学生建立空间观念的能力。

实例二：（2015高考新课标1理11）圆柱被一个平面截去一部分后与半球(半径为r)组成一个几何体，该几何体三视图中的正视图和俯视图如图4-2所示，若该几何体的表面积为$16+20\pi$，则$r=($　　　$)$

A. 1　　　B. 2　　　C. 4　　　D. 8

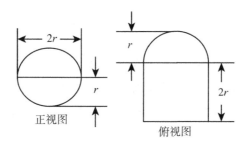

图4-2

【解析】由正视图和俯视图知，该几何体是半球与半个圆柱的组合体，圆柱的半径与球的半径都为r，圆柱的高为$2r$，其表面积为$\frac{1}{2}\times4\pi r^2+\pi r\times2r$$+\pi r^2+2r\times2r=5\pi r^2+4r^2=16+20\pi$，解得$r=2$，故选B.

【考点定位】简单几何体的三视图；球的表面积公式、圆柱的侧面积公式。

【能力分析】本题考查简单组合体的三视图的识别，对于简单组合体的

三视图问题，先看俯视图确定底面的形状，根据正视图和侧视图，确定组合体的形状，再根据"长对正，宽相等，高平齐"的法则判断组合体中的各个量，反映学生建立空间观念的能力。

(二) 构建几何表象的能力

1. 表现描述

主要包括在语言、文字刺激下对空间简单图形的认识与建构能力。要求学生通过感知图形与现实的密切联系，对事物的位置、大小、形状、结构等形成表象，建立起图形概念和性质之间的逻辑关系，并能够对图形特征进行抽象与概括。

2. 表现水平

表现水平	表 现 描 述
表征	感知图形与现实的密切联系，形成图形的基本空间关系表象
分析	剖析图形中各要素的空间关系，抽象、概括图形的特征
应用	由文字或符号作出或画出图形
评价	判断对简单图形的认知与建构是否正确
创新	独立思考图形的空间关系

3. 涉及的学科内容(或主题)与问题情境

学会使用语言、文字或者符号描述几何图形的性质和位置关系，将其用平面图形或者表格的形式表现出来。

实例一：(2015 高考山东理科 7)在梯形 $ABCD$ 中，$\angle ABC = \dfrac{\pi}{2}$，$AD \parallel BC$，$BC = 2AD = 2AB = 2$，将梯形 $ABCD$ 绕 AD 所在的直线旋转一周而形成的曲面所围成的几何体的体积为(　　)

A. $\dfrac{2\pi}{3}$ B. $\dfrac{4\pi}{3}$ C. $\dfrac{5\pi}{3}$

【解析】直角梯形 $ABCD$ 绕 AD 所在的直线旋转一周而形成的曲面所围成的几何体是一个底面半径为 1，母线长为 2 的圆柱挖去一个底面半径同样是 1、高为 1 的圆锥后得到的组合体，所以该组合体的体积为：$V = V_{圆柱}$

$- V_{圆锥} = \pi \times 1^2 \times 2 - \dfrac{1}{3} \times \pi \times 1^2 \times 1 = \dfrac{5}{3}\pi$，故选 C。

【考点定位】空间几何体的结构特征；空间几何体的体积。

【能力分析】本题考查了空间几何体的结构特征及空间几何体的体积的计算，重点考查了圆柱、圆锥的结构特征和体积的计算，体现了对学生空间想象能力以及基本运算能力的考查。此题属中档题，考查了建构几何表象的能力。

实例二：(2015 高考北京理科 5) 某三棱锥的三视图如图 4-3 所示，则该三棱锥的表面积是(   )

A. $2+\sqrt{5}$ B. $4+\sqrt{5}$ C. $2+2\sqrt{5}$ D. 5

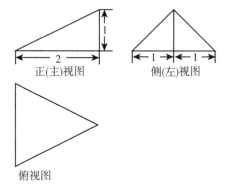

正(主)视图   侧(左)视图

俯视图

图 4-3

【解析】根据三视图恢复成三棱锥 $P - ABC$(见图 4-4)，其中 $PC -$ 平面 ABC，取 AB 棱的中点 D，连接 CD，有 $PD - AB$，$CD - AB$，底面 ABC 为等腰三角形底边 AB 上的高 CD 为 2，$AD = BD = 1$，$PC = 1$，$PD = \sqrt{5}$，$S_{\triangle AEF} =$

$\dfrac{1}{2} \times 2 \times 2 = 2$，$S_{\triangle FAE} = \dfrac{1}{2} \times 2 \times \sqrt{5} \cdot \sqrt{5}$，$AC = BC = \sqrt{5}$，$S_{\triangle FAE} = S_{\triangle FBC} = \dfrac{1}{2}$

$\times \sqrt{5} \times 1 = \dfrac{\sqrt{5}}{2}$，三棱锥表面积 $S_{\bar{\jmath}} = 2\sqrt{5} + 2$.

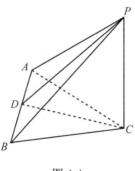

图 4-4

【考点定位】本题考点为利用三视图还原几何体及求三棱锥的表面积，考查空间线线、线面的位置关系及有关线段长度及三角形面积数据的计算。

【能力分析】本题考查三视图及多面体的表面积，本题属于基础题，正确利用三视图还原为原几何体，特别是有关数据的还原，另外要利用线面垂直的性质，判断三角形的形状，特别是侧面 *PAB* 的形状为等腰三角形，正确求出三个侧面的面积和底面的面积。考察了建构几何表象的能力。

(三) 几何表象的操作能力

1. 表现描述

主要指对大脑中形成的表象进行加工、改造、创新和创造，从而形成新表象的能力。要求学生正确地处理几何图形的位置关系，能够把图形进行正确分解及组合，具有在心理上操作、旋转、翻转的能力。

2. 表现水平

表现水平	表 现 描 述
表征	从基本的图形中识别出基本的元素及其关系
分析	正确认识几何图形的位置关系
应用	对图形进行正确的分解、旋转、翻转等操作
评价	判断对几何表象的操作是否正确
创新	对几何表象进行改造与创新

3. 涉及的学科内容（或主题）与问题情境

对立体几何进行切割，分析截面的形状并计算其面积属于几何表象的操作能力。学生需要在大脑中形成立体几何表象，并对其进行加工，形成新的几何表象。

实例一：（2015 高考新课标 2，理 6）一个正方体被一个平面截去一部分后，剩余部分的三视图如图 4-5，则截去部分体积与剩余部分体积的比值为（　　）

A. $\dfrac{1}{8}$ 　　B. $\dfrac{1}{8}$ 　　C. $\dfrac{1}{6}$ 　　D. $\dfrac{1}{5}$

【解析】由三视图得，在正方体 $ABCD$ - 正方体 $A_1B_1C_1D_1$ 中，截去四面体 A - $A_1B_1D_1$，如图 4-6 所示，设正方体棱长为 a，则 $V_{A-A_1B_1D_1} = \dfrac{1}{3} \times \dfrac{1}{2}a = \dfrac{1}{6}a^3$，故剩余几何体体积为 $a^3 - \dfrac{1}{6}a^3 = \dfrac{5}{6}a^3$，所以截去部分体积与剩余部分体积的比值为 $\dfrac{1}{5}$，故选 D.

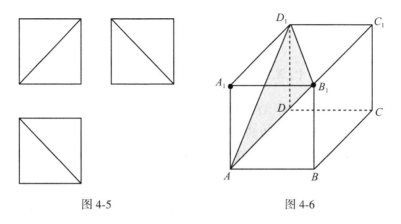

图 4-5   图 4-6

【考点定位】三视图。

【能力分析】本题以正方体为背景考查三视图、几何体体积的运算，要求有一定的空间想象能力，关键是能从三视图确定截面，进而求体积比，属于中档题。体现了对几何表象的操作能力。

实例二：(2015 高考浙江，理 8)如图 4-7，已知 $\triangle ABC$，D 是 AB 的中点，沿直线 CD 将 $\triangle ACD$ 折成 $\triangle A'CD$，所成二面角 $A'\text{-}CD\text{-}B$ 的平面角为 α，则(   )

　　A. $\angle A'DB \leqslant \alpha$　　　B. $\angle A'DB \geqslant \alpha$　　　C. $\angle A'CB \leqslant \alpha$　　　D. $\angle A'CB \leqslant \alpha$

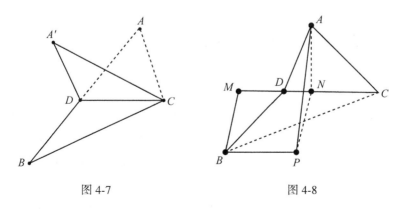

图 4-7   图 4-8

【解析】设 $\angle ADC = \theta$，设 $AB = 2$，则由题意 $AD = BD = 1$，在空间图形

中，设 $A'B = t$，在 $\triangle A'CB$ 中，$\cos\angle A'DB = \dfrac{A'D^2 + DB^2 - AB^2}{2A'D \times DB} = \dfrac{1^2 + 1^2 - t^2}{2 \times 1 \times 1} = \dfrac{2 - t^2}{2}$，在空间图形中（见图4-8），过 A' 作 $AN \perp DC$，过 B 作 $BM \perp DC$，垂足分别为 N，M，过 N 作 NP 平行且相等 MB，连接 $A'P$，$\therefore NP \perp DC$，则 $\angle A'NP$ 就是二面角 $A'\text{-}CD\text{-}B$ 的平面角，$\therefore \angle A'NP = \alpha$，在 $\mathrm{Rt}A'ND$ 中，$DN = A'D\cos\angle A'DC = \cos\theta$，$A'N = A'D\sin\angle A'DC = \sin\theta$，同理，$BM = PN = \sin\theta$，$DM = \cos\theta$，故 $BP = MN = 2\cos\theta$，显然 $BP \perp$ 面 $A'NP$，故 $BP \perp A'P$，在 $\mathrm{Rt}\triangle A'BP$ 中，$A'P^2 = A'B^2 - BP^2 = t^2 - (2\cos\theta)^2 = t^2 - 4\cos^2\theta$，在 $\triangle A'NP$ 中，

$$\cos\alpha = \cos\angle A'NP = \frac{A'N^2 + NP^2 - A'P^2}{2A'N \times NP} = \frac{\sin^2\theta + \sin^2\theta - (t^2 - 4\cos^2\theta)}{2\sin\theta \times \sin\theta} =$$

$\dfrac{2 - 2\cos^2\theta - t^2}{2\sin^2\theta} = \dfrac{2 - t^2}{2\sin^2\theta}$，$\because \dfrac{1}{\sin^2\theta} > 0$，$\dfrac{\cos^2\theta}{\sin^2\theta} \geqslant 0$，$\therefore \alpha$，$\angle A'DB \in [0, \pi]$

【考点定位】立体几何中的动态问题。

【能力分析】本题主要考查立体几何中的动态问题，属于较难题，由于 $\triangle ABC$ 的形状不确定，$\angle A'CB$ 与 α 的大小关系是不确定的，再根据二面角的定义即可知 $\angle A'DB \geqslant \alpha$，当且仅当 $AC = BC$ 时，等号成立。以立体几何为背景的创新题是浙江高考数学试卷的热点问题，2012 年、2013 年选择题压轴题均考查了立体几何背景的创新题，解决此类问题需在平时注重空间想象能力的培养，此题体现了对几何表象的操作能力。

二、抽象概括能力表现标准

《2013 年普通高等学校招生全国统一考试大纲（理科课程标准实验版)》曾指出，抽象概括是思维的具体思维形式之一，它是应用观察、分析、归纳、综合的手段，抽象出事物的共同特征，并将其联结起来推广到同类事物上去的一种思维过程，它是数学学习必备的一种思维。① 数学抽

---

① 教育部考试中心. 2013 年普通高等学校招生全国统一考试大纲（理科课程标准实验版)[M]. 北京：高等教育出版社，2013：13.

象概括能力是指能够从已有的具体的实例中找出事物的共同属性，从多种材料中归纳出相应的结论，并且利用这种结论解决某一数学问题。它具体的表现形式是在普遍现象中发现差异并建立现象间的联系，分析问题的核心和实质，能区分出核心和非核心的东西，把具体问题抽象为数学模型等方面。① 总的来讲，数学的抽象概括需要对一些具体的实例或事物及其属性进行分类、总结与归纳，寻找其本质特征，从而达到更深层次的认识。它可以分为以下几种。

（1）抽象能力。

"抽象"一词，来源于拉丁语"abstracio"，原意为排除、抽取，具体来讲就是在头脑中抽取同类事物的共同的本质特征，排除那些特殊的非本质的特征。数学中的抽象就是利用抽象方法来获得数学概念、构造数学模型、建立起数学理论的思维过程，这一过程涉及四个基本环节：即比较和区分，舍弃和收括。② 在高中数学的学习中，抽象能力是掌握、理解、独立地应用数学知识的一般能力，它更加侧重的是分析和提炼。数学学科本身具有高度的抽象性和严密的逻辑性的特点，因此，要真正地掌握数学知识就需要学生具有一定的抽象能力。

（2）概括能力。

概括，具有两层含义，一是总结，即将同类事物的共同属性总结出来；二是推广，即将个别事物的某些属性推广到其他事物中去。数学中的概括能力是指通过归纳整理将众多的数学知识形成一个有条理、有组织的结构化的体系，它更加侧重的是总结与归纳。高中生的数学概括能力包括对数学符号、概念意义的理解，对数学关系结构的把握，对数学思想方法的归纳等。一般来讲，高中阶段的数学知识具有高度概括性的特点，对概念的深度理解必然离不开学生的概括能力，同样地，学习迁移的发生也需要学生拥有较高的概括能力。

---

① 车加亭. 数学抽象概括能力的培养［J］. 当代教育科学，2005(17)：15.

② 顾泠沅. 数学思想方法［M］. 北京：中央广播电视大学出版社，2004：123.

(一)抽象能力

1. 表现描述

要求学生能把现实中的比较直观的数学问题、数学现象转化为用抽象的数学语言、符号和图形等来描述的数学信息，并且要求学生应用这些抽象的数学语言、概念、符号来解决用文字描述的数学问题。即要求学生能实现具体形象思维向抽象思维的转变，这是抽象能力必备的最低层次的要求，也是将抽象的数学概念应用于解决现实问题的基础。

2. 表现水平

表现水平	表 现 描 述
表征	能够将现实情境中的数学问题用抽象的数学语言清晰地表达出来，可以实现文字、符号、图像三种语言间的相互转换
分析	能够透过现象抓住数学中抽象符号和概念的本质特征，对这些符号和概念的内涵有深刻的理解
应用	能够将新学到的抽象的数学符号、概念、思想方法等与数学中的实际问题相联系，从而解决这些实际问题
评价	能够对利用数学符号、概念、思想方法等解决实际问题的这一过程进行回顾与反思，并且对结果做出合理的评判
创新	将抽象的数学概念、方法、定理等推广到相似的问题情景中，从而达到举一反三的程度

3. 涉及的学科内容(或主题)与问题情境

学生通过对指数函数 $y=a^x(a>0,\ a\neq1)$ 与幂函数 $y=x^a(a=1,\ a=-1)$ 图像的学习观察，可以抽象出单调函数的概念。指数函数的图像当 $a>1$ 时，按照从左到右的顺序来看，该函数的图像呈现了一种上升趋势，而且这种上升趋势并不是以相同的速度进行的，它呈现的是刚开始时比较平稳而缓慢，越到后来上升得越快，并且函数值一直伴随着自变量 x 的逐步增大而增大，在定义域内是递增的函数。另一种情况是 $0<a<1$ 的图像，从左往右看，图像呈现下降的势头，刚起步的时候下降的速度较快，而到后来速度越来越慢直到最后接近于 0。函数值随自变量 x 的逐步增大而减小，在定义域内是递减的函数。同样地，通过对两个幂函数图像的分析，我们可以对什么是单调函数做如下解释：

在定义域内的任意两个变量 x_a，x_b，当 $x_a<x_b$ 时，都有 $y(x_a)<y(x_b)$ 的结果，我们则称函数 $f(x)$ 在该区间内是递增函数；

在定义域内的任意两个变量 x_a，x_b，当 $x_a<x_b$ 时，都有 $y(x_a)>y(x_b)$ 的结果，我们则称函数 $f(x)$ 在该区间内是递减函数；

在单调函数概念的形成过程中，学生的抽象程度逐渐深入，完成了图像、文字、符号三种语言间的转换。

(二) 概括能力

1. 表现描述

要求学生能对数学符号所表示的意义进行准确的概括，能够从内涵较少的属概念过渡到内涵丰富的种概念，能总结归纳解决数学问题的思想方法，并且能够对数学知识结构的内在关系作出概括，从而转化为在头脑中的数学认知。这些概括能力是学生发生学习正迁移的基础能力，从很大程度上制约着数学学习的发展。

2. 表现水平

表现水平	表现描述
表征	能够将新学到的数学概念、符号、关系、方法等与原有的认知结构中的数学知识相联系，将它们的共同属性清晰地表达出来

表现水平	表现描述
分析	学生能够对新旧数学知识之间的共同属性及其相互之间的关系进行深度的总结归纳，实现知识体系由零散向完整的转变
应用	能够将总结归纳后形成的数学概念、定理、解题方法等应用于解决实际数学问题的过程中
评价	能够对知识的概括化过程进行回顾与反思，总结经验与方法，同时能对新知识体系的应用过程和结果做出合理的评判
创新	对于知识的概括过程、方法以及经过概括化的数学知识可以举一反三地应用到之后相似的学习情景中，完成学习的迁移

3. 涉及的学科内容(或主题)与问题情境

实例一：学生通过证明函数 $f(x) = -x^3 + 1$ 在 $(-\infty, +\infty)$ 上是减函数，可以概括出证明一个函数是减函数的通用步骤。

【解析】在 $(-\infty, +\infty)$ 上任取 x_1，x_2，且 $x_1 < x_2$，$f(x_1) - f(x_2) = x_1^3 - x_2^3 = (x_2 - x_1)(x_1^2 + x_1 x_2 + x_2^2)$，$\because x_1 < x_2$，$\therefore x_2 - x_1 > 0$，则当 $x_1 x_2 \geq 0$ 时，由 x_1，x_2 不能同时为零，$\therefore x_1^2 + x_1 x_2 + x_2^2 > 0$；

当 $x_1 x_2 < 0$ 时，有 $x_1^2 + x_1 x_2 + x_2^2 = (x_2 + x_1)^2 - x_1 x_2 > 0$；

$\therefore f(x_1) - f(x_2) = (x_2 - x_1)(x_1^2 + x_1 x_2 + x_2^2) > 0$，即 $f(x_2) < f(x_1)$，

所以，函数 $f(x) = -x^3 + 1$ 在 $(-\infty, +\infty)$ 上是减函数。

学生从以上的推理中能发现有两个前提：$x_1 < x_2$，$f(x_2) < f(x_1)$，并且在这个稍显复杂的过程中能够概括出证明函数是减函数的步骤：即 $x_1 < x_2$ $f(x_2) < f(x_1) \rightarrow f(x)$ 是减函数。通过对证明一个函数是减函数的推理步骤的概括，学生对减函数的性质会有更加深刻的理解，并且可以将这一概括出来的步骤方法应用于其他类似的证明减函数的问题当中，使得学生对这一类问题的推理证明都有一个清晰的思路。

三、推理论证能力表现标准

推理是采用命题定义的，即以一个或几个命题为依据推出一个新的命题的过程。"要确定其真实性的命题，称为论题。被用来作为论题真实性根据的命题，称为论据。论证是把论题、论据联系起来的推理形式，是由论据推出论题的过程。"①推理论证能力是指能够根据现有事实和正确的数学命题，论证该数学命题的真实性，是新课标重点强调的强化学生数学素养方面的要求。②将推理论证能力分为合情推理与论证推理（又称为逻辑推理）。前者包括观察与实验、联想与直觉、归纳与类比。后者主要包括三段论推理、关系推理和数学归纳法。③波利亚——一位世界著名数学家，在其著作《数学与猜想》中强调推理论证凸显的是一种严密的逻辑方式，它是精确的，毋庸置疑的；相对来说合情推理却具有不确定性，蕴含着该推理人的个人猜想，与推理人之间的关系更加亲密，个体特征愈加明显。由此不难看出合情推理是论证推理的前奏与有效延拓，二者相辅相成。从以上分析的内容，我们主要从三个方面制定高中阶段推理论证能力表现标准。

（一）归纳推理能力

1. 表现描述

学生能够灵活并精确地运用归纳推理的概念与公式，从特殊事实到一般原理，进行观察、比较、分析，综合归纳出一般结论，并进一步寻求证

---

① 孙婷. 义务教育阶段学生数学推理论证能力测评［D］. 上海：华东师范大学，2014：76.

② 王宏记. 培养学生数学推理论证能力的探索［J］. 考试周刊，2013（14）：60-61.

③ 孙婷. 义务教育阶段学生数学推理论证能力测评［D］. 上海：华东师范大学，2014：76.

据、给出证明或举出反例。充分理解归纳推理的重要思想，能够自主探究数学规律，发现数学结论，并成为学习的主体。

2. 表现水平

表现水平	表 现 描 述
表征	用数学语言明确表述现实生活中的归纳推理命题
分析	用归纳进行推理，做出猜想，发现归纳点
应用	能够证明和发现数学命题，应用归纳推理解决问题
评价	能够验证由归纳推理得到的结论是否正确
创新	从已知知识中推出新知识

3. 涉及的学科内容（或主题）与问题情境

实例一：设计 $f(n) = n^2 + n + 41$，$n \in N^+$，计算法 $f(1)$，$f(2)$，$f(3)$，$\cdots$，$f(10)$ 的值，同时做出归纳推理，并用 $n = 40$ 验证猜想是否正确.

解：$f(1) = 12 + 1 + 41 = 43$，$f(2) = 22 + 2 + 41 = 47$，

$f(3) = 3 + 3 + 41 = 53$，$f(4) = 42 + 4 + 41 = 61$，

$f(5) = 52 + 5 + 41 = 71$，$f(6) = 62 + 6 + 41 = 83$，

$f(7) = 72 + 7 + 41 = 97$，$f(8) = 82 + 8 + 41 = 113$，

$f(9) = 92 + 9 + 41 = 131$，$f(10) = 102 + 10 + 41 = 151$，

$\because$ 43，47，53，61，71，83，97，113，131，151 全部都属于质数，

$\therefore$ 归纳并作出猜想：当 $n \in N^*$ 时，$f(x) = n^2 + n + 41$ 的值全部属于质数，

当 $n = 40$ 时，$f(40) = 402 + 40 + 41 = 40 \times (40 + 1) + 41 = 41 \times 41$，

$\therefore f(40)$ 是合数，$\therefore$ 由上面归纳推理得到的猜想不正确。

实例二：（2015 高考 山东 理 11）观察下列各式：

$C_1^0 = 4^0$

$$C_3^0 + C_3^1 = 4^1$$

$$C_5^0 + C_5^1 + C_5^2 = 4^2$$

$$C_7^0 + C_7^1 + C_7^2 + C_7^3 = 4^3$$

……

照此规律，当 $n \in N$ 时，$C_{2n-1}^0 + C_{2n-1}^1 + C_{2n-1}^2 + \cdots + C_{2n-1}^{n-1} = $ _____；

【解析】因为第一个等式右端为：$4^0 = 4^{1-1}$，第二个等式右端为：$4^1 = 4^{2-1}$；第三个等式右端为：$4^2 = 4^{3-1}$，由归纳推理得：第 n 个等式为：$C_{2n-1}^1 - C_{2n-1}^1 - C_{2n-1}^2 - \cdots - C_{2n-1}^{n-1} = 4^{n-1}$，所以答案应填：$4^{n-1}$。

【考点定位】合情推理；组合数。

【能力分析】本题考查了合情推理与组合数，重点考查了学生对归纳推理的理解与运用，意在考查学生观察、分析、归纳、推理判断的能力，关键是能从前三个特殊的等式中观察、归纳、总结出一般的规律，从而得到结论。此题属基础题，很好地体现了归纳推理能力。

（二）类比推理能力

1. 表现描述

要求学生能掌握类比推理的基本方法与步骤，能够运用类比推理得出新结论，探索和猜测知识新的概念、公理、公式和性质，并找到新旧知识间的误差性所在，用于解决新的问题并能够进行迁移，达到触类旁通的效果。

2. 表现水平

表现水平	表 现 描 述
表征	善于从现实生活中观察不同事物的共同与相似之处，用数学语言表达
分析	用类比进行推理，做出猜想
应用	能够证明和发现数学命题，应用类比推理得出结果

续表

表现水平	表 现 描 述
评价	能够验证由类比推理得到的结论是否正确
创新	以旧的知识为基础，推测新的结果

3. 涉及的学科内容(或主题)与问题情境

实例一：由条件获知等边三角形的内切圆的半径的长度是它的高的 $\dfrac{1}{3}$，如若把该结论运用于空间正四面体，则相似的结论是_____。

【解析】上述有关正三角形问题的解法运用的是等面积法，即 $S = \dfrac{1}{2}ah = 3 \times \dfrac{1}{2}ar \Rightarrow r = \dfrac{1}{3}h$，而运用在空间正四面体类比问题的解法则应该为等体积法，即 $V = \dfrac{1}{3}Sh = 4 \times \dfrac{1}{3}Sr \Rightarrow r = \dfrac{1}{4}h$，即正四面体的内切球的半径是它的高的 $\dfrac{1}{4}$。

【能力分析】(1)在学习中，学生不但要关注对形式的类比，还应该注意对方法的类比。(2)在类比推理中经常可见的情形包括：低维转向高维的类比；由平面转向空间的类比；实数集的性质转向复数集的性质的类比；等差数列转向等比数列的类比等。

实例二：由条件获知：等差数列 $\{a_n\}$，该数列的公差为 d，前 n 项和则为 S_n，并且该数列的性质有：

(1) $a_n = a_m + (n - m) \cdot d$.

(2) 若 $m + n = p + q$，其中，m，n，p，$q \in N^*$，则 $a_m + a_n = a_p + a_q$.

(3) 若 $m + n = 2p$，m，n，$p \in N^*$，则 $a_m + a_n = 2a_p$.

(4) S_n，$S_{2n} - S_n$，$S_{3n} - S_{2n}$ 组成等差数列.

由等差数列转向等比数列的类比中，可要求在等比数列 $\{b_n\}$ 中写出该数列相似的性质.

【解析】等比数列 $\{b_n\}$，该数列的公比为 q，而前 n 项和为 S_n.

(1) 通项 $a_n = a_m \cdot q^{n-m}$.

(2) 若 $m + n = p + q$，其中 m，n，p，$q \in N^*$，则 $a_m \cdot a_n = a_p \cdot a_q$.

(3) 若 $m + n = 2p$，其中，m，n，$p \in N^*$，则 $a_p^2 = a_m \cdot a_n$.

(4) S_n，$S_{2n} - S_n$，$S_{3n} - S_{2n}$ 构成等比数列.

(三) 演绎推理能力

1. 表现描述

要求学生掌握演绎推理的定义、特点、一般模式及基本格式，能正确、熟练地运用已知演绎定理推出新的定理。

2. 表现水平

表现水平	表现描述
表征	用数学语言表达实际生活中的数学命题
分析	用演绎进行推理，做出猜想，检验猜想，提出有规律性的结论
应用	能够证明和发现数学命题，应用演绎推理解决问题
评价	对其论证的可靠性、正确性、恰当性进行评价
创新	运用演绎推理，从已知知识中推出新知识、新规律

3. 涉及的学科内容(或主题)与问题情境

实例一：证明函数 $f(x) = -x^2 + 2x$ 在 $(-\infty，1)$ 内是增函数。

【解析】证明本例所依据的前提是：在某个区间 $(a，b)$ 内，如果 $f'(x) > 0$，那么函数 $y = f(x)$ 在这个区间内单调递增。因此，$f(x) = -x^2 + 2x$ 的导数在区间 $(-\infty，1)$ 内满足 $f'(x) > 0$，即是证明本例的关键。

【证明】$f'(x) = -2x + 2$。当 $x \in (-\infty，1)$ 时，有 $1 - x > 0$，

所以 $f'(x) = -2x + 2 = 2(1 - x) > 0$。于是，根据"三段论"得，$f(x) =$

$-x^2 + 2x$ 在 $(-\infty, 1)$ 内是增函数。

对于演绎推理而言，在确保前提以及该推理形式不是错误的，那么演绎推理得出的结论也一定是无误的。

四、运算求解能力表现标准

章士藻曾在《中学数学教育学》一书中提到，运算是一种演绎的过程，它是基于相关的运算法则和定理公式以求变形具体的对象。运算求解则是基于定理、公式等而进行正确的运算，并且要求学生能够明白运算的算理，并能以运算的条件为基础和前提来找寻一种比较简单、明了、正确的计算方法。而中学阶段对学生要求的运算求解能力应包含四种情况：第一种为学生能够习得并且能够掌握运用基本运算的能力；第二种是学生能够实现给定算法的能力；第三种为学生能够编制相关的问题算法的能力；第四种是学生能够使用相关的计算工具的能力。除此之外，有相关学者认为可将高中生的运算求解能力划分为五种不同的类型，"对题目信息的挖掘能力；定义、公式、法则和定理的运用能力；运算方法的能力；数学思想和方法的运用能力；估算能力"[1]。总的来讲，运算求解能力不仅仅是一种求解运算结果的能力，而是一种集算理、算法、计算、推理、转化等多种数学思想和数学方法于一体的综合性能力，具体到高中阶段，运算求解能力可以分为：

(1)运用定义、公式、法则和定理的能力

各种运算都有各自的运算定义、公式、法则和定理以及有关的运算规律，这些运算规律是解决数学问题的前提，直接决定着运算能力的水平高低。因此，对运算规律的运用是运算求解的第一步，如何熟练运用运算规律的关键在于理解，不仅要记住运算定义、公式、法则和定理等数学运算

---

① 简洪权. 高中数学运算能力的组成及培养策略[J]. 中学数学教学参考，2000(1)：35-37.

规律，还要归纳和总结它们的知识结构、技巧和方法。如果对运算定义、公式、法则和定理等基础知识记忆不牢、理解不透彻，在运算过程中就会出现错用、滥用的情况，直接导致运算错误。

（2）合理选择运算方法和运算过程的简化能力

俗话说"条条大路通罗马"，同一运算问题有多种解决方法，解题的角度不同，所用的运算规律不同，过程也有简有繁，这就要求具备运算方法的合理选择和运算过程的简化能力，要求不仅要知其然还要知其所以然。在选择合理的运算方法、简化运算过程时，要根据已知条件，深入分析各种方法，进行比较，并加以权衡，选择最优。

（3）精确计算与估算能力

计算包括精算和估算，估算能力同精算能力一样重要。对精算能力下个通俗的定义，亦即它是一种能力——运算主体基于一定的数字以及相关的数学运算符号，运用相关的运算定理和法则并且遵循相对应的计算步骤以获得比较准确的运算结果。估算能力也是一种运算能力，但相对于精算能力来说它指的是运算主体以相关的估算计策为前提，采用对估算对象进行一定的观察、分析、比较等行动以获取大致化或者说是概略化的结果。估算能力相比于精算能力来说，在人类的实际生活中应用得更加广泛，应用的概率也相对较高，原因就在于运算主体可根据估算来省略一些计算时在大脑中出现的繁杂的步骤以追求能够较为快速地解决实际生活问题。

（一）对定义、法则、定理以及公式的运用能力

1. 表现描述

因为对数学问题解决的前提是学生能够灵活并准确地应用定义、法则、定理以及公式，故在日常的数学教学中教师应强调对学生设置一定的能力要求，这些能力要求应包括学生能够灵活、准确地应用定义、法则、定理以及公式来进行相关的数学计算。同时，这也是数学运算能力中强调的最为基础的部分，而在能力构成中也是一种最基本的能力构成。

2. 表现水平

表现水平	表 现 描 述
表征	熟悉运算定义、公式、法则、定理等相关运算规律；将问题情境中的信息转化为数学运算问题
分析	明确运算规律的适用条件；辨析不同运算规律的区别；了解运算规律的意义；找出适合问题求解的运算规律
应用	运用运算规律求解数学问题，写出运算过程，求出运算结果
评价	对多种不同的运算方法进行比较，选择最优；对运算推理过程进行总结，得出一般规律
创新	利用运算规律解决生活中的问题；创建运算求解模型

3. 涉及的学科内容(或主题)与问题情境

实例一：求解 $\log_9 3 + \log_9 27$.

【解析】第一，这是一道数学运算题，掌握对数的定义、运算法则是解决这一道题的基本要求，也达到了表征水平；第二，对数运算法则有 $\log(a)(x) + \log(a)(y) = \log(a)(xy)$；$\log(a)(x) - \log(a)(y) = \log(a)(x/y)$；$\log(a^m)(x^n) = (n/m)\log(a)(x)$ ；$\log(a)(x) = \log(b)(x)/\log(b)(a) = \lg(x)/\lg(a) = \ln(x)/\ln(a)$ 等，观察题目数据特点，分别求对数后相加显然不可以，但两个对数的底相同，则本题所适合的运算法则是 $\log(a)(x) + \log(a)(y) = \log(a)(xy)$，解题到这一步则达到了分析水平；第三，运用运算法则 $\log(a)(x) + \log(a)(y) = \log(a)(xy)$ 推导出 $\log_9 3 + \log_9 27$ 等于 $\log_9(3 * 27)$ 即 $\log_9 81$，然后再根据对数定义算出结果为 2，解题到这一步则达到了应用水平；第四，对运算推理过程进行总结，对于同底的两个对数相加可以转化为底不变、真数相乘，则达到了评价水平；第五，将解题过程中运用的转化思想应用到生活中则达到了创新水平。

(二)运算方法的合理选择和运算过程的简化能力

1. 表现描述

要求学生掌握多种运算方法，并能合理地选择出最好的方法和对运算过程进行简化，这是数学运算能力层次中较高层次的要求，其中，掌握多种运算方法是进行选择和简化的基础和前提。运算方法的合理选择和运算过程的简化能力需要学生有一种比较意识。

2. 表现水平

表现水平	表 现 描 述
表征	掌握运算的一般方法；将问题情境中的信息转化为数学运算问题
分析	分析问题中各要素的关系，找出解决问题的多种运算方法
应用	比较解决问题的多种运算方法和运算过程的复杂程度，选择出最合适的运算方法进行运算，以简化运算过程
评价	反思运算方法的选择和运算过程的简化，辨析各种运算方法的特点
创新	快速采用合适简单的方法解决生活中的实际问题，提高问题解决效率

3. 涉及的学科内容(或主题)与问题情境

实例一： 已知 $\tan\alpha = 3/4$ ，求 $\sin\alpha$、$\cos\alpha$ 的值.

【解析】 第一，这是一道关于三角函数的计算题，能够掌握三角函数的定义和运算公式则达到了表征水平。第二，找出解题方法，方法一：用同角三角函数关系式和方程解题，由 $\tan\alpha = 3/4 = \sin\alpha/\cos\alpha$ 和 $\sin^2\alpha + \cos^2\alpha = 1$ 联立，解得 $\sin\alpha = 3/5$ ，$\cos\alpha = 4/5$ 或者 $\sin\alpha = -3/5$ ，$\cos\alpha = -4/5$；方法二：用三角函数定义解题，当 α 为锐角时，由于 $\tan\alpha = 3/4$ ，在直角三角形 ABC 中设 $\alpha = A$，$a = 3x$，$b = 4x$，则由勾股定理得 $c = 5x$，$\sin A = BC/AB = 3/5$ ，$\cos A = AC/AB = 4/5$ ，所以 $\sin\alpha = 3/5$ ，$\cos\alpha = 4/5$ 或者 $\sin\alpha = -3/5$ ，

$\cos\alpha = -4/5$。当然，这一问题的解法还有很多，能从不同的角度、用不同的方法解题则达到了分析水平。第三，对多种解题方法进行比较，选择最合适、简单的方法。就上面列出的两种方法，显然第二种方法运用三角函数的定义，数形结合，更直观、容易理解，解题过程也更加简化。能从多种方法中选出最优方法则达到了应用水平。第四，总结各种方法的特点和解题思想则达到评价水平。第五，能采用合适、简单的方法解决生活中的实际问题，提高问题解决效率则达到了创新水平。

(三)近似计算与估算能力

1. 表现描述

要求运算主体以相关的估算计策为前提，采用对估算对象进行一定的观察、分析、比较等行动以获取大致化或者说是概略化的结果，进行近似计算和估算是数学运算能力层次中属于较高层次的要求。通过近似计算和估算可以培养学生的数感和认识事物的整体感，有助于锻炼学生的观察力。

2. 表现水平

表现水平	表现描述
表征	掌握近似计算和估算的一般方法；了解估算的预算策略、调整策略和优化策略；把具体情境中的问题转化为近似计算方法或估算问题
分析	选择适当的近似计算方法或估算方法
应用	运用近似计算和估算的方法估计运算的结果，并对结果的合理性作出解释；能用估算来验证结果的正确性或排除错误答案
评价	对估算结果的过程和方法进行评价；理解估算的意义
创新	应用近似计算和估算的方法解决生活中的实际问题

3. 涉及的学科内容(或主题)与问题情境

实例一：对于数字1到5，要求构成三位数并且无数字重复，其中偶数的个数为(　　)

A. 24个　　　　B. 30个　　　　C. 40个　　　　D. 60个

【解析】第一，从题目中获取信息，转化为估算问题。显然这是一道计算题，精确计算可以算出结果，但是作为选择题，用估算法则可以大大提高解题效率。题目中已给出了几个选项，当确定一个范围之后就可选出正确答案或者排除错误答案，解题到这一步则达到了表征水平。第二，分析题干，选择合适的估算方法。用1到5组合成三位数且保证其中无重复的数字，结果只有两种可能，即非偶即奇，故可以通过比较作为个位数的偶数、奇数的个数大致估算出偶数个数，可以利用范围特征进行估算，解题到这一步则达到了分析水平。第三，运用范围特征进行估算。用1、2、3、4、5这5个数组成没有重复数字三位数有 $A_5^3 = 60$ 个，因为对于个位数来说，可充当的奇数是3个，比偶数2个多，这样一来，可计算出偶数的个数应该少于 $60/2 = 30$ 个，故选(A)20个。运用估算选出正确答案则达到了应用水平。第四，总结在选择题的解答过程中可以利用范围特征估算选出正确答案或排除错误答案，则达到了评价水平。第五，能用范围特征估算以及比较解决生活中的问题则达到了创新水平。

实例二：(2015高考新课标，理6)众所周知，我国古代有关数学的著作较为丰富，其中《九章算术》是非常著名的数学著作，其内容较为翔实，其中有这么一道题："今有委米依垣内角，下周八尺，高五尺，问：积及为米几何？"用白话文解释就是："在屋内墙角处堆放米(如图，米堆为一个圆锥的四分之一)，米堆底部的弧长为8尺，米堆的高为5尺，问米堆的体积和堆放的米各为多少？"由条件已获知1斛米的体积大约是1.62立方尺，其圆周率大约是3，故可估算出堆放斛的米大约是(　　)

A. 14斛　　　　B. 22斛　　　　C. 36斛　　　　D. 66斛

图 4-9

【解析】设圆锥底面半径为 r，则 $\frac{1}{4} \times 2 \times 3r = S = r = \frac{16}{3}$，所以米堆的体积为 $\frac{1}{4} \times \frac{1}{3} \times 3 \times \left(\frac{16}{3}\right)^2 \times 5 = \frac{310}{9}$，故堆放的米约为 $\frac{320}{9} \div 1.62 \approx 22$，故选 B.

【考点定位】圆锥的性质与圆锥的体积公式。

【能力分析】本题以《九章算术》中的问题为材料，试题背景新颖，从给出的信息中应联想到米堆是圆锥的 $\frac{1}{4}$，这同时也是解这道题的关键所在。此外，底面的周长则是两个底面的半径与 $\frac{1}{4}$ 圆的和，故能根据题中所给出的条件而列出有关底面半径的方程从而算出底面的半径。体现了估算能力。

五、数据处理能力表现标准

数据是一种由人工或者自动化装置进行相关处理的对于概念、事实或指令的一种表达方式。数据若要成为信息则需要对其进行相关的解释、说明并赋予其一定的意义。数据处理可以说是一个对数据的收集、存储、检索、加工、变换和传输的技术过程。李求来教授认为："数据处理能力是指合理收集数据，关注数据，整理、描述、分析所获得的数据，提取有价值的信息，作出合理的决策的能力。"①李红梅教授认为，数据处理能力是指整理、分析有效数据，能够从大量数据中选出对研究问题有用的信息，并且作出判断。由此看来，我国学者在数据处理能力的概念认识上还相对一致。在当今这个大数据时代，掌握一定的数据处理能力，在大量数据中，收集和整理有效数据，并用适当的方式表述出来，并且针对探究数据的结果提出一些可行性建议，对我们分析解决问题具有举足轻重的作用。综上所述，数据处理能力应包含数据的收集能力、数据的整理能力、数据的表述能力以及数据的探究能力。

（一）数据的收集能力

1. 表现描述

数据收集能力是指依据问题情境的需要，利用多种方法收集有助于解决问题的数据的能力，包括使用调查问卷获得的数据、采用观察法所记录的数据、从实验设计中所获取的数据等。在高中数学学科中，数据收集能力包括：根据已有的知识得出相应的公式或法则；基于问题的现实要求作出相关假设，设计相关内容的实验并在已知的基础上寻求新的数据；有能力去比较在同一总体中的数据的特点或者在不同总体中的数据特点。数据收集能力是问题解决过程中获取数据的基本能力，对问题的解决具有不可忽视的作用。

2. 表现水平

表现水平	表现描述
表征	能够将问题情境中的信息转化为数学问题，能够使用公式或法则表述数学概念或关系，获得最初的数据

---

① 李求来，昌国良. 中学数学教学论[M]. 长沙：湖南师范大学出版社，2006：66.

表现水平	表现描述
分析	能够深入挖掘所给情境中的数据信息，发现数据信息的特征以及数据之间的区别与联系
应用	能够利用已有的知识与方法，结合问题情境推导出新数据，使新数据服务于问题的解决
评价	能够反思和评价自己收集数据的过程与方法，总结出收集数据的经验与认识
创新	能够通过对自我数据收集能力的评价，再次联系各已知数据信息的特征，从多个角度去探索未知数据

3. 涉及的学科内容(或主题)与问题情境

实例一：已知甲、乙两名篮球运动员投篮命中率分别为 0.7 和 0.8。如果每人各投篮一次，求甲、乙两人中至少一人进球的概率。

【解析】第一，我们要搜集清晰的数据信息，甲投篮命中率为 0.7，乙投篮命中率为 0.8，这是问题情境所给出的，我们可以清楚地得到数据，能够获得这些数据说明达到数据收集能力的表征水平；第二，由情境给出的数据，尝试着发现数据隐含的特征，可提出问题，甲、乙投篮不命中的概率分别是多少，运用所学公式 $P(\overline{A}) = 1 - P(A)$，得到新数据，甲、乙投篮不命中的概率分别为 0.3 和 0.2。根据独立事件概率乘法公式，可知甲命中乙不命中的概率数据为 0.14，甲不命中乙命中概率为 0.24，甲、乙都命中概率为 0.56，甲、乙都不命中概率为 0.06，能够挖掘到这一项数据说明其数据收集能力达到了分析和应用的水平；第三，回顾收集数据的过程，总结出一些经验认知，即知道了命中率立马可以得到非命中率的数据，说明已经达到了数据收集能力的评价水平，再次思考所得到的数据信息，会发现这些数据信息将有利于问题的解决，如果可以从问题出发再去挖掘数据，说明可以达到收集数据的创新水平。

(二)数据的整理能力

1. 表现描述

数据整理能力是指根据问题的需要，对所收集的数据做进一步的整理，如：排序、选择有价值的数据等，用多种方法揭示所收集的数据的特征，用合适的度量表示其规律性和差异性等，对所收集的数据按照一定的逻辑顺序进行排列、组织。数据整理能力体现了学生思考的顺序性与连贯性，为解决情境问题提供帮助。

2. 表现水平

表现水平	表 现 描 述
表征	能够根据所收集的数据按照一定的顺序进行初步的整理，筛选出有效数据信息，剔除干扰数据信息
分析	能够分析有效数据信息的特征，按照数据的内在联系根据一定的方式如排序、归纳、类比的方式进行整理，使之具有条理性。用多种方法揭示所收集的数据的特征，用合适的度量表示其规律性和差异性等
应用	能灵活运用运算法则、公式，并能根据客观情况的变化而变化，全面理解问题，不忽视每个运算过程的细节，以全面准确地整理数据
评价	能够回顾整理数据的过程，检查数据整理过程中的差错与纰漏，完善数据整理以解决问题
创新	能够结合自己已有的知识经验，通过评价数据整理的过程，以新的角度去发现新的解题思路，从而采用新的方法陈列整理数据

3. 涉及的学科内容(或主题)与问题情境

实例一：已知甲、乙两名篮球运动员的投篮命中率分别为 0.7 和 0.8。如果每人各投篮一次，求甲、乙两人中至少一人进球的概率。

【解析】收集到数据之后，我们得到 8 个数据，甲命中率为 0.7，不命中率为 0.3，乙命中率为 0.8，不命中率为 0.2，甲命中乙不命中的概率数据为 0.14，甲不命中乙命中概率为 0.24，甲、乙都命中概率为 0.56，甲、乙都不命中概率为 0.06，这就是一种数据整理的表征水平；根据问题的需要对已获得数据进行排列组合，可知甲、乙两人至少一人进球概率为 0.14+0.24+0.56＝0.94，这种通过公式整理数据从而解决问题的能力已达到数据整理能力的分析和应用水平。检查数据整理过程中的不足与纰漏，为了有助于问题解决，我们只需要整理出甲命中乙不命中的概率、甲不命中乙命中概率、甲、乙都命中概率就可以，我们知道两人进球只有这四种情况，那么只需要整理出两人均不进球的概率就可以解决问题，这就属于数据整理能力的创新。

（三）数据的表述能力

1. 表现描述

数据描述能力是通过说明收集、组织和陈列的数据来处理问题的能力。具体地说是基于不同问题的不同需求，结合多样的方式对所收集和整理的数据的相关特点进行描述，运用一定的度量方法揭示数据的集中趋势，对已收集、整理的数据，通过语言、公式、图标或图形等恰当的方式表述出来的能力。这种能力能够体现了发挥学生思维的逻辑性和严密性，是将现实情境转化为数学问题的必要能力，对后继的数据探究具有重要的作用。

2. 表现水平

表现水平	表现描述
表征	能够将题目中的数据信息通过文字、公式、图标或图形表示出来

表现水平	表 现 描 述
分析	能够较为深刻仔细地对问题情境进行分析并能够从中获取有用的信息，从散点图、盒图和直方图等图中根据具体问题情境挑选合适的图像方法以较为直观地呈现一组数据的相关特征，并对数据集合以及该图像之间的对应性进行相关的了解和探讨
应用	能够运用文字、公式、图标等方式将数据转换成另一种形式，通过图表或图形解释数据的集中趋势
评价	反思自己将情景问题转化为数学问题的过程，对使用何种方式进行数据描述做出评价
创新	尝试多种数据描述的方法，举一反三，从问题的多角度进行探索

3. 涉及的学科内容(或主题)与问题情境

实例一：已知甲、乙两名篮球运动员投篮命中率分别为0.7和0.8。如果每人各投篮一次，求甲、乙两人中至少一人进球的概率。

【解析】将数据信息以简单的表格展示出来，如表4-1。

表 4-1

甲＼乙	命中率	非命中率
甲	0.7	0.3
乙	0.8	0.2

则其数据处理能力还处于表征水平。

若再进一步详细分析数据，可得出表4-2。

表 4-2

项　　目	概　　率
甲、乙均命中	0.7 0.8 = 0.56
甲命中、乙未命中	0.7 0.2 = 0.14
甲未命中、乙命中	0.3 0.8 = 0.24
甲、乙均未命中	0.3 0.2 = 0.06

　　此时已经通过分析并运用公式将各种可能的情况表示出来了，体现了数据表述能力的分析与应用水平。

　　通过对问题描述的分析，反思问题解决的过程，如果能从反向来思考这一问题，甲、乙两人至少一人进球的概率从反面来说，就是除了甲、乙都不进球之外都是问题所求的内容，如表 4-3。

表 4-3

项　　目	概　　率
两人投篮有命中的	0.56+0.14+0.24 = 0.94
两人投篮一个都没命中的	0.06

　　只要整理出两人均不命中的概率即可解决问题，根据公式 $P(A) = P(B)P(C)$，可得甲、乙均不命中概率为 0.06，因此甲、乙两人至少一人命中概率为 1-0.06 = 0.94，能够从反面解决问题，至此说明学习者已达到数据表述能力的评价和创新水平。

(四)数据的探究能力

1. 表现描述

　　数据的探究能力是指"发展与评价在分析数据的基础上得到的某些推论，并做出预告"[1]。观察所描述数据的特征，并通过对不同数据进行思考

---

[1]　王林全. 发展学生数据分析能力的要领[J]. 中学数学教学参考，2008(1)：17-20.

分析进而作出相关的猜想，并以所作的猜想为基础来提出并解释新的问题，从而设计有关新的问题的新计划并进行更加深入的研究。包括观察、提出问题，通过再现已知的知识经验和其他信息资源明确什么是已知的结论，制定解决问题的方案，依据实验证据对已知的结论作出评价，利用工具搜集、分析、解释数据，并提出解答，揭示和预测交流结果。

2. 表现水平

表现水平	表现描述
表征	从所描述的数据中，选出有助于问题解决的数据信息
分析	能够根据所获得的数据，分析所描述的数据的特征以及数据之间的关联，将其与问题情境结合起来，初步提出问题
应用	将提出的解决方案运用到问题情境中，结合自己原有的问题解决相关经验，对提出的方案进行检验和改善
评价	评价本次问题解决过程，对解决方式进行反思和修改，积累问题解决的新认知
创新	在评价与反思的基础上，尝试着提出新的解决方案，挖掘新方法、新思路，探索新的解决问题的途径

3. 涉及的学科内容(或主题)与问题情境

实例一：已知甲、乙两名篮球运动员投篮命中率分别为 0.7 和 0.8。如果两人比赛，各投篮 2 次，求甲战胜乙的概率。

【解析】通过分析问题情境，提出问题：什么情况下甲战胜乙？甲战胜乙的情况有 3 种：甲 2 乙 0、甲 2 乙 1、甲 1 乙 0，只要计算出这三种可能情况发生的概率即可解决问题。完成这一部分的分析说明已达到表征与分析的水平。接下来，甲或乙命中一次如何表示？哪一场命中？用来表示甲或乙只命中一次，运用公式来表示上述三种情况，分别为：0.720.22、0.72、0.22。通过运算可得到结果，因此甲战胜乙的概率为 0.1932，至此说明学习者已达到数据探究能力的应用水平。为什么要这样思考？这样思考的好处是什么？回顾本次解决问题过程，首先分析什么情况下甲才可以战胜乙，得到三种情况后，又考虑到甲2乙1、甲1乙0这两种情况下，甲、乙分别是哪一场获胜，因此最终甲战胜乙就是将三种情况发生的概率相加。这样思考可以防止漏掉所有可能的情况，找到问题解决的思路也就可以为下一次解决问题积累经验，体现了数据探究能力的客观评价和创新水平。

　　数据处理能力是一种较高层次的思维品质，它的各组成部分之间是相辅相成的，同时与其他数学能力密不可分。只有在问题解决的过程中，通过动手实践与探索，数据处理能力才会有相应的发展。因此在义务教育阶段后的高中数学阶段中，应将培养学生的数据处理能力作为教学的重点。

第五章

基于高中数学学科能力表现标准的
实证研究

高中数学学科能力表现标准(以下简称为"标准")在知识论、评价理论、PISA 能力测试等理论的基础上,通过德尔菲法将数学能力分为空间现象能力、抽象概括能力、推理论证能力、运算求解能力和数据处理能力这五个一级指标以及延展的 15 个二级指标,每个二级指标又可划分为表征、分析、应用、评价、创新等不同数学能力表现水平,为学生能力的发展提供了目标和依据。

黑格尔认为实践"不仅具有普遍的资格,而且具有绝对现实的资格"①。所以,理论或标准的构建必须经过实践的检验才能证明其合理性和可操作性。本部分将通过选取实际研究对象(高三学生),对其进行实测试卷和自设试卷的测试并对结果进行分析,进一步证明"标准"的合理性和可行性。

一、编码及实证研究设计

本部分主要针对上文所提出的"标准",通过对其编码,并介绍实证研究的总体思路及数据的相关计算分析。

(一)高中数学能力指标框架编码

为便于后文实证部分数据的统计及分析,现对高中数学能力指标框架 5 个一级指标及 15 个二级指标编码如表 5-1 所示。

表 5-1　高中数学能力指标框架

一级指标	二 级 指 标	编码
空间想象能力 A	建立空间观念的能力	A1
	建构几何表象的能力	A2
	几何表象的操作能力	A3

---

① 黑格尔. 逻辑学(下卷)[M]. 北京:商务印书馆,1976:523.

续表

一级指标	二级指标	编码
抽象概括能力 B	抽象能力	B1
	概括能力	B2
推理论证能力 C	归纳推理能力	C1
	类比推理能力	C2
	演绎推理能力	C3
运算求解能力 D	定义、公式、法则和定理的运用能力	D1
	运算方法的合理选择和运算过程的简化能力	D2
	近似计算与估算能力	D3
数据处理能力 E	数据的收集能力	E1
	数据的整理能力	E2
	数据的表述能力	E3
	数据的探究能力	E4

（二）实证研究设计及假设

学科能力是学生在学科教学中所表现出的智力与能力的统一，在短时间内是一种较为稳固的心理特征的综合，即个体在一定时间范围内所表现的学科能力是趋于稳定的。因此，结合上文提出的"标准"，如果通过实际测试证明学生在一定时间内某个维度的能力较为稳定，则证明了"标准"的合理性。

在实际操作中，学生学科能力是否稳定需要通过测试后对数据进行量化去证明，本研究主要以学生在某一维度的得分率来衡量学生的能力稳定性。下面将以空间想象能力为例介绍学生某一维度得分率（P_A）计算方法，具体如下：

$$P_A = \frac{S_{A1} + S_{A2} + S_{A3}}{Z_A}$$

其中，S_{A1}指学生在一次测试中建立空间观念的能力（A1）的总分，Z_A指在本次测试中空间想象能力（A）所占的总分。S_{A1}的计算方法将在后面实测试卷分析和自设试卷分析中进行详细描述，Z_A则可以通过对测试试题按照"标准"分解，即可得到其值。

上述计算以空间想象能力（A）为例，抽象概括能力（B）、推理论证能力（C）、运算求解能力（D）、数据处理能力（E）计算方法亦然。

本研究实证部分共分为两部分，第一部分将基于"标准"对所选两个班级学生已经考过的三次试卷（2015 年 11 月—2016 年 1 月）进行统计与分析，并通过验证学生三次考试中数学学科能力一级指标（如空间想象能力）得分率的稳定性来证明"标准"的合理性；第二部分笔者将在证明"标准"合理性的基础上，依据"标准"自行设计开发出对应维度以及表现层级（表征、分析、应用、评价、创新）的试题（以下简称"自设试题"），通过对学生的测试计算出各个学生各维度的得分率，并最终通过对比每个学生四次测试的各维度的得分率的稳定性进一步证明"标准"的合理性和可操作性。因此，本部分提出以下两个假设：

H1：依照"标准"的维度划分及表现层级，通过对三次实测试题分析，如果绝大部分学生的每个维度的得分率趋于稳定，则证明"标准"是合理的。

H2：依照"标准"的维度划分及表现层级，通过对三次实测试题及一套测自试题分析，如果绝大部分学生的每个维度的得分率趋于稳定，则证明"标准"是合理的且具有可操作性。

二、基于高中数学学科能力表现标准的实测试卷分析

对"标准"的合理性及可操作性的验证的第一步是建立在第一个假设基础上的。本部分的主要内容是通过对本次高中数学学科能力表现标准的实测试卷的分析对象以及数据来源、实测试卷及其结果的分析来对"标准"进行验证。

(一)分析对象与数据来源

作为 F 省示范高中，该校办学严谨，注重学生能力的培养，所得的成绩数据具有权威性和代表性，能保证数据的可靠性和准确性。因此，本研究特选取 E 校高三年级(7)班和(23)班两个班的三次数学考试进行分析。7 班为文科班，共计 19 人；23 班为理科班，共计 32 人。因为个体学科能力的稳定性是在一定时间范围内的，所以所选取的三次考试时间间隔均不超过一个月。三次考试时间分别为 2015 年 11 月 E 校期中考试、2015 年 12 月 F 省八校联考和 2016 年 1 月区调考，这三次考试试题都是实际考试中的真实试卷，即实测试卷。研究主要是基于"标准"对这三次考试的试卷题目和考试成绩进行分析，包括试卷整体的难度、区分度和信度的分析以及试卷所反映的学生的各项能力的得分率 (P_A)。学生的各项能力的得分率的算法如下：

$$P_A = \frac{S_{A1} + S_{A2} + S_{A3}}{Z_A}$$

其中，S_{A1} 为一级指标下的二级指标的实际得分，即建立空间观念的能力的实际得分；同理，S_{A2} 为构建几何表象的能力的实际得分；S_{A3} 为几何表象的操作能力的实际得分；Z_A 为试卷所测试题空间想象能力的总分，依据"标准"通过分析试卷即可获得。

(二)实测试卷与结果分析

1. 高三(7)班(文科)三次考试分析

从难度、区分度、信度三方面对试卷进行分析，从表 5-2 可以看出，三次考试所用试卷难度在 0.6~0.9 范围内，难度适中；区分度在 0.1~0.3 范围内，能较好地反映学生的水平；信度均较高，大于 0.8，能真实地反映学生的实际水平。综上，这三次考试所用试卷能在同一标准上测出学生的真实水平。

表 5-2　高三(7)班三次考试试卷整体分析表

考试＼指标	难度	区分度	信度
期中考试	0.8175	0.2932	0.9603
八校联考	0.8630	0.2561	0.8745
区调考	0.8357	0.2376	0.9217

为计算出每个学生的各项能力的得分率 P 的值，首先计算整套试卷所体现的各个能力的得分值 Z。三套试卷中所体现的各个指标的得分值如表 5-3、表 5-4、表 5-5 所示：

表 5-3　高三(7)班期中考试试卷所体现的各指标得分值[a]

学生编号	文理科	班号	空间想象能力得分值	抽象概括能力得分值	推理论证能力得分值	运算求解能力得分值	数据处理能力得分值
1	文科	07	0.00	10.00	10.90	38.10	1.00
2	文科	07	1.00	10.00	27.60	54.60	0.80
3	文科	07	1.60	5.00	21.55	24.60	0.25
4	文科	07	2.20	10.00	29.15	43.00	0.65
5	文科	07	1.40	10.00	12.65	31.40	0.55
6	文科	07	0.60	10.00	28.30	13.90	0.20
7	文科	07	0.60	10.00	19.30	36.60	0.50
8	文科	07	0.60	10.00	35.55	52.40	1.45
9	文科	07	1.80	10.00	48.10	54.80	1.30
10	文科	07	0.00	10.00	30.10	46.10	0.80
11	文科	07	0.80	10.00	24.70	33.70	0.80
12	文科	07	1.00	5.00	20.00	19.90	0.10
13	文科	07	2.40	10.00	52.90	70.00	2.70
14	文科	07	1.60	5.00	18.95	28.80	0.65
15	文科	07	0.60	5.00	11.00	25.80	0.60

续表

学生编号	文理科	班号	空间想象能力得分值	抽象概括能力得分值	推理论证能力得分值	运算求解能力得分值	数据处理能力得分值
16	文科	07	1.60	10.00	27.65	39.10	0.65
17	文科	07	1.00	10.00	11.95	37.10	0.95
18	文科	07	1.60	10.00	31.10	44.20	1.10
19	文科	07	1.60	10.00	48.80	62.90	1.70
20	文科	07	1.60	10.00	49.05	61.30	1.05
21	文科	07	0.60	10.00	18.45	38.40	0.55
22	文科	07	1.60	10.00	38.95	47.90	1.55
23	文科	07	0.20	10.00	8.60	23.80	0.40
24	文科	07	0.60	5.00	12.80	13.60	0.00
25	文科	07	0.80	10.00	32.10	52.20	0.90
26	文科	07	0.00	10.00	25.00	25.00	0.00
27	文科	07	1.60	5.00	19.35	28.80	0.25
28	文科	07	2.40	10.00	39.40	58.00	1.20
29	文科	07	0.00	5.00	6.20	11.70	0.10
30	文科	07	0.40	5.00	10.50	25.00	0.10
31	文科	07	0.20	10.00	28.20	43.30	0.30
32	文科	07	1.40	10.00	36.75	60.50	1.35
33	文科	07	1.60	10.00	33.80	46.90	0.70
总计 N	33		33	33	33	33	33

a:限于前 100 个案例。

表5-4　高三(7)班八校联考试卷所体现的各指标得分值

学生编号	文理科	班号	空间想象能力得分值	抽象概括能力得分值	推理论证能力得分值	运算求解能力得分值	数据处理能力得分值
1	文科	07	6.00	5.00	28.00	38.00	0.00
2	文科	07	11.00	15.00	33.80	49.20	0.00
3	文科	07	2.00	15.00	21.40	28.60	0.00

学生编号	文理科	班号	空间想象能力得分值	抽象概括能力得分值	推理论证能力得分值	运算求解能力得分值	数据处理能力得分值
4	文科	07	7.00	15.00	33.80	58.20	0.00
5	文科	07	10.00	10.00	23.20	30.80	5.00
6	文科	07	8.00	10.00	26.80	42.20	8.00
7	文科	07	14.00	15.00	25.00	39.00	0.00
8	文科	07	17.00	15.00	36.80	58.20	8.00
9	文科	07	11.00	15.00	30.00	56.00	5.00
10	文科	07	17.00	15.00	33.80	54.20	2.00
11	文科	07	7.00	5.00	24.90	46.10	5.00
12	文科	07	15.00	15.00	29.40	42.60	0.00
13	文科	07	16.00	15.00	41.80	61.20	8.00
14	文科	07	14.00	10.00	26.50	50.50	5.00
15	文科	07	8.00	15.00	7.00	21.00	0.00
16	文科	07	13.00	10.00	36.30	52.70	8.00
17	文科	07	11.00	15.00	24.30	42.70	3.00
18	文科	07	8.00	15.00	26.90	58.10	12.00
19	文科	07	17.00	15.00	36.80	58.20	8.00
20	文科	07	15.00	15.00	31.30	57.70	7.00
21	文科	07	12.00	15.00	29.80	56.20	8.00
22	文科	07	16.00	10.00	34.40	54.60	8.00
23	文科	07	7.00	10.00	29.40	28.60	0.00
24	文科	07	7.00	10.00	23.30	40.70	0.00
25	文科	07	12.00	10.00	36.80	53.20	4.00
26	文科	07	5.00	10.00	12.00	22.00	0.00
27	文科	07	13.00	15.00	25.40	44.60	0.00
28	文科	07	17.00	15.00	41.30	57.70	8.00
29	文科	07	7.00	5.00	9.00	24.00	0.00
30	文科	07	17.00	5.00	17.80	41.20	0.00
31	文科	07	7.00	10.00	31.20	50.80	0.00

续表

学生编号	文理科	班号	空间想象能力得分值	抽象概括能力得分值	推理论证能力得分值	运算求解能力得分值	数据处理能力得分值
32	文科	07	11.00	10.00	31.80	58.20	5.00
33	文科	07	11.00	5.00	22.80	53.20	5.00
总计 N	33		33	33	33	33	33

表 5-5 高三(7)班区调考试卷所体现的各指标得分值

学生编号	文理科	班号	空间想象能力得分值	抽象概括能力得分值	推理论证能力得分值	运算求解能力得分值	数据处理能力得分值
1	文科	07	6.0	5.0	17.2	34.8	6.0
2	文科	07	20.0	10.0	53.4	82.0	17.0
3	文科	07	11.0	5.0	16.0	40.0	11.0
4	文科	07	13.0	10.0	56.6	79.0	17.0
5	文科	07	20.0	10.0	32.2	50.8	17.0
6	文科	07	15.0	5.0	21.2	45.8	12.0
7	文科	07	7.0	10.0	7.2	22.8	8.0
8	文科	07	22.0	10.0	31.0	60.0	17.0
9	文科	07	17.0	10.0	32.2	49.8	14.0
10	文科	07	5.0	5.0	31.0	56.0	17.0
11	文科	07	17.0	5.0	23.4	52.6	17.0
12	文科	07	15.0	10.0	5.6	31.4	15.0
13	文科	07	20.0	10.0	70.0	98.0	17.0
14	文科	07	15.0	5.0	53.2	80.8	11.0
15	文科	07	6.0	10.0	7.4	27.8	12.0
16	文科	07	11.0	10.0	54.0	77.4	17.0
17	文科	07	11.0	10.0	24.0	36.0	13.0
18	文科	07	20.0	10.0	30.6	61.4	17.0
19	文科	07	15.0	10.0	67.6	96.4	17.0
20	文科	07	22.0	10.0	33.0	63.0	17.0

学生编号	文理科	班号	空间想象能力得分值	抽象概括能力得分值	推理论证能力得分值	运算求解能力得分值	数据处理能力得分值
21	文科	07	20.0	5.0	21.6	46.4	5.0
22	文科	07	16.0	5.0	31.0	55.0	17.0
23	文科	07	10.0	10.0	17.4	48.6	6.0
24	文科	07	15.0	5.0	48.4	57.4	2.0
25	文科	07	5.0	10.0	27.6	57.4	17.0
26	文科	07	6.0	5.0	6.6	21.4	2.0
27	文科	07	20.0	10.0	24.0	38.0	17.0
28	文科	07	22.0	10.0	62.8	97.0	17.0
29	文科	07	2.0	5.0	5.4	5.6	7.0
30	文科	07	12.0	5.0	25.0	67.0	17.0
31	文科	07	15.0	10.0	44.2	57.0	17.0
32	文科	07	17.0	10.0	58.2	97.8	12.0
33	文科	07	15.0	5.0	19.8	34.2	17.0
总计 N	33		33	33	33	33	33

综合以上三个表可以看出这三套试卷都涵盖了标准中的空间想象能力、抽象概括能力、推理论证能力、运算求解能力、数据处理能力，能较好地反映测试出学生的数学学科能力。

对(7)班所有学生的三次考试成绩进行分析，分别计算出每个学生的每项能力的实际得分率 P_A，如表5-6、表5-7、表5-8所示：

表5-6 高三(7)班期中考试学生各项能力实际得分率[a]

学生编号	文理科	班号	空间想象能力得分率	抽象概括能力得分率	推理论证能力得分率	运算求解能力得分率	数据处理能力得分率
1	文科	07	0.25	0.31	0.42	0.48	0.02
2	文科	07	0.62	0.89	0.67	0.64	0.16

续表

学生编号	文理科	班号	空间想象能力得分率	抽象概括能力得分率	推理论证能力得分率	运算求解能力得分率	数据处理能力得分率
3	文科	07	0.13	0.72	0.38	0.41	0.20
4	文科	07	0.43	1.00	0.58	0.70	0.10
5	文科	07	0.48	0.53	0.46	0.40	0.40
6	文科	07	0.42	0.57	0.48	0.54	0.87
7	文科	07	0.92	0.81	0.46	0.45	0.17
8	文科	07	1.00	1.00	0.61	0.54	0.58
9	文科	07	0.65	1.00	0.47	0.71	0.36
10	文科	07	1.00	0.87	0.67	0.69	0.14
11	文科	07	0.40	0.34	0.43	0.52	0.39
12	文科	07	0.90	1.00	0.36	0.52	0.20
13	文科	07	0.88	0.92	0.72	0.81	0.61
14	文科	07	0.67	0.87	0.53	0.64	0.38
15	文科	07	0.41	1.00	0.15	0.22	0.21
16	文科	07	0.72	0.77	0.62	0.64	0.64
17	文科	07	0.73	0.91	0.40	0.55	0.20
18	文科	07	0.44	1.00	0.49	0.87	0.93
19	文科	07	0.97	1.00	0.60	0.70	0.77
20	文科	07	0.69	0.79	0.49	0.83	0.37
21	文科	07	0.66	1.00	0.35	0.74	0.62
22	文科	07	0.93	0.63	0.55	0.59	0.73
23	文科	07	0.32	0.65	0.54	0.40	0.21
24	文科	07	0.35	0.71	0.41	0.36	0.00
25	文科	07	0.70	0.58	0.67	0.68	0.23
26	文科	07	0.23	0.58	0.20	0.20	0.21

学生编号	文理科	班号	空间想象能力得分率	抽象概括能力得分率	推理论证能力得分率	运算求解能力得分率	数据处理能力得分率
27	文科	07	0.71	0.91	0.38	0.51	0.15
28	文科	07	0.96	0.87	0.79	0.81	0.57
29	文科	07	0.31	0.27	0.15	0.30	0.11
30	文科	07	0.75	0.25	0.28	0.58	0.21
31	文科	07	0.37	0.69	0.58	0.59	0.07
32	文科	07	0.55	0.65	0.61	0.72	0.36
33	文科	07	0.60	0.30	0.44	0.68	0.41
总计 N	33		33	33	33	33	33

a:限于前 100 个案例。

表 5-7　高三(7)班八校联考学生各项能力实际得分率

学生编号	文理科	班号	空间想象能力得分率	抽象概括能力得分率	推理论证能力得分率	运算求解能力得分率	数据处理能力得分率
1	文科	07	0.35	0.33	0.53	0.52	0.02
2	文科	07	0.65	1.00	0.64	0.67	0.15
3	文科	07	0.12	1.00	0.41	0.39	0.17
4	文科	07	0.41	1.00	0.64	0.80	0.13
5	文科	07	0.59	0.67	0.44	0.42	0.42
6	文科	07	0.47	0.67	0.51	0.58	0.67
7	文科	07	0.82	1.00	0.47	0.53	0.19
8	文科	07	1.00	1.00	0.70	0.80	0.67
9	文科	07	0.65	1.00	0.57	0.77	0.42
10	文科	07	1.00	1.00	0.64	0.74	0.17
11	文科	07	0.41	0.33	0.47	0.63	0.42

续表

学生编号	文理科	班号	空间想象能力得分率	抽象概括能力得分率	推理论证能力得分率	运算求解能力得分率	数据处理能力得分率
12	文科	07	0.88	1.00	0.56	0.58	0.21
13	文科	07	0.94	1.00	0.79	0.84	0.67
14	文科	07	0.82	0.67	0.50	0.69	0.42
15	文科	07	0.47	1.00	0.13	0.29	0.27
16	文科	07	0.76	0.67	0.69	0.72	0.67
17	文科	07	0.65	1.00	0.46	0.58	0.25
18	文科	07	0.47	1.00	0.51	0.79	1.00
19	文科	07	1.00	1.00	0.70	0.80	0.67
20	文科	07	0.88	1.00	0.59	0.79	0.58
21	文科	07	0.71	1.00	0.56	0.77	0.67
22	文科	07	0.94	0.67	0.65	0.75	0.67
23	文科	07	0.41	0.67	0.56	0.39	0.22
24	文科	07	0.41	0.67	0.44	0.56	0.20
25	文科	07	0.71	0.67	0.70	0.73	0.33
26	文科	07	0.29	0.67	0.23	0.30	0.22
27	文科	07	0.76	1.00	0.48	0.61	0.17
28	文科	07	1.00	1.00	0.78	0.79	0.67
29	文科	07	0.41	0.33	0.17	0.33	0.16
30	文科	07	1.00	0.33	0.34	0.56	0.21
31	文科	07	0.41	0.67	0.59	0.69	0.07
32	文科	07	0.65	0.67	0.60	0.80	0.42
33	文科	07	0.65	0.33	0.43	0.73	0.42
总计 N	33		33	33	33	33	33

表5-8　高三(7)班区调考学生各项能力实际得分率

学生编号	文理科	班号	空间想象能力得分率	抽象概括能力得分率	推理论证能力得分率	运算求解能力得分率	数据处理能力得分率
1	文科	07	0.36	0.33	0.54	0.57	0.02
2	文科	07	0.81	1.00	0.64	0.78	0.15
3	文科	07	0.14	1.00	0.42	0.45	0.23
4	文科	07	0.45	1.00	0.78	0.62	0.12
5	文科	07	0.60	0.60	0.73	0.51	0.45
6	文科	07	0.71	0.68	0.52	0.65	0.90
7	文科	07	0.91	0.88	0.52	0.54	0.21
8	文科	07	1.00	1.00	0.78	0.82	0.79
9	文科	07	0.67	1.00	0.63	0.65	0.43
10	文科	07	0.90	1.00	0.73	0.88	0.19
11	文科	07	0.51	0.57	0.51	0.65	0.43
12	文科	07	1.00	0.89	0.52	0.61	0.23
13	文科	07	0.95	1.00	0.89	0.77	0.77
14	文科	07	0.85	0.90	0.54	0.79	0.44
15	文科	07	0.67	1.00	0.17	0.29	0.28
16	文科	07	0.85	0.90	0.72	0.80	0.78
17	文科	07	0.55	1.00	0.47	0.68	0.27
18	文科	07	0.57	0.89	0.53	0.89	1.00
19	文科	07	1.00	1.00	0.73	0.88	0.76
20	文科	07	0.87	0.91	0.62	0.90	0.76
21	文科	07	0.87	1.00	0.57	0.90	0.70
22	文科	07	0.96	0.88	0.61	0.77	0.80
23	文科	07	0.50	0.92	0.58	0.49	0.23
24	文科	07	0.65	0.88	0.49	0.49	0.23

学生编号	文理科	班号	空间想象能力得分率	抽象概括能力得分率	推理论证能力得分率	运算求解能力得分率	数据处理能力得分率
25	文科	07	0.89	0.68	0.82	0.89	0.35
26	文科	07	0.31	0.77	0.31	0.30	0.23
27	文科	07	0.93	0.90	0.49	0.62	0.18
28	文科	07	1.00	1.00	0.95	0.89	0.68
29	文科	07	0.51	0.60	0.21	0.35	0.23
30	文科	07	1.00	0.31	0.35	0.69	0.23
31	文科	07	0.48	0.79	0.67	0.79	0.08
32	文科	07	0.53	0.77	0.68	0.66	0.48
33	文科	07	0.68	0.40	0.58	0.66	0.50
总计 N	33		33	33	33	33	33

　　选取表5-3、表5-4、表5-5、表5-6、表5-7、表5-8中的结果数据制成表5-9,经计算得出这三次考试的每个学生的各项能力的得分率(P),并对每个学生的得分率求其变异系数(CV)。

　　变异系数 CV=(标准偏差 SD/平均值 Mean)×100%

　　在进行数据统计分析时,如果变异系数大于15%,则要考虑该数据可能不正常,表明数据不稳定。通过表5-9的比较分析可以看出空间想象能力有85%的学生是基本稳定的,抽象概括能力有88%的学生是基本稳定的,推理论证能力有82%的学生是基本稳定的,运算求解能力有91%的学生是基本稳定的,数据处理能力有88%的学生是基本稳定的。当然也有个别特殊情况的,如23号学生在三次考试中的数据处理能力的得分率分别为0.00,0.20,0.23,第一次考试的得分率明显低于后两次,这种情况有可能是其他原因造成该学生在第一次考试中没能正常发挥,没有表现出真实水平。

表 5-9　高三(7)班三次考试每个学生的各项能力的得分率

编号	空间想象能力得分率				抽象概括能力得分率				推理论证能力得分率				运算求解能力得分率				数据处理能力得分率			
号	11月	12月	1月	CV	11月	12月	1月	CV	11月	12月	1月	CV	11月	12月	1月	CV	11月	12月	1月	CV
1	0.25	0.35	0.36	0.19	0.31	0.33	0.33	0.04	0.42	0.53	0.54	0.13	0.48	0.52	0.57	0.09	0.02	0.02	0.02	0.06
2	0.62	0.65	0.81	0.15	0.89	1.00	1.00	0.07	0.67	0.64	0.64	0.03	0.64	0.67	0.78	0.11	0.16	0.15	0.15	0.04
3	0.13	0.12	0.14	0.08	0.72	1.00	1.00	0.18	0.38	0.41	0.42	0.05	0.41	0.39	0.45	0.07	0.20	0.17	0.23	0.15
4	0.43	0.41	0.45	0.05	1.00	1.00	1.00	0.00	0.58	0.64	0.78	0.15	0.70	0.80	0.62	0.13	0.10	0.13	0.12	0.13
5	0.48	0.59	0.60	0.12	0.53	0.67	0.60	0.12	0.46	0.44	0.73	0.30	0.40	0.42	0.51	0.13	0.40	0.42	0.45	0.06
6	0.42	0.47	0.71	0.29	0.57	0.67	0.68	0.10	0.48	0.51	0.52	0.04	0.54	0.58	0.65	0.09	0.87	0.67	0.90	0.15
7	0.92	0.82	0.91	0.06	0.81	1.00	0.88	0.11	0.46	0.47	0.52	0.07	0.45	0.53	0.54	0.10	0.17	0.19	0.21	0.11
8	1.00	1.00	1.00	0.00	1.00	1.00	1.00	0.00	0.61	0.70	0.78	0.12	0.54	0.80	0.82	0.22	0.58	0.67	0.79	0.15
9	0.65	0.65	0.67	0.02	1.00	1.00	1.00	0.00	0.47	0.57	0.63	0.15	0.71	0.77	0.65	0.08	0.36	0.42	0.43	0.09
10	1.00	1.00	0.90	0.06	0.87	1.00	1.00	0.08	0.67	0.64	0.73	0.07	0.69	0.74	0.88	0.13	0.14	0.17	0.19	0.15
11	0.40	0.41	0.51	0.14	0.34	0.33	0.57	0.33	0.43	0.47	0.51	0.09	0.52	0.63	0.65	0.12	0.39	0.42	0.43	0.05
12	0.90	0.88	1.00	0.07	1.00	1.00	0.89	0.07	0.36	0.56	0.52	0.22	0.52	0.58	0.61	0.08	0.20	0.21	0.23	0.07
13	0.88	0.94	0.95	0.04	0.92	1.00	1.00	0.05	0.72	0.79	0.89	0.11	0.81	0.84	0.77	0.04	0.61	0.67	0.77	0.12
14	0.67	0.82	0.85	0.12	0.87	0.67	0.90	0.15	0.53	0.50	0.54	0.04	0.64	0.69	0.79	0.11	0.38	0.42	0.44	0.07
15	0.41	0.47	0.67	0.26	1.00	1.00	1.00	0.00	0.15	0.13	0.17	0.13	0.22	0.29	0.29	0.15	0.21	0.27	0.28	0.15
16	0.72	0.76	0.85	0.09	0.77	0.67	0.90	0.15	0.62	0.69	0.72	0.08	0.64	0.72	0.80	0.11	0.64	0.67	0.78	0.11
17	0.73	0.65	0.55	0.14	0.91	1.00	1.00	0.05	0.40	0.46	0.47	0.09	0.55	0.58	0.68	0.11	0.20	0.25	0.27	0.15
18	0.44	0.47	0.57	0.14	1.00	1.00	0.89	0.07	0.49	0.51	0.53	0.04	0.87	0.79	0.89	0.06	0.93	1.00	1.00	0.04

续表

编号	空间想象能力得分率				抽象概括能力得分率				推理论证能力得分率				运算求解能力得分率				数据处理能力得分率			
	11月	12月	1月	CV	11月	12月	1月	CV	11月	12月	1月	CV	11月	12月	1月	CV	11月	12月	1月	CV
19	0.97	1.00	1.00	0.02	1.00	1.00	1.00	0.00	0.60	0.70	0.73	0.10	0.70	0.80	0.88	0.11	0.77	0.67	0.76	0.08
20	0.69	0.88	0.87	0.13	0.79	1.00	0.91	0.12	0.49	0.59	0.62	0.12	0.83	0.79	0.90	0.07	0.37	0.58	0.76	0.34
21	0.66	0.71	0.87	0.15	1.00	1.00	1.00	0.00	0.35	0.56	0.57	0.25	0.74	0.77	0.90	0.11	0.62	0.67	0.70	0.06
22	0.93	0.94	0.96	0.02	0.63	0.67	0.88	0.18	0.55	0.65	0.61	0.08	0.59	0.75	0.77	0.14	0.73	0.67	0.80	0.09
23	0.32	0.41	0.50	0.22	0.65	0.67	0.92	0.20	0.54	0.56	0.58	0.04	0.40	0.39	0.49	0.13	0.21	0.22	0.23	0.05
24	0.35	0.41	0.65	0.34	0.71	0.67	0.88	0.15	0.41	0.44	0.49	0.09	0.36	0.56	0.49	0.22	0.00	0.20	0.23	0.87
25	0.70	0.71	0.89	0.14	0.58	0.67	0.68	0.09	0.67	0.70	0.82	0.11	0.68	0.73	0.89	0.14	0.23	0.33	0.35	0.21
26	0.23	0.29	0.31	0.15	0.58	0.67	0.77	0.14	0.20	0.23	0.31	0.23	0.20	0.30	0.30	0.22	0.21	0.22	0.23	0.05
27	0.71	0.76	0.93	0.14	0.91	1.00	0.90	0.06	0.38	0.48	0.49	0.14	0.51	0.61	0.62	0.10	0.15	0.17	0.18	0.09
28	0.96	1.00	1.00	0.02	0.87	1.00	1.00	0.08	0.79	0.78	0.95	0.11	0.81	0.79	0.89	0.06	0.57	0.67	0.68	0.10
29	0.31	0.41	0.51	0.24	0.27	0.33	0.60	0.44	0.15	0.17	0.21	0.17	0.30	0.33	0.35	0.08	0.11	0.16	0.23	0.36
30	0.75	1.00	1.00	0.16	0.25	0.33	0.31	0.14	0.28	0.34	0.35	0.12	0.58	0.56	0.69	0.11	0.21	0.21	0.23	0.05
31	0.37	0.41	0.48	0.13	0.69	0.67	0.79	0.09	0.58	0.59	0.67	0.08	0.59	0.69	0.79	0.14	0.07	0.07	0.08	0.08
32	0.55	0.65	0.53	0.11	0.65	0.67	0.77	0.09	0.61	0.60	0.68	0.07	0.72	0.80	0.66	0.10	0.36	0.42	0.48	0.14
33	0.60	0.65	0.68	0.06	0.30	0.33	0.40	0.15	0.44	0.43	0.58	0.17	0.68	0.73	0.66	0.05	0.41	0.42	0.50	0.11
CV平均值			0.85				0.88				0.82				0.91				0.88	

2. 高三(23)班(理科)三次考试分析

以上是对文科(7)班学生考试的分析,为消除文理差异,下面对理科(23)班学生的三次考试做同样的分析。首先,同样对试卷从难度、区分度、信度三方面进行分析,从表 5-10 可以看出,三次考试所用试卷难度在 0.6~0.9 范围内,难度适中;区分度在 0.2~0.3 范围内,能较好地反映学生的不同水平;信度均较高,大于 0.7,能真实地反映学生的实际水平。综上,这三次考试所用试卷能在同一标准上测出学生的真实水平。

表 5-10 (23)班三次考试试卷整体分析表

考试 \ 指标	难度	区分度	信度
期中考试	0.7609	0.2960	0.8865
八校联考	0.8371	0.2016	0.9087
区调考	0.8036	0.2752	0.8972

三套试卷中所体现的各个指标的得分值如表 5-11、表 5-12、表 5-13 所示:

表 5-11 高三(23)班期中考试试卷所体现各指标得分值(11 月份)

学生编号	文理科	班号	空间想象能力得分值	抽象概括能力得分值	推理论证能力得分值	运算求解能力得分值	数据处理能力得分值
1	理科	23	1.20	10.00	41.60	53.20	0.00
2	理科	23	1.20	5.00	34.60	62.30	0.90
3	理科	23	0.50	5.00	33.30	39.20	0.00
4	理科	23	0.70	10.00	39.50	46.90	0.90
5	理科	23	0.60	10.00	44.90	62.60	0.90
6	理科	23	0.40	10.00	28.90	39.50	1.20

续表

学生编号	文理科	班号	空间想象能力得分值	抽象概括能力得分值	推理论证能力得分值	运算求解能力得分值	数据处理能力得分值
7	理科	23	0.00	10.00	34.20	55.20	0.60
8	理科	23	0.70	10.00	30.70	42.00	0.60
9	理科	23	0.70	0.00	19.50	43.50	0.30
10	理科	23	0.40	5.00	23.80	50.50	0.30
11	理科	23	1.00	0.00	23.35	40.20	0.45
12	理科	23	0.60	5.00	36.80	53.60	0.00
13	理科	23	0.40	10.00	33.60	42.10	0.90
14	理科	23	0.10	5.00	16.30	33.00	0.60
15	理科	23	0.80	0.00	32.85	42.90	0.45
16	理科	23	0.70	0.00	32.20	48.80	0.30
17	理科	23	0.40	0.00	13.60	17.70	0.30
18	理科	23	1.20	5.00	52.40	66.50	0.90
19	理科	23	0.40	10.00	31.35	46.20	1.05
20	理科	23	0.60	10.00	38.70	56.10	0.60
21	理科	23	0.00	0.00	30.70	40.40	0.90
22	理科	23	0.30	5.00	41.35	47.60	0.75
23	理科	23	0.70	10.00	35.40	64.10	1.80
24	理科	23	0.30	10.00	39.15	56.50	1.05
25	理科	23	0.40	10.00	43.10	50.60	0.90
26	理科	23	1.10	10.00	53.95	67.60	1.35
27	理科	23	0.80	5.00	43.10	43.50	0.60
28	理科	23	0.70	5.00	31.60	53.80	0.90
29	理科	23	0.20	10.00	48.30	49.50	0.00
30	理科	23	0.40	5.00	42.00	50.70	0.90
31	理科	23	0.50	5.00	35.65	48.10	0.75
32	理科	23	0.10	0.00	10.80	5.10	0.00
33	理科	23	0.20	5.00	37.10	54.10	0.60
34	理科	23	0.40	10.00	46.85	66.10	1.65

续表

学生编号	文理科	班号	空间想象能力得分值	抽象概括能力得分值	推理论证能力得分值	运算求解能力得分值	数据处理能力得分值
35	理科	23	0.30	10.00	50.20	57.60	0.90
总计 N	35		35	35	35	35	35

表 5-12　高三(23)班八校联考试卷所体现各指标得分值(12 月份)

学生编号	文理科	班号	空间想象能力得分值	抽象概括能力得分值	推理论证能力得分值	运算求解能力得分值	数据处理能力得分值	V8
1	理科	23	25.00	5.00	31.80	58.20	8.00	0.00
2	理科	23	22.00	10.00	17.80	58.20	8.00	0.00
3	理科	23	20.00	10.00	26.80	49.20	0.00	0.00
4	理科	23	23.00	10.00	27.80	53.20	7.00	0.00
5	理科	23	27.00	10.00	26.80	57.20	8.00	0.00
6	理科	23	16.00	10.00	24.40	36.60	0.00	0.00
7	理科	23	17.00	10.00	32.80	57.60	8.00	0.00
8	理科	23	11.00	10.00	27.80	38.70	0.00	0.00
9	理科	23	27.00	10.00	21.80	47.20	2.00	0.00
10	理科	23	18.00	5.00	25.80	43.60	0.00	0.00
11	理科	23	21.00	10.00	30.80	57.20	5.00	0.00
12	理科	23	27.00	10.00	29.80	51.70	7.00	0.00
13	理科	23	17.00	10.00	22.80	53.20	3.00	0.00
14	理科	23	17.00	10.00	28.80	50.20	0.00	0.00
15	理科	23	13.00	5.00	28.80	49.20	0.00	0.00
16	理科	23	22.00	10.00	26.80	57.20	8.00	0.00
17	理科	23	8.00	0.00	16.00	26.00	2.00	0.00
18	理科	23	27.00	10.00	36.30	57.70	8.00	0.00
19	理科	23	22.00	10.00	21.80	49.20	8.00	0.00
20	理科	23	18.00	5.00	31.80	57.20	3.00	0.00
21	理科	23	13.00	5.00	19.80	45.00	5.00	0.00

续表

学生编号	文理科	班号	空间想象能力得分值	抽象概括能力得分值	推理论证能力得分值	运算求解能力得分值	数据处理能力得分值	V8
22	理科	23	27.00	10.00	35.80	57.20	8.00	0.00
23	理科	23	27.00	10.00	36.80	56.20	8.00	0.00
24	理科	23	27.00	0.00	31.80	58.20	10.00	0.00
25	理科	23	22.00	10.00	27.30	49.70	4.00	0.00
26	理科	23	23.00	10.00	31.80	58.20	8.00	0.00
27	理科	23	22.00	5.00	31.80	58.20	8.00	0.00
28	理科	23	27.00	10.00	32.80	58.20	5.00	0.00
29	理科	23	24.00	10.00	27.80	58.20	2.00	0.00
30	理科	23	27.00	5.00	29.40	50.60	8.00	0.00
31	理科	23	27.00	10.00	31.80	57.20	4.00	0.00
32	理科	23	0.00	5.00	5.40	17.60	0.00	0.00
33	理科	23	22.00	10.00	36.80	53.20	8.00	0.00
34	理科	23	27.00	5.00	41.20	54.80	8.00	0.00
35	理科	23	27.00	10.00	36.80	58.20	8.00	0.00
总计 N	35		35	35	35	35	35	

表 5-13　高三(23)班区调考试卷所体现各指标得分值(1月份)

学生编号	文理科	班号	空间想象能力得分值	抽象概括能力得分值	推理论证能力得分值	运算求解能力得分值	数据处理能力得分值
1	理科	23	13.00	1.20	26.00	66.00	12.00
2	理科	23	17.00	1.20	25.40	64.60	12.00
3	理科	23	17.00	0.00	23.00	54.00	0.00
4	理科	23	17.00	1.20	23.00	56.00	12.00
5	理科	23	16.00	1.20	25.20	64.80	12.00
6	理科	23	12.00	1.00	24.20	47.80	10.00
7	理科	23	10.00	1.20	23.60	52.40	12.00
8	理科	23	9.00	0.60	19.60	46.40	6.00

学生编号	文理科	班号	空间想象能力得分值	抽象概括能力得分值	推理论证能力得分值	运算求解能力得分值	数据处理能力得分值
9	理科	23	12.00	0.90	21.80	50.20	9.00
10	理科	23	16.00	0.50	23.00	52.00	5.00
11	理科	23	14.00	0.20	22.60	55.40	2.00
12	理科	23	17.00	0.60	19.60	49.40	6.00
13	理科	23	17.00	1.20	25.20	54.80	12.00
14	理科	23	12.00	0.60	22.20	55.80	6.00
15	理科	23	14.00	1.00	22.20	58.80	10.00
16	理科	23	17.00	1.00	25.40	64.60	10.00
17	理科	23	11.00	0.20	13.00	15.00	2.00
18	理科	23	16.00	1.20	24.60	64.40	12.00
19	理科	23	12.00	1.20	24.20	57.80	12.00
20	理科	23	13.00	1.20	25.80	61.20	12.00
21	理科	23	15.00	1.20	18.20	41.80	12.00
22	理科	23	17.00	0.60	25.40	59.60	6.00
23	理科	23	16.00	1.20	25.20	64.80	12.00
24	理科	23	17.00	1.20	23.60	57.40	12.00
25	理科	23	17.00	1.20	19.60	59.40	12.00
26	理科	23	16.00	1.20	23.80	52.20	12.00
27	理科	23	17.00	1.20	23.80	52.20	12.00
28	理科	23	17.00	1.10	26.20	61.80	11.00
29	理科	23	17.00	1.20	26.60	56.40	12.00
30	理科	23	17.00	1.20	25.80	55.20	12.00
31	理科	23	17.00	1.20	24.20	58.80	12.00
32	理科	23	6.00	0.60	13.20	22.80	6.00
33	理科	23	17.00	1.20	20.80	60.20	12.00
34	理科	23	17.00	1.20	29.40	46.60	12.00
35	理科	23	16.00	1.20	27.40	67.60	12.00
总计 N	35		35	35	35	35	35

　　综合以上三个表可以看出这三套试卷都涵盖了标准中的空间想象能力、抽象概括能力、推理论证能力、运算求解能力、数据处理能力，能较好地反映测试出学生的这几方面的能力。

　　对高三(23)班所有学生的三次考试成绩进行分析，分别计算出每个学生的每项能力的实际得分 P，如表5-14、表5-15、表5-16 所示：

表 5-14　高三(23)班期中考试学生各项能力实际得分率(11 月份)

学生编号	文理科	班号	空间想象能力得分率	抽象概括能力得分率	推理论证能力得分率	运算求解能力得分率	数据处理能力得分率
1	理科	23	1.00	1.00	0.68	0.70	0.54
2	理科	23	0.75	0.50	0.47	0.76	0.50
3	理科	23	0.62	0.50	0.55	0.61	0.16
4	理科	23	0.87	1.00	0.65	0.62	0.50
5	理科	23	0.81	0.86	0.60	0.82	0.50
6	理科	23	0.54	0.86	0.48	0.52	0.67
7	理科	23	0.61	1.00	0.56	0.72	0.33
8	理科	23	0.48	1.00	0.50	0.55	0.65
9	理科	23	0.58	0.33	0.32	0.57	0.76
10	理科	23	0.65	0.50	0.59	0.66	0.62
11	理科	23	0.83	0.50	0.38	0.73	0.25
12	理科	23	0.50	0.50	0.61	0.70	0.52
13	理科	23	0.53	0.80	0.55	0.55	0.60
14	理科	23	0.60	0.50	0.47	0.73	0.65
15	理科	23	0.67	0.75	0.54	0.56	0.85
16	理科	23	0.78	0.79	0.53	0.64	0.17
17	理科	23	0.33	0.10	0.32	0.33	0.18
18	理科	23	1.00	0.89	0.86	0.87	0.70
19	理科	23	0.39	1.00	0.52	0.61	0.58
20	理科	23	0.50	1.00	0.64	0.74	0.43
21	理科	23	0.55	0.56	0.50	0.53	0.50

学生编号	文理科	班号	空间想象能力得分率	抽象概括能力得分率	推理论证能力得分率	运算求解能力得分率	数据处理能力得分率
22	理科	23	0.85	0.50	0.68	0.62	0.42
23	理科	23	0.58	1.00	0.58	0.84	1.00
24	理科	23	0.39	0.96	0.64	0.74	0.68
25	理科	23	0.33	1.00	0.71	0.66	0.50
26	理科	23	0.92	0.99	0.89	0.89	0.75
27	理科	23	0.67	0.50	0.71	0.57	0.67
28	理科	23	0.58	0.85	0.52	0.71	0.50
29	理科	23	0.17	1.00	0.79	0.65	0.00
30	理科	23	0.87	0.50	0.69	0.67	0.50
31	理科	23	0.52	0.50	0.59	0.63	0.42
32	理科	23	0.08	0.54	0.28	0.21	0.00
33	理科	23	0.67	0.98	0.61	0.71	0.56
34	理科	23	0.33	1.00	0.77	0.87	0.92
35	理科	23	0.39	1.00	0.83	0.76	0.50
总计 N	35		35	35	35	35	35

表 5-15　高三(23)班八校联考学生各项能力实际得分率(12 月份)

学生编号	文理科	班号	空间想象能力得分率	抽象概括能力得分率	推理论证能力得分率	运算求解能力得分率	数据处理能力得分率
1	理科	23	0.93	0.97	0.68	0.81	0.57
2	理科	23	0.81	0.65	0.47	0.81	0.59
3	理科	23	0.74	0.57	0.55	0.68	0.10
4	理科	23	0.85	1.00	0.65	0.74	0.67
5	理科	23	0.80	0.75	0.60	0.79	0.42
6	理科	23	0.59	0.79	0.48	0.51	0.74
7	理科	23	0.63	0.96	0.56	0.80	0.33
8	理科	23	0.41	1.00	0.50	0.54	0.67

学生编号	文理科	班号	空间想象能力得分率	抽象概括能力得分率	推理论证能力得分率	运算求解能力得分率	数据处理能力得分率
9	理科	23	0.65	0.36	0.32	0.66	0.67
10	理科	23	0.67	0.50	0.59	0.61	0.67
11	理科	23	0.78	0.64	0.38	0.79	0.24
12	理科	23	0.65	0.53	0.61	0.72	0.67
13	理科	23	0.63	1.00	0.55	0.74	0.67
14	理科	23	0.63	0.62	0.47	0.70	0.54
15	理科	23	0.48	0.79	0.54	0.68	0.83
16	理科	23	0.81	0.86	0.53	0.79	0.17
17	理科	23	0.30	0.15	0.32	0.36	0.20
18	理科	23	1.00	0.95	0.86	0.80	0.67
19	理科	23	0.54	1.00	0.52	0.68	0.52
20	理科	23	0.67	0.99	0.64	0.79	0.48
21	理科	23	0.48	0.50	0.50	0.63	0.67
22	理科	23	0.80	0.53	0.68	0.79	0.57
23	理科	23	0.69	1.00	0.58	0.78	0.91
24	理科	23	0.45	0.95	0.64	0.81	0.67
25	理科	23	0.81	1.00	0.71	0.69	0.54
26	理科	23	0.85	1.00	0.89	0.81	0.67
27	理科	23	0.81	0.50	0.71	0.81	0.67
28	理科	23	0.67	0.98	0.52	0.81	0.50
29	理科	23	0.89	1.00	0.79	0.81	0.12
30	理科	23	0.74	0.50	0.69	0.70	0.60
31	理科	23	0.65	0.63	0.59	0.79	0.50
32	理科	23	0.11	0.50	0.28	0.24	0.00
33	理科	23	0.81	1.00	0.61	0.74	0.42
34	理科	23	0.39	0.97	0.77	0.76	0.88
35	理科	23	0.32	1.00	0.83	0.81	0.54
总计 N	35		35	35	35	35	35

表 5-16　高三(23)班区调考学生各项能力实际得分率(1 月份)

学生编号	文理科	班号	空间想象能力得分率	抽象概括能力得分率	推理论证能力得分率	运算求解能力得分率	数据处理能力得分率
1	理科	23	0.99	1.00	0.68	0.81	0.50
2	理科	23	0.77	0.53	0.47	0.81	0.64
3	理科	23	0.77	0.64	0.55	0.68	0.15
4	理科	23	0.77	1.00	0.65	0.74	0.61
5	理科	23	0.73	0.89	0.60	0.79	0.49
6	理科	23	0.55	0.83	0.48	0.51	0.83
7	理科	23	0.45	1.00	0.56	0.80	0.35
8	理科	23	0.41	0.94	0.50	0.54	0.50
9	理科	23	0.55	0.41	0.32	0.66	0.75
10	理科	23	0.73	0.42	0.59	0.61	0.59
11	理科	23	0.64	0.67	0.38	0.79	0.27
12	理科	23	0.62	0.50	0.61	0.72	0.60
13	理科	23	0.67	1.00	0.55	0.74	0.66
14	理科	23	0.55	0.50	0.47	0.70	0.50
15	理科	23	0.64	0.83	0.54	0.68	0.83
16	理科	23	0.77	0.83	0.53	0.79	0.13
17	理科	23	0.35	0.11	0.32	0.36	0.17
18	理科	23	0.93	1.00	0.86	0.80	0.66
19	理科	23	0.55	1.00	0.52	0.68	0.50
20	理科	23	0.59	1.00	0.64	0.79	0.40
21	理科	23	0.58	0.64	0.50	0.63	0.54
22	理科	23	0.77	0.50	0.68	0.79	0.50
23	理科	23	0.73	1.00	0.58	0.78	1.00
24	理科	23	0.36	1.00	0.64	0.81	0.85
25	理科	23	0.77	1.00	0.71	0.69	0.47
26	理科	23	0.73	1.00	0.89	0.81	0.81

学生编号	文理科	班号	空间想象能力得分率	抽象概括能力得分率	推理论证能力得分率	运算求解能力得分率	数据处理能力得分率
27	理科	23	0.77	1.00	0.71	0.81	0.68
28	理科	23	0.77	0.92	0.52	0.81	0.62
29	理科	23	0.77	1.00	0.79	0.81	1.00
30	理科	23	0.78	0.62	0.69	0.70	0.52
31	理科	23	0.52	0.60	0.59	0.79	0.48
32	理科	23	0.17	0.50	0.28	0.24	0.05
33	理科	23	0.77	0.89	0.61	0.74	0.54
34	理科	23	0.40	1.00	0.77	0.76	0.95
35	理科	23	0.43	1.00	0.83	0.81	0.61
总计 N	35		35	35	35	35	35

　　选取表 5-11、表 5-12、表 5-13、表 5-14、表 5-15、表 5-16 中的结果数据制成表 5-17，经计算得出这三次考试的每个学生的各项能力的得分率（P），并对每个学生的得分率求其变异系数（CV）。

　　　　变异系数 CV＝（标准偏差 SD／平均值 Mean）×100%

　　在进行数据统计分析时，如果变异系数大于 15%，则要考虑该数据可能不正常，表明数据不稳定。通过表 5-17 的比较分析可以看出空间想象能力有 82% 的学生是基本稳定的，抽象概括能力有 94% 的学生是基本稳定的，推理论证能力有 85% 的学生是基本稳定的，运算求解能力有 85% 的学生是基本稳定的，数据处理能力有 82% 的学生是基本稳定的。当然也有个别特殊情况的，如 23 号学生在三次考试中的数据处理能力的得分率分别为 0.61、0.63、0.45，第三次考试的得分率明显低于前两次，这种情况有可能是其他原因造成该学生在第三次考试中没能正常发挥，没有表现出真实水平。

表5-17 高三(23)班三次考试每个学生的各项能力的得分率

编号	空间想象能力得分率				抽象概括能力得分率				推理论证能力得分率				运算求解能力得分率				数据处理能力得分率			
	11月	12月	1月	CV	11月	12月	1月	CV	11月	12月	1月	CV	11月	12月	1月	CV	11月	12月	1月	CV
1	1.00	0.93	0.99	0.04	1.00	0.97	1.00	0.02	0.68	0.65	0.60	0.06	0.70	0.81	0.83	0.09	0.54	0.57	0.50	0.07
2	0.75	0.81	0.77	0.04	0.50	0.65	0.53	0.14	0.47	0.36	0.45	0.14	0.76	0.81	0.81	0.04	0.50	0.59	0.64	0.12
3	0.62	0.74	0.77	0.11	0.50	0.57	0.64	0.12	0.55	0.55	0.41	0.16	0.61	0.68	0.68	0.06	0.16	0.10	0.15	0.24
4	0.87	0.85	0.77	0.06	1.00	1.00	1.00	0.00	0.65	0.57	0.55	0.09	0.62	0.74	0.70	0.09	0.50	0.67	0.61	0.15
5	0.81	0.80	0.73	0.06	0.86	0.75	0.89	0.09	0.60	0.55	0.45	0.14	0.82	0.79	0.81	0.02	0.50	0.42	0.49	0.09
6	0.54	0.59	0.55	0.05	0.86	0.79	0.83	0.04	0.48	0.50	0.43	0.08	0.52	0.51	0.60	0.09	0.67	0.74	0.83	0.11
7	0.61	0.63	0.45	0.18	1.00	0.96	1.00	0.02	0.56	0.67	0.68	0.10	0.72	0.80	0.66	0.10	0.33	0.33	0.35	0.03
8	0.48	0.41	0.41	0.09	1.00	1.00	0.94	0.04	0.50	0.57	0.45	0.12	0.55	0.54	0.58	0.04	0.65	0.67	0.50	0.15
9	0.58	0.65	0.55	0.09	0.33	0.36	0.41	0.11	0.32	0.44	0.39	0.16	0.57	0.66	0.63	0.07	0.76	0.67	0.75	0.07
10	0.65	0.67	0.73	0.06	0.50	0.50	0.42	0.10	0.59	0.53	0.51	0.08	0.66	0.61	0.65	0.04	0.62	0.67	0.59	0.06
11	0.83	0.78	0.64	0.13	0.50	0.64	0.67	0.15	0.38	0.35	0.40	0.07	0.73	0.79	0.69	0.07	0.25	0.24	0.27	0.06
12	0.50	0.65	0.62	0.13	0.50	0.53	0.50	0.03	0.61	0.61	0.65	0.04	0.70	0.72	0.62	0.08	0.52	0.67	0.60	0.13
13	0.53	0.63	0.67	0.12	0.80	1.00	1.00	0.12	0.55	0.47	0.45	0.11	0.55	0.74	0.69	0.15	0.60	0.67	0.66	0.06
14	0.60	0.63	0.55	0.07	0.50	0.62	0.50	0.13	0.47	0.59	0.54	0.11	0.73	0.70	0.70	0.02	0.65	0.54	0.50	0.14
15	0.67	0.48	0.64	0.17	0.75	0.79	0.83	0.05	0.54	0.59	0.50	0.08	0.56	0.68	0.74	0.14	0.85	0.83	0.83	0.01
16	0.78	0.81	0.77	0.03	0.79	0.86	0.83	0.04	0.53	0.55	0.45	0.10	0.64	0.79	0.81	0.12	0.17	0.17	0.13	0.15
17	0.33	0.30	0.35	0.08	0.10	0.15	0.11	0.22	0.32	0.33	0.33	0.02	0.33	0.36	0.33	0.05	0.18	0.20	0.17	0.08
18	1.00	1.00	0.93	0.04	0.89	0.95	1.00	0.06	0.86	0.74	0.70	0.11	0.87	0.80	0.81	0.05	0.70	0.67	0.66	0.03

续表

编号	空间想象能力得分率				抽象概括能力得分率				推理论证能力得分率				运算求解能力得分率				数据处理能力得分率			
	11月	12月	1月	CV	11月	12月	1月	CV	11月	12月	1月	CV	11月	12月	1月	CV	11月	12月	1月	CV
19	0.39	0.54	0.55	0.18	1.00	1.00	1.00	0.00	0.52	0.44	0.43	0.11	0.61	0.68	0.72	0.08	0.58	0.52	0.50	0.08
20	0.50	0.67	0.59	0.14	1.00	0.99	1.00	0.01	0.64	0.65	0.46	0.18	0.74	0.79	0.77	0.03	0.43	0.48	0.40	0.09
21	0.55	0.48	0.58	0.10	0.56	0.50	0.64	0.12	0.50	0.40	0.53	0.14	0.53	0.63	0.52	0.11	0.50	0.67	0.54	0.16
22	0.85	0.80	0.77	0.05	0.50	0.53	0.50	0.03	0.68	0.73	0.75	0.05	0.62	0.79	0.75	0.12	0.42	0.57	0.50	0.15
23	0.58	0.69	0.73	0.12	1.00	1.00	1.00	0.00	0.58	0.75	0.80	0.16	0.84	0.78	0.81	0.04	1.00	0.91	1.00	0.05
24	0.39	0.45	0.36	0.11	0.96	0.95	1.00	0.03	0.64	0.65	0.66	0.02	0.74	0.81	0.72	0.06	0.68	0.67	0.85	0.14
25	0.33	0.81	0.77	0.42	1.00	1.00	1.00	0.00	0.71	0.56	0.35	0.33	0.66	0.69	0.74	0.06	0.50	0.54	0.47	0.07
26	0.92	0.85	0.73	0.12	0.99	1.00	1.00	0.01	0.89	0.75	0.73	0.11	0.89	0.81	0.65	0.16	0.75	0.67	0.81	0.09
27	0.67	0.81	0.77	0.10	0.50	0.50	1.00	0.43	0.71	0.65	0.66	0.05	0.57	0.81	0.65	0.18	0.67	0.67	0.68	0.01
28	0.58	0.67	0.77	0.14	0.85	0.98	0.92	0.07	0.52	0.67	0.62	0.13	0.71	0.81	0.77	0.07	0.50	0.50	0.62	0.13
29	0.17	0.89	0.77	0.63	1.00	1.00	1.00	0.00	0.79	0.67	0.68	0.09	0.65	0.81	0.71	0.11	0.00	0.12	1.00	1.46
30	0.87	0.74	0.78	0.08	0.50	0.50	0.62	0.13	0.69	0.60	0.59	0.09	0.67	0.70	0.69	0.02	0.50	0.60	0.52	0.10
31	0.52	0.65	0.52	0.13	0.50	0.63	0.60	0.12	0.59	0.65	0.58	0.06	0.63	0.79	0.74	0.11	0.42	0.50	0.48	0.09
32	0.08	0.11	0.17	0.38	0.54	0.50	0.50	0.04	0.28	0.26	0.24	0.08	0.21	0.24	0.29	0.16	0.00	0.00	0.05	1.73
33	0.67	0.81	0.77	0.10	0.98	1.00	0.89	0.06	0.61	0.75	0.69	0.10	0.71	0.74	0.75	0.03	0.56	0.42	0.54	0.15
34	0.33	0.39	0.40	0.10	1.00	0.97	1.00	0.02	0.77	0.84	0.80	0.04	0.87	0.76	0.78	0.07	0.92	0.88	0.95	0.04
35	0.39	0.32	0.43	0.15	1.00	1.00	1.00	0.00	0.83	0.75	0.74	0.06	0.76	0.81	0.85	0.06	0.50	0.54	0.61	0.10
CV平均值				0.82				0.94				0.85				0.85				0.82

实测试卷分析是对 E 校 68 名高三学生的三次数学考试进行分析，基于高中数学学科能力表现标准，通过统一的计算和换算标准，经分析得出 86.2% 的学生的各项能力在一定时间范围内是趋于稳定的，这也就说明个体在一定时间范围内所表现的学科能力是趋于稳定的，即证明了假设 H1 成立。

三、基于高中数学学科能力表现标准的自设量表测试与分析

通过以上三套实测试卷的统计与分析，从每个学生试卷空间想象能力、抽象概括能力、推理论证能力、运算求解能力、数据处理能力这五个维度的得分率来看，每个学生在各个维度的得分率一致性为 86.2%，说明学生的能力在一段时间内基本保持稳定，同时也证明高中数学学科能力表现标准的合理性与科学性。

高中学生的数学学科能力具有稳定性、内隐性、复杂性等特点。因此，我们无法直接考察出学生的数学学科能力，这时可以借助一些特定的工具或者量表去间接测量。本节在参照"标准"的基础上，依据量表设计与开发的原则，设计和开发出了一套具有可操作性的数学能力测试量表（自设量表），并通过选取两个班级学生进行实测来再次证明"标准"的合理性和可操作性。

（一）自设量表的设计与开发

我们可以通过参照"标准"制定出的自设量表去间接地测量出学生的数学学科能力。因此，自设量表的制定就显得格外重要。以下部分是对自设量表的设计原则、自设量表的开发以及自设量表的结构的分析。

1. 自设量表设计原则

（1）系统性原则

高中数学学科能力是一个由多层次、多要素构成的复杂系统，涉及空

间想象能力、抽象概括能力、推理论证能力、运算求解能力、数据处理能力等的培养，这些能力涉及在实际生活中的应用，以及在实践中形成的创新意识、探究精神。这就要求相应的评价系统要有足够的涵盖面，并且围绕总体目标有层次、分模块地构建一个完整的评价体系。

（2）科学性原则

首先，要根据高中数学学科的特点，尽可能地找出最能体现高中数学学科能力的衡量指标，各指标同一层次无明显包含关系；其次，各层次的指标要根据学生的认知特点和规律进行合理地排列，由易到难，循序渐进，各指标间既相互独立又有内在的逻辑性。

（3）导向性原则

评价体系的设计要贯彻教育部等制定的新课标精神，为学校教育教学提供较为科学的参照。同时，量表或评价体系应突出学生数学学科能力的内在发展，以引导教师培养学生的学科素养和学科精神。此外，评价体系还应为教师明确教学方向，为学生指明学习目标，同时也应提升教学效果。

（4）可行性原则

从理论上讲，我们能够设计一个比较精细的评价量表对学生的数学能力作出全方位、立体化、多层次、多视角的评价。但在实际操作中，必须考虑到评价的可行性和数据的可获取性，在评价时要将学生的能力通过测试、活动等多种方式让表达外化。

2. 自设量表的开发

依据以上设计原则并结合高中数学学科能力表现标准，笔者针对空间想象能力、抽象概括能力、推理论证能力、运算求解能力、数据处理能力5个一级指标所对应的15个二级指标，分别按照5个不同能力水平（表征、分析、应用、评价、创新）设计对应的测试题目，从而通过自设量表的测试进一步测试所选取班级学生的各个维度能力水平，同时说明"标准"的可操作性。本研究设计的一套自设量表如下：

（1）高中数学学科能力自设量表（文科）

见附录

（2）高中数学学科能力自设量表（理科）

见附录。

3. 自设量表结构分析

本研究设计的自设量表结构如表 5-18、表 5-19 所示，从测试能力分布表中可以看出，文理科自设试题均已全部涵盖了"标准"的各个二级指标能力，其中测试空间想象能力 15 道题、抽象概括能力 10 道题、推理论证能力 15 道题、运算求解能力 15 道题、数据处理能力 20 道题。具体如表 5-18、表 5-19 所示：

表 5-18　文科自设试题能力结构分解

一级指标及编码	二级指标及编码	水平级别及编码	对应题目编号
空间想象能力 A	建立空间观念的能力 A1	水平 1：A11	1
		水平 2：A12	2
		水平 3：A13	11
		水平 4：A14	12
		水平 5：A15	9
	建构几何表象的能力 A2	水平 1：A21	13
		水平 2：A22	3
		水平 3：A23	5
		水平 4：A24	7
		水平 5：A25	10
	几何表象的操作能力 A3	水平 1：A31	14
		水平 2：A32	4
		水平 3：A33	6
		水平 4：A34	8
		水平 5：A35	15

续表

一级指标及编码	二级指标及编码	水平级别及编码	对应题目编号
抽象概括能力 B	抽象能力 B1	水平 1：B11	1
		水平 2：B12	3
		水平 3：B13	5
		水平 4：B14	6
		水平 5：B15	9
	概括能力 B2	水平 1：B21	2
		水平 2：B22	4
		水平 3：B23	7
		水平 4：B24	8
		水平 5：B25	10
推理论证能力 C	归纳推理能力 C1	水平 1：C11	1
		水平 2：C12	4
		水平 3：C13	7
		水平 4：C14	14
		水平 5：C15	15
	类比推理能力 C2	水平 1：C21	2
		水平 2：C22	5
		水平 3：C23	8
		水平 4：C24	10
		水平 5：C25	12
	演绎推理能力 C3	水平 1：C31	3
		水平 2：C32	6
		水平 3：C33	9
		水平 4：C34	11
		水平 5：C35	13

续表

一级指标及编码	二级指标及编码	水平级别及编码	对应题目编号
运算求解能力 D	定义、公式、法则和定理的运用能力 D1	水平1：D11	1
		水平2：D12	3
		水平3：D13	4
		水平4：D14	11
		水平5：D15	14
	运算方法的合理选择和运算过程的简化能力 D2	水平1：D21	2
		水平2：D22	8
		水平3：D23	12
		水平4：D24	13
		水平5：D25	15
	近似计算与估算能力 D3	水平1：D31	5
		水平2：D32	7
		水平3：D33	9
		水平4：D34	10
		水平5：D35	6
数据处理能力 E	数据的收集能力 E1	水平1：E11	1
		水平2：E12	5
		水平3：E13	9
		水平4：E14	14
		水平5：E15	17
	数据的整理能力 E2	水平1：E21	4
		水平2：E22	6
		水平3：E23	13
		水平4：E24	10
		水平5：E25	18

续表

一级指标及编码	二级指标及编码	水平级别及编码	对应题目编号
数据处理能力 E	数据的表述能力 E3	水平1：E31	2
		水平2：E32	8
		水平3：E33	11
		水平4：E34	15
		水平5：E35	19
	数据的探究能力 E4	水平1：E41	3
		水平2：E42	7
		水平3：E43	12
		水平4：E44	16
		水平5：E45	20

表 5-19　理科自设试题能力结构分解

一级指标及编码	二级指标及编码	水平级别及编码	对应题目编号
空间想象能力 A	建立空间观念的能力 A1	水平1：A11	3
		水平2：A12	2
		水平3：A13	11
		水平4：A14	12
		水平5：A15	9
	建构几何表象的能力 A2	水平1：A21	13
		水平2：A22	1
		水平3：A23	4
		水平4：A24	7
		水平5：A25	10
	几何表象的操作能力 A3	水平1：A31	14
		水平2：A32	5
		水平3：A33	6
		水平4：A34	8
		水平5：A35	15

一级指标及编码	二级指标及编码	水平级别及编码	对应题目编号
抽象概括能力 B	抽象能力 B1	水平 1：B11	1
		水平 2：B12	3
		水平 3：B13	5
		水平 4：B14	6
		水平 5：B15	9
	概括能力 B2	水平 1：B21	2
		水平 2：B22	4
		水平 3：B23	7
		水平 4：B24	8
		水平 5：B25	10
推理论证能力 C	归纳推理能力 C1	水平 1：C11	1
		水平 2：C12	3
		水平 3：C13	7
		水平 4：C14	13
		水平 5：C15	15
	类比推理能力 C2	水平 1：C21	2
		水平 2：C22	5
		水平 3：C23	9
		水平 4：C24	11
		水平 5：C25	12
	演绎推理能力 C3	水平 1：C31	4
		水平 2：C32	6
		水平 3：C33	8
		水平 4：C34	10
		水平 5：C35	14

续表

一级指标及编码	二级指标及编码	水平级别及编码	对应题目编号
运算求解能力 D	定义、公式、法则和定理的运用能力 D1	水平1：D11	1
		水平2：D12	3
		水平3：D13	4
		水平4：D14	11
		水平5：D15	14
	运算方法的合理选择和运算过程的简化能力 D2	水平1：D21	2
		水平2：D22	8
		水平3：D23	12
		水平4：D24	13
		水平5：D25	15
	近似计算与估算能力 D3	水平1：D31	5
		水平2：D32	7
		水平3：D33	9
		水平4：D34	10
		水平5：D35	6
数据处理能力 E	数据的收集能力 E1	水平1：E11	2
		水平2：E12	4
		水平3：E13	9
		水平4：E14	14
		水平5：E15	17
	数据的整理能力 E2	水平1：E21	5
		水平2：E22	6
		水平3：E23	13
		水平4：E24	10
		水平5：E25	18

一级指标及编码	二级指标及编码	水平级别及编码	对应题目编号
数据处理能力 E	数据的表述能力 E3	水平 1：E31	1
		水平 2：E32	8
		水平 3：E33	11
		水平 4：E34	15
		水平 5：E35	20
	数据的探究能力 E4	水平 1：E41	3
		水平 2：E42	7
		水平 3：E43	12
		水平 4：E44	16
		水平 5：E45	19

(二) 分析对象与数据来源

本次测试仍选取 F 省 E 校高三(7)班(文科)、高三(23)班(理科)两个班学生作为测试对象，通过对学生自测量表的作答结果进行统计分析，计算出这两个班每个学生对应各个二级指标的得分 S_{A1}。

$$S_{A1} = \frac{S_{A11} + S_{A12} + S_{A13} + S_{A14} + S_{A15}}{5}$$

其中，S_{A1j} 指一级指标为 A，二级指标为 A_1 的五个不同能力水平的实测值。然后，通过每个一级指标的二级指标的实际得分(S_{AI})之和除以能反映该一级指标的相应试题的满分值 Z_A，即得一级指标的得分率 P_A。上述计算以空间想象能力(A)为例，抽象概括能力(B)、推理论证能力(C)、运算求解能力(D)、数据处理能力(E)计算方法亦然。

假设 H2：如果每个学生每个一级指标的得分率与以上三次实测试卷对应一级指标得分率基本一致，则说明该生在一定时间范围内某项数学能力趋于稳定，也同时证明了"标准"是合理可行的。

(三)结果与分析

2016 年 2 月通过自设试题对 F 省 E 校高三(7)班和高三(23)班 68 名学生进行测试,试卷回收 68 份,回收率达 100%。本研究使用 SPSS19.0 对问卷的信度和效度进行统计分析,其中自测试题(理科)的阿尔法值为 0.8065>0.5,表示该量表具有良好的信度,KMO 的值为 0.7209>0.5,则说明该量表具有一定的效度;自测试题(文科)的阿尔法值为 0.8862>0.5,表示该量表具有良好的信度,KMO 的值为 0.8103>0.5,则说明该自测量表具有较好的效度,具体如表 5-20:

表 5-20 自测试题试卷分析

考试 \ 指标	难度	区分度	信度
自设试题(理科)	0.7209	0.2730	0.8065
自设试题(文科)	0.8103	0.2453	0.8862

根据学生对自测试题的作答情况,通过 SPSS 分析可知,本套自测试题的信度、效度、区分度如表 5-20 所示。根据对学生测试试卷的成绩分析及统计,每个学生数学能力各维度得分率如表 5-21 所示:

表 5-21 高三(7)班自设试卷学生各维度得分率[a]

学生编号	文理科	班号	空间想象能力得分率	抽象概括能力得分率	推理论证能力得分率	运算求解能力得分率	数据处理能力得分率
1	文科	07	0.32	0.32	0.48	0.55	0.03
2	文科	07	0.73	1.00	0.68	0.65	0.17
3	文科	07	0.15	0.97	0.43	0.47	0.22
4	文科	07	0.40	0.98	0.67	0.77	0.14

学生编号	文理科	班号	空间想象能力得分率	抽象概括能力得分率	推理论证能力得分率	运算求解能力得分率	数据处理能力得分率
5	文科	07	0.55	0.62	0.57	0.45	0.43
6	文科	07	0.57	0.61	0.49	0.60	0.82
7	文科	07	0.88	0.90	0.51	0.51	0.18
8	文科	07	1.00	0.95	0.72	0.67	0.72
9	文科	07	0.66	0.93	0.60	0.66	0.40
10	文科	07	0.91	0.97	0.67	0.73	0.18
11	文科	07	0.45	0.47	0.48	0.60	0.40
12	文科	07	0.93	0.92	0.49	0.60	0.32
13	文科	07	0.92	0.98	0.78	0.82	0.65
14	文科	07	0.75	0.88	0.55	0.73	0.43
15	文科	07	0.53	1.00	0.16	0.27	0.26
16	文科	07	0.81	0.85	0.68	0.75	0.72
17	文科	07	0.68	0.96	0.45	0.63	0.24
18	文科	07	0.51	0.92	0.54	0.85	0.97
19	文科	07	0.98	1.00	0.68	0.83	0.72
20	文科	07	0.75	0.96	0.55	0.87	0.66
21	文科	07	0.78	1.00	0.58	0.82	0.68
22	文科	07	0.95	0.90	0.62	0.69	0.72
23	文科	07	0.45	0.82	0.57	0.50	0.20
24	文科	07	0.57	0.83	0.49	0.48	0.19
25	文科	07	0.77	0.65	0.75	0.77	0.31
26	文科	07	0.28	0.66	0.27	0.31	0.19
27	文科	07	0.87	0.92	0.51	0.58	0.17
28	文科	07	1.00	0.97	0.75	0.82	0.63
29	文科	07	0.47	0.41	0.18	0.34	0.21
30	文科	07	1.00	0.31	0.33	0.62	0.22
31	文科	07	0.45	0.72	0.52	0.72	0.09
32	文科	07	0.57	0.72	0.63	0.78	0.45

续表

学生编号	文理科	班号	空间想象能力得分率	抽象概括能力得分率	推理论证能力得分率	运算求解能力得分率	数据处理能力得分率
33	文科	07	0.66	0.37	0.55	0.71	0.48
总计 N	33		33	33	33	33	33

a:限于前 100 个案例。

表 5-22　2016 年高三(23)班数学自设测试得分率

学生编号	文理科	班号	空间想象能力得分率	抽象概括能力得分率	推理论证能力得分率	运算求解能力得分率	数据处理能力得分率
1	理科	23	0.97	0.99	0.64	0.78	0.54
2	理科	23	0.78	0.56	0.43	0.79	0.58
3	理科	23	0.71	0.57	0.50	0.66	0.14
4	理科	23	0.83	0.97	0.59	0.69	0.59
5	理科	23	0.78	0.83	0.53	0.81	0.47
6	理科	23	0.56	0.83	0.47	0.54	0.75
7	理科	23	0.56	0.99	0.64	0.73	0.34
8	理科	23	0.43	0.98	0.51	0.56	0.61
9	理科	23	0.59	0.37	0.38	0.62	0.73
10	理科	23	0.68	0.47	0.54	0.64	0.63
11	理科	23	0.75	0.52	0.38	0.74	0.25
12	理科	23	0.59	0.51	0.62	0.68	0.60
13	理科	23	0.61	0.93	0.49	0.66	0.64
14	理科	23	0.59	0.54	0.53	0.71	0.56
15	理科	23	0.60	0.79	0.54	0.66	0.84
16	理科	23	0.79	0.83	0.51	0.75	0.16
17	理科	23	0.33	0.12	0.33	0.34	0.18
18	理科	23	0.98	0.95	0.77	0.83	0.68
19	理科	23	0.49	1.00	0.46	0.67	0.53
20	理科	23	0.59	0.95	0.58	0.77	0.44

续表

学生编号	文理科	班号	空间想象能力得分率	抽象概括能力得分率	推理论证能力得分率	运算求解能力得分率	数据处理能力得分率
21	理科	23	0.54	0.57	0.48	0.56	0.57
22	理科	23	0.81	0.51	0.72	0.72	0.50
23	理科	23	0.67	1.00	0.71	0.81	0.97
24	理科	23	0.40	0.97	0.65	0.76	0.73
25	理科	23	0.64	0.93	0.54	0.70	0.50
26	理科	23	0.83	1.00	0.79	0.78	0.74
27	理科	23	0.75	0.67	0.67	0.68	0.67
28	理科	23	0.67	0.92	0.60	0.76	0.54
29	理科	23	0.61	1.00	0.71	0.72	0.37
30	理科	23	0.80	0.54	0.63	0.69	0.54
31	理科	23	0.56	0.58	0.61	0.72	0.47
32	理科	23	0.12	0.51	0.26	0.25	0.02
33	理科	23	0.75	0.96	0.68	0.73	0.51
34	理科	23	0.37	0.99	0.80	0.80	0.92
35	理科	23	0.38	0.95	0.77	0.81	0.55
总计 N	35		35	35	35	35	35

四、高中数学学科能力表现标准可行性对比分析

本研究实证部分对 F 省 E 校(7)班和(23)班共进行了四次测试分析,包括三次实测试卷分析和一次自设试卷分析。从表5-23、表5-24 可以看出这四次试卷的难度、区分度基本保持一致,说明四次测试具有可比性。

表 5-23 四次考试试卷整体分析表(文科)

考试 \ 指标	难度	区分度	信度
期中考试	0.8175	0.2932	0.9603
八校联考	0.8630	0.2561	0.8745
区调考	0.8357	0.2376	0.9217
自设试题	0.8103	0.2453	0.8862

表 5-24 四次考试试卷整体分析表(理科)

考试 \ 指标	难度	区分度	信度
期中考试	0.7609	0.2960	0.8865
八校联考	0.8371	0.2016	0.9087
区调考	0.8036	0.2752	0.8972
自设试题	0.7209	0.2730	0.8065

通过对所选取两个班每个学生自设量表的测试结果与第一部分实测试卷的测试结果的分析与对比,我们可以看出被测两个班学生在数学学科能力各个维度上的能力值 PX(X 代表标准中的各个一级指标 A、B、C、D、E)基本趋于一致的有 X 个人,一致率 X%(见表 5-25、表 5-26)。

表 5-25 高三(7)班四次测试能力得分率变异系数[a]

学生编号	文理科	班号	空间想象能力得分率 CV	抽象概括能力得分率 CV	推理论证能力得分率 CV	运算求解能力得分率 CV	数据处理能力得分率 CV
1	文科	07	0.15	0.03	0.11	0.07	0.25
2	文科	07	0.12	0.06	0.03	0.09	0.06
3	文科	07	0.09	0.15	0.05	0.08	0.13
4	文科	07	0.05	0.01	0.13	0.11	0.14

学生编号	文理科	班号	空间想象能力得分率 CV	抽象概括能力得分率 CV	推理论证能力得分率 CV	运算求解能力得分率 CV	数据处理能力得分率 CV
5	文科	07	0.09	0.10	0.24	0.11	0.05
6	文科	07	0.23	0.08	0.04	0.08	0.13
7	文科	07	0.05	0.09	0.06	0.08	0.09
8	文科	07	0.00	0.03	0.10	0.18	0.13
9	文科	07	0.01	0.04	0.12	0.08	0.08
10	文科	07	0.05	0.06	0.06	0.11	0.13
11	文科	07	0.11	0.27	0.07	0.10	0.04
12	文科	07	0.05	0.06	0.18	0.07	0.23
13	文科	07	0.03	0.04	0.09	0.04	0.10
14	文科	07	0.10	0.13	0.04	0.09	0.06
15	文科	07	0.21	0.00	0.11	0.12	0.12
16	文科	07	0.07	0.13	0.06	0.09	0.09
17	文科	07	0.11	0.04	0.07	0.09	0.12
18	文科	07	0.11	0.06	0.04	0.05	0.03
19	文科	07	0.02	0.00	0.08	0.09	0.06
20	文科	07	0.11	0.10	0.10	0.06	0.28
21	文科	07	0.12	0.00	0.21	0.09	0.05
22	文科	07	0.01	0.18	0.07	0.12	0.07
23	文科	07	0.18	0.17	0.03	0.13	0.06
24	文科	07	0.28	0.13	0.09	0.18	0.68
25	文科	07	0.11	0.07	0.09	0.12	0.17
26	文科	07	0.12	0.12	0.19	0.19	0.08
27	文科	07	0.12	0.05	0.12	0.09	0.08
28	文科	07	0.02	0.06	0.11	0.05	0.08
29	文科	07	0.20	0.36	0.14	0.07	0.30
30	文科	07	0.13	0.12	0.10	0.09	0.04

续表

学生编号	文理科	班号	空间想象能力得分率 CV	抽象概括能力得分率 CV	推理论证能力得分率 CV	运算求解能力得分率 CV	数据处理能力得分率 CV
31	文科	07	0.11	0.07	0.10	0.12	0.12
32	文科	07	0.09	0.08	0.06	0.09	0.12
33	文科	07	0.05	0.13	0.15	0.04	0.10
变异系数小于15%			82%	91%	88%	91%	85%
总计 N	33		33	33	33	33	33

a:限于前 100 个案例。

表 5-26　高三(23)班四次测试能力得分率变异系数 CV

学生编号	文理科	班号	空间想象能力得分率 CV	抽象概括能力得分率 CV	推理论证能力得分率 CV	运算求解能力得分率 CV	数据处理能力得分率 CV
1	理科	23	0.02	0.02	0.06	0.09	0.07
2	理科	23	0.14	0.14	0.14	0.04	0.12
3	理科	23	0.12	0.12	0.16	0.06	0.24
4	理科	23	0.00	0.00	0.09	0.09	0.15
5	理科	23	0.09	0.09	0.14	0.02	0.09
6	理科	23	0.04	0.04	0.08	0.09	0.11
7	理科	23	0.02	0.02	0.10	0.10	0.03
8	理科	23	0.04	0.04	0.12	0.04	0.15
9	理科	23	0.11	0.11	0.16	0.07	0.07
10	理科	23	0.10	0.10	0.08	0.04	0.06
11	理科	23	0.15	0.15	0.07	0.07	0.06
12	理科	23	0.03	0.03	0.04	0.08	0.13
13	理科	23	0.12	0.12	0.11	0.15	0.06
14	理科	23	0.13	0.13	0.11	0.02	0.14
15	理科	23	0.05	0.05	0.08	0.14	0.01
16	理科	23	0.04	0.04	0.10	0.12	0.15

续表

学生编号	文理科	班号	空间想象能力得分率 CV	抽象概括能力得分率 CV	推理论证能力得分率 CV	运算求解能力得分率 CV	数据处理能力得分率 CV
17	理科	23	0.22	0.22	0.02	0.05	0.08
18	理科	23	0.06	0.06	0.11	0.05	0.03
19	理科	23	0.00	0.00	0.11	0.08	0.08
20	理科	23	0.01	0.01	0.18	0.03	0.09
21	理科	23	0.12	0.12	0.14	0.11	0.16
22	理科	23	0.03	0.03	0.05	0.12	0.15
23	理科	23	0.00	0.00	0.16	0.04	0.05
24	理科	23	0.03	0.03	0.02	0.06	0.14
25	理科	23	0.00	0.00	0.33	0.06	0.07
26	理科	23	0.01	0.01	0.11	0.16	0.09
27	理科	23	0.43	0.43	0.05	0.18	0.01
28	理科	23	0.07	0.07	0.13	0.07	0.13
29	理科	23	0.00	0.00	0.09	0.11	1.46
30	理科	23	0.13	0.13	0.09	0.02	0.10
31	理科	23	0.12	0.12	0.06	0.11	0.09
32	理科	23	0.04	0.04	0.08	0.16	1.73
33	理科	23	0.06	0.06	0.10	0.03	0.15
34	理科	23	0.02	0.02	0.04	0.07	0.04
35	理科	23	0.00	0.00	0.06	0.06	0.10
变异系数小于15%			82%	94%	85%	85%	82%
总计 N	35		35	35	35	35	35

通过统计结果可以看出，学生能力各维度得分变异系数小于15%的（一致率）占总人数80%以上，证明了学生多次测试各维度能力值的稳定性较高，证明了假设 H2 是成立的，即该生在一定时间范围内某项数学能力趋于稳定，"标准"是合理可行的。

第六章

基于学科能力表现标准的教学

高中数学学科能力表现标准对高中生数学学科能力的分级描述是螺旋上升的，教师在数学教学中，要采取有效的措施促进学生的学科能力达到最高标准与水平。

笔者长期从事高中数学一线教学工作，所在学校为省内最好的高中之一，学校长期以来积极探求未来社会需要的人才标准，一直致力于学生关键能力的培养研究，笔者一直负责数学学科的关键能力研究，在长期的教学实践中发现，要使学生的数学学科能力达到较高标准，教师应该采取基于学科能力表现标准的教学策略。

一、何谓基于标准的教学

基于标准（standards-based），即以标准为基础，以标准为出发点。基于标准的教学（standards-based instruction）就是指教师根据一定的标准（课程标准或能力表现标准），从标准中规定的学习结果来决定教学目标、教学内容、实施教学，并对学生的学业表现作出一致解释的过程。基于标准的教学包含两个方面的含义：一是立足标准而教学，二是为了标准而教学。立足标准而教学，是指一切要从标准出发，以一定的标准为导向开展教学；为了标准而教学，意指教学的目的，指"课程和教学实践要以实现标准所确定的目标为指向"[1]。基于标准的教学，不是标准化教学，亦不是一种具体的教学方法，而是一种教学指导思想，它与教学的标准化之间存在着本质的区别。与传统的基于教科书的教学相比，基于标准的教学程序有着很大的区别，它彻底颠倒了传统教学的"教师根据教材确定教学内容—根据教学内容设计教学活动—实施教学—设计与实施评价—获得反馈—进入下一主题"这一程序，是一种逆向思维的教学设计思想。

---

[1] 朱伟强."基于课程标准"：内涵和意义[J]．当代教育科学，2006（8）：20.

二、基于学科能力表现标准的教学特点

基于标准的教学，依据的标准是高中生数学学科能力表现标准，其目的是实现能力表现标准对学生数学能力发展的期望。具体而言，基于标准的教学具有如下一些特点。

（一）能力发展目标源于数学学科能力表现标准

高中生数学学科能力表现标准反映了对高中生数学能力发展的具体要求，在基于能力表现标准的教学中，教师要根据学科能力表现标准的分层级描述设计每一次教学的教学目标，可以说，教学中关于数学学科能力的教学目标是源于高中生数学学科能力表现的层级描述的。

教师在设计学生能力发展的目标时，一方面，要注意表现标准对学生数学学科能力发展的最高要求与期待；同时，还要根据不同学生的能力现状，基于标准设计不同层级的能力发展教学目标。这就要求教师充分理解高中生数学学科能力表现标准的最高要求和分级表现要求，将能力表现标准具体化为每一次教学的具体教学内容，并据此来确定教学内容和选择恰当的教学活动方式。与传统教学相比较，学生数学学科能力发展的目标来源于数学学科能力表现标准，而非教科书或具体的教学参考材料。

（二）对学生数学学科能力评价的设计先于教学设计

在基于教师经验或教科书的教学实施中，教学设计在前，评价设计在后，是教学的最后一个阶段或环节。而在基于标准的教学中，对学生数学学科能力评价的设计要先于教学设计，教师要明确学生在教学活动结束时能做什么，学生会发生哪些变化，最终判断数学学科能力表现的指标又是什么，这是基于标准的教学的重要步骤。

对学生数学学科能力的评价是与教学目标紧密相连的，高中生数学学科能力表现标准描述了学生数学学科能力发展的层级要求，为了保证学生

能力发展达到具体的标准，教师必须明确学生达到具体标准应有哪些表现质量，以及如何来评价学生理解能力发展的质量。这样，教师才能够为了教学目标的达到来设计教学内容与教学计划。可以说，对学生数学学科能力评价的设计是为教学活动而设定的，是为教学目标的达成而服务的，它与教学过程是内在共生的，而非独立于教学过程之外。评价的设计能够指导教师的教学设计，因此，在基于标准的教学中，对学生数学学科能力发展的评价设计要先于教学设计。

(三) 关注学科能力发展的质量而非教学质量

在对高中生数学学科能力表现的分级描述中，行为主体均为学习者而非教师，即高中生。能力表现标准描述的是学生经过教学活动后的行为及其变化，而非教师教的行为。因此，基于标准的教学是否成功，判断的标准只能是学生的学习，也就是学生数学学科能力发展的质量。可以说，基于标准的教学关注的是学生数学学科能力发展的质量而非教学质量。

有的教师从教学任务的完成、教学进度的调控、教学重难点的把握等来判断教学质量，而恰恰忽视了作为学习活动主体的学生的学习质量，甚至有的教师说："我课上得很好，完成了教学内容，讲清楚了重难点，只是学生没有好好学习。"这种对教学质量的理解是失之偏颇的。在基于标准的教学中，应该关注的是学生数学学科能力发展的质量。一方面，学生数学学科能力发展的质量是判断学生数学学科能力是否达到标准的唯一依据，因为教学目标是基于学生能力表现标准而设计的；另一方面，教师的教学质量只能通过学生的学习质量，即学生数学学科能力发展的质量来得到体现，离开了学习质量，是没有教学质量可言的。

三、基于学科能力表现标准的教学的实施

基于数学学科能力表现标准的教学，标准是依据与前提，学生数学学科能力发展是目的，教师在组织与设计教学时，可以采取以下策略。

（一）对学生进行预评估

为了帮助学生实现能力发展的目标，对学生当前的数学能力进行预评估便是必要的环节，我们可以将其作为基于标准的教学的起点。

总体而言，通过对学生的数学学科能力发展状况进行预评估能够了解学生的数学能力发展处于何种层次。具体而言，通过预评估，教师可以了解：①根据学生当前的数学能力发展状况，如何确定教学的起点。这不仅包括对学生数学能力整体状况的了解，还包括对学生数学能力不同维度状况的了解，学生数学能力发展状况的不同以及能力不同维度发展水平不一，教师教学起点的选择都会有不一样；②如何选择适合学生数学能力发展水平的教学材料进行教学；③如何根据学生的数学能力水平，结合选择的教学材料，基于能力表现标准制定合适的教学目标，并合理地安排教学目标的顺序；④学生在接受选择的教学材料之前，自身是否拥有与材料相关的背景知识；⑤如何在学生已有的背景知识和新的教学材料之间建立起连接，以促进学生的深度理解。因此，对学生数学学科能力进行预评估的内容不仅包括对学生数学能力水平状况的评估，还包括对学生自身背景知识的评估。此外，还包括对学生学习接受方式的预评估。例如，有的学生是视觉学习者，通过采用画图、建立思维导图、绘制图解式引导等方式来加工理解题目材料信息；有的学生是听觉学习者，善于采用讨论、辨析、解释等方式来理解题目材料信息；而有的学生是动觉学习者，他们善于动手与创造，往往采用归类、模仿、表演、创作和实验等方式来理解题目材料信息。教师通过预评估，了解学生擅长的接受方式，才能针对不同学生的信息加工方式选择有针对性的教学策略。

针对具体的评估内容，教师可以采用以下一些评估方法实施预评估。第一，测验评估法。此方法主要用于检验学生当前数学能力发展的具体状况，教师可以根据数学学科能力表现标准设计一些题目供学生作答，进而进行评估。但要注意的是，设计的题目应该涵盖数学能力的不同维度，这样才能从整体上和不同维度上来了解学生的数学能力发展水平。第二，背景知识调查表。教师将教学内容的相关背景整理出来，写在调查表上，要求学生填写自己对该背景事实或知识的了解状况。第三，问题情境评估法。此方法主要用于教师了解学生的思维方式和信息加工方式，教师可以创设一个具体的问题情境，通过学生对问题情境的反应来判断学生的信息加工方式。

对学生数学能力发展进行预评估的目的不是对学生进行排名，而是为了充分地了解学生。因此，教师在进行预评估的时候，可以采取匿名的形式，也可以采取实名的形式，具体要根据教师的评估目的和具体的评估方法来确定。

(二)根据能力表现标准设计教学目标

如前所述，基于标准的教学目标来源于高中生数学能力表现标准，这就要求教师充分认识与理解高中生数学学科能力表现标准，明确能力表现标准对学生数学能力发展的要求，进而设计教学目标。

教学目标设计是教学成败的关键，它不仅指导着教师的教，而且指导着学生的学，同时还是评价教学活动的指标。因此，"课时教学目标的设计要力求准确、恰当、表述具体、具有可操作性和可检测性"①。同时，教学目标的设计必须建立在充分了解学生学情的基础上，对不同层级的学生，应该设计不同层级的教学目标。通过之前对学生数学能力发展的预评估，教师应该基本了解班级每一个学生的数学能力发展状况，为能力发展较高的学生设计较高层次的目标，为能力发展处于中层的学生设计中层的目标，为能力发展较差的学生设计较低层次的目标，进而让每一个学生在课堂上都能够获得体验的提升。

将学生的学情与学生能力表现标准联系起来，是设计教学目标的必经步骤。如何根据学生数学能力表现标准设计教学目标呢？"教学目标必须

---

① 王际海，潘国英. 当堂达标教学：从理念到行动［M］. 济南：山东人民出版社，2009：117.

具备详细而精确的内容加上富有挑战性的行为动词。"①一份优质的教学目标包含下列要素：明确的高水平思考动词，要学习的明确内容，将如何获取内容以及学习的最终作品或成果（评估）。② 具体到根据数学学科能力表现标准来设计高中生能力发展教学目标，可以采取以下一些策略：①替代策略。当一条教学目标可以达成一条能力表现标准的时候，目标和能力表现标准呈现一一对应的关系，这时可以用教学中的具体内容替换能力表现标准中的关键词，形成教学目标。②拆解策略。当一条能力表现标准需要通过多条教学目标才能达到时，能力表现标准与教学目标呈现一对多的关系，可以将能力表现标准拆解成几个互有联系的细项指标，形成教学目标。③组合策略。当一条教学目标可以达成多条能力表现标准时，能力表现标准和教学目标呈现多对一的关系，可以采取组合策略，合并多条能力表现标准，形成教学目标。

总而言之，数学能力表现标准是教学目标的来源，教学目标的设计过程是教师在充分理解能力表现标准的基础上，对能力表现标准不断具体化的过程。

(三) 预备与激活有关背景知识

从词源学上来说，教育这个动词意味着"引导"或"引出"，根据苏格拉底"产婆术"中的相关观点，我们可以认为教师的工作就是帮助学习者专注于他（她）自己的想法观点，进而根据自己的先验知识建构自己新的理解。对于高中生来说，他们具有丰富的生活经历、体验过多彩的情感世界，也直接或间接地获得了大量"关于世界的知识"。在教师上课之前，学生的脑海中并不是一片空白，这就意味着学生上课前并不是一无所知，而是有着丰富的先验知识与背景知识的。因此，要保证学习质量，就需要在学生的

---

① E·詹林. 深度学习的 7 种有力策略[M]. 温暖，译. 上海：华东师范大学出版社，2010：28.

② E·詹林. 深度学习的 7 种有力策略[M]. 温暖，译. 上海：华东师范大学出版社，2010：277.

背景知识与教学内容之间建立起一定的联系，即激活学生与教学内容相关的背景知识。当然，对于有些特定的教学内容，学生可能缺乏相关的背景知识，或者学生拥有的背景知识与教学内容的关系不大，教师就需要预备相关的背景知识，通过一定的途径让学生具备相关背景知识后，再去进行教学。

真正的有深度的教学是学生对教学内容进行的批判性思考，这种批判性思考是通过学生基于自己的先验知识与背景知识对教学内容形成的个性化反应，进而通过讨论与合作，进一步深化或修正自己的个性化反应。因此，学生对知识的理解过程可以分为以下四个部分，第一，预览知识，回忆已有的背景知识；第二，形成自己的理解；第三，讨论、修正或深化理解；第四，根据理解形成新的背景知识。可以说，对知识的理解始于背景知识，也终于背景知识。获得背景知识的途径大概有以下两条，第一，短时间提高大量信息，以集中的方式获得；第二，随着时间的流逝，以零碎的方式获得。对于第一条途径，教师则是学生背景知识的预备者与提供者，教师知晓何种背景知识能够促进学生对教学内容的深度理解，也能够较容易地获得背景知识来源。对于第二条途径，学生的背景知识来自其自身积累，而由于不同学生有不同的经历与情感体验，所具有的背景知识是不一样的。因此，对于拥有所需背景知识的学生来说，教师的角色应该是通过一定的途径，来使学生头脑中的与教学内容有直接关系的背景知识得到激活，也就是在背景知识与教学内容之间建立起联系。而对于那些背景知识与教学内容没有关联的学生来说，教师的角色依旧是背景知识的预备者与提供者，即第一条途径中的角色。

(四)深度加工信息

当学生已经拥有了与教学内容主题所需的背景知识后，就需要对教学内容材料进行深度加工了。何谓加工？何谓深度？加工即学习者巩固、转换和内化，使文本信息内化为带有学习者个人色彩的理解与认识，这种理解和认识与学习者个人的思维方式、生活经历以及先验知识背景都是息息相关的。深度，是指学习者对文本的加工不能止于对文本的简单记忆和复述，而是要以文本为载体，深入文本，形成对文本多方面、深入的认识，获得文本内隐的思想、情感、价值和意义。

"人在本质上是一种善于创造和使用符号的动物。"①在高中生的数学学习中，文本都是以数学符号为载体呈现出来的，根据前文对知识的内在结构的分析与论述，学生对数学知识的理解即是学生对符号所蕴含的逻辑与意义进行把握和理解的过程。"学生学习与理解知识的过程，在很大程度上就是以自己熟悉的符号去翻译、解释所要学习的新符号意义的过程。"②

高中生数学学科能力的基本结构包括多种能力要素，学生正是通过一系列复杂的思维活动对数学符号进行阐释、比较、评价、反思及应用，进而获得文字符号所表示的事物的抽象性质、特征和意义，达到对信息的深度加工。那么，如何才能实现学生对信息的深度加工呢？

第一，留给学生充足的时间进行信息加工。

学生不可能在短时间实现对数学知识的深度理解，教师在组织教学时，要给予学生充足的信息加工时间，让学生有足够的时间来对内容信息进行分类整理、分析判断、价值反思以及应用思考。在教学活动中，不给学生提供充足的信息加工时间的后果是严重的：学生会感到受到打击，进而产生学习压力，疑惑也没有解决。这最终将导致学生对知识的理解沦为简单的复述，因为学生没有时间与机会深入知识背后。加工时间是学生深度理解的保障，它的益处是显而易见的。

第二，引导学生采用多种内部信息加工方式。

教师要引导学生将数学题目原始信息加工成条理分明、完整和有意义的信息，进而将学生对知识的理解引向深入，实现深度理解。布鲁姆教育目标分类学将思维类型从低到高分为了六种：记忆/回忆、理解、应用、

①　卡西尔·恩斯特. 人论[M]. 甘阳，译. 上海：上海译文出版社，1985：34.

②　陈佑清，高文平. 符号转换与知识意义的理解[J]. 中国教育学刊，2011(6)：45.

分析、评价和创造，每一种思维类型对应一种问题解决模式，教师可引导学生循环或者交叉运用这六种思维类型，进行个人内部的信息深加工。除此之外，还有其他一些信息加工方式，如提取、沉思、反省、联想、连接、详述、意义形成等。任何单一形式的信息加工都是难以实现知识内容的深度加工的，必须采用多种形式的信息加工方式，学生对知识的理解才会逐步走向深入。

第三，问题研讨——一种有效的外部信息加工方式。

学生对知识的个人内部加工固然重要，但是这样的内部信息加工难免会受到学习者个人原有理解能力以及背景知识的影响，导致理解产生分歧，甚至是错误。因此，除了学习者个人的内部信息加工外，教师还应该组织学生就教学内容的主题开展讨论，进行外部信息加工。问题研讨是一种有效的外部信息加工方式，研讨允许学生基于自己的先验知识和经验分享自己对数学问题的理解与感悟，促使教师更好地解释、提出假设和识别错误概念。在教学中，讨论能够帮助学生与有见识的同伴和成人(教师)相互交谈，通过将新的信息和先验经验之间建立连接，进而获得和建构新的信息。

(五)评价学生数学能力的发展

评价是基于能力表现标准的教学中的重要环节，评价不仅仅是对学生学习结果的评价，更是为了学习的评价。基于能力表现标准而进行的教学中，教学、学习和评价三者之间是三位一体的，评价可以被看作"镶嵌于教—学过程之中的一个成分"。① 高中生数学能力表现标准规定了学生在一段时间之后的学习结果，体现了对高中生数学能力发展的要求与期望，这种期望是教师制定教学目标的基础，而基于能力表现标准的教学的特点又

---

① 崔允漷，王少非，夏雪梅. 基于标准的学生学业成就评价[M]. 上海：华东师范大学出版社，2008：2.

使其成为评价学生数学能力发展状况最重要的依据。因此，当学生通过对数学问题进行深度加工后，教师就应该通过一定的方式对学生的数学能力发展状况进行评价，即基于标准的学生数学能力发展评价。

在以往的教学与评价中，教师往往侧重于对学生所获得的知识，尤其是知识的量进行评价，而缺乏对学生能力的发展进行评价。在评价时应注重能力导向而非知识导向，教师不能够通过单一的纸笔测验来对学生的数学能力进行评价，虽然纸笔测验也能够在一定程度上反映学生能力发展的状况，但这是远远不够的。教师基于高中生数学能力表现标准对学生的数学能力进行评价，需要从以下两个方面着手：第一，研制开发多元的评价工具。除了常用的纸笔测验，教师还应该开发其他的一些评价工具；第二，收集反映学生数学能力发展状况的其他素材证据，如学生的作业、考试的试卷、对学生的访谈记录等。

总之，对学生数学能力进行评价是为了使学生的数学能力得到更好的发展，基于能力表现标准的能力评价不是教学活动的终点，只是另一个起点。

四、基于学科能力表现标准的教学案例

课堂教学是学校教育的灵魂阵地，也是促进关键能力培养的主"战场"。要促进学生关键能力的提升，必须落实到日常的教学活动中，贯穿于每一位教师的每一堂课中。因此，从学校层面而言，需要广大教师反思教学思想与理念，改进教学方式，优化教学设计和教学过程，将信息技术、教育教学知识以及学科内容进行有效整合，在具体的学科教学中培养学生的关键能力。

(一)基于学科能力表现标准的教学设计

磨刀不误砍柴工。一堂优质的基于能力表现标准的课堂教学，应该做到：

（1）课前准备充分，教学设计精心而巧妙。

（2）教师角色定位准确，教师指导与学生自主相得益彰，课堂教学中教师角色定位准确，教师指导与学生自主相得益彰，既体现教师指导对学生能力增值的作用，又避免了教师指导过多、越位的倾向。

（3）创设教学情境，提供关键能力的"实操营"，学生关键能力的培养最终需要在各种实践体验中去实现。在课堂教学中，实践体验离不开具体的情境，课堂上要进行方法的指导自然也需要实践情境的支持。

（4）对接生活经验，激发学生的学习热情，一个人能力的培养与其生活环境和生活经验密切相关。如果要帮助一个人提升关键能力，就必须关注他的社会生活环境和生活经验。因此，教师如果要在课堂中培养学生的关键能力，就必须学会从学生的生活经验中吸取教学内容。

下面是笔者参加 2016 年全国高中数学优质课比赛获全国一等奖第一名的教学案例：

《一元二次函数、方程和不等式》教学设计

华中师范大学第一附属中学　陈开懋

1. 教学内容解析

在现行人民教育出版社 A 版高中数学教材中，"一元二次不等式的解法"这一部分内容安排在《必修 5》的第三章第二节，学生高二时才学习，导致高一学生在学习《必修 1》的"集合""函数"等内容时，有一定的障碍，达不到一定的深度，初高中数学内容衔接不连贯，对于这一部分内容，老师普遍认为应调整到《必修 1》之前，或是安排在《必修 1》的"集合"之后，"函数"之前比较好。

本节课的产生正是基于以上原因，但它并不是一节"一元二次不等式的解法"的新知课，也不是一节复习课，而是一节衔接课，以一元二次函数、一元二次方程与一元二次不等式（后面称三个"二次"）三者之间的关系

及其应用为核心内容，特别是用函数的观点来处理方程与不等式问题，引导学生感悟高中阶段数学课程的特征，适应高中阶段的数学学习，为高中数学课程的学习作学习心理、学习方式和知识技能等方面的准备，帮助学生完成初高中数学学习的过渡。

三个"二次"是初中三个"一次"（一元一次函数、一元一次方程与一元一次不等式）在知识上的延伸和发展，它是函数、方程、不等式问题的基础和核心，在高中数学中，许多问题的解决都会直接或间接用到三个"二次"。如，解析几何中解决直线与二次曲线位置关系问题，导数中导函数为二次函数时的许多问题等，同时，此部分内容又是培养函数与方程思想、数形结合思想、分类讨论思想以及等价转化思想的极好素材，本节课的地位和作用主要体现在它的基础性和工具性方面。

根据以上分析，本节课的教学重点确定为：

教学重点：一元二次函数、一元二次方程与一元二次不等式三者之间的关系及应用。

2. 学生学情诊断

本节课的授课对象为华中师大一附中高一平行班学生，华中师大一附中是湖北省示范高中，学生基础很好，一般而言，学生已经掌握了一次函数、二次函数的图像与性质，简单的一元二次不等式的解法，能利用函数图像解决简单的方程和不等式问题。但是，当所研究的问题中含有参数或者综合性较强、运算较复杂的时候，学生往往不能正确理解题意，不能准确地利用三个"二次"之间的内在联系进行合理转化，不善于分类讨论，不善于归纳总结，对函数、方程、不等式的处理方法不够完整，没有形成基本的规律。

教学难点：含参数的二次方程、不等式，如何利用三个"二次"之间的关系进行等价转化处理，为今后处理其他类型的函数、方程、不等式问题提供范式。

3. 教学目标设置

(1)理解一元二次函数、一元二次方程及一元二次不等式三者之间的关系。

(2)能够用二次函数的观点处理二次方程和二次不等式问题，感悟函数的重要性以及数学知识之间的关联性。

(3)引导学生感悟高中阶段数学课程的特征，适应高中阶段的数学学习，能够在本主题的学习中，逐步提升数学抽象、逻辑推理、几何直观和数学运算等核心素养和关键能力。

4. 教学策略分析

本课作为初高中内容和方法上的"衔接课"，有其重要特点：一不能靠单纯的复习；二不宜上成新课；三，必须展示基本的套路，而又不可能一次到位；四，需要立足于函数、圆锥曲线等核心概念必然联系的高度，着眼于继续学习，而又必须遵循数学的自然顺序，避免后继内容的前移。

这种课的关键是整合和提升，形成基本套路并了解它在进一步学习中的基本价值。这些都需要问题驱动，循序渐进，在师生互动中不断地归纳总结。

教学流程：

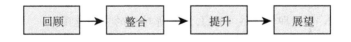

5. 教学过程

环节一：回顾

师：同学们，我们初中学过一元一次不等式，同学们说说这个不等式 $3x - 2 > 0$ 的解集是多少啊？

生：$x > \dfrac{2}{3}$。

师：诶，怎么算出来的啊？哪位同学来说说？

生：把 2 移到右边去，在不等式左右两边同时除以 3。

师：你的解题依据是什么呢？

生：不等式的性质。

师：很好，请坐，这位同学利用不等式的性质，从代数的角度把这个不等式解出来了，还有其他的解法吗？

生：可以先画出一次函数的图像，从图像可以看出不等式的解集。

师：好，我们先画图像，怎么画这个函数的图像？

生：找两个点。

师：找哪两个点比较好？

生：与坐标轴的交点。

师：与 x 轴的交点是多少？

生：$\left(\dfrac{2}{3},\ 0\right)$。

师：这 $\dfrac{2}{3}$ 是怎么出来的啊？

生：令 $y = 0$，即 $3x - 2 = 0$，这个方程的根。

师：很好，与 x 轴的交点的横坐标恰好是对应一次方程的根。与 y 轴的交点是多少？

生：令 $x = 0$，得 $y = -2$，交点 $(0,\ -2)$。

师：所以这个不等式的解集就是？

生：$x > \dfrac{2}{3}$，即图像在 x 轴上方时所对应的 x 的范围。

师：很好，请坐。由此可以看出一次函数、一次方程和一次不等式三者之间有着密切的联系，谁来概括一下？

生：一次方程的根就是一次函数图像与 x 轴交点的横坐标（即一次函数的零点），一次不等式的解集就是一次函数图像在 x 轴上方时所对应的 x 的范围，一次方程的根也是一次不等式解集的端点。

师：同学们再想一想，这三者之间为什么会有关系呢？

生：……

师：我们从代数表达式来看一看，一次方程、一次不等式和一次函数，这个三个表达式有什么共同点？……都含有一次式，对吧，所以它们之间有关系。

【评析】回顾初中知识，利用一次函数的图像理解一次方程和一次不等式，由三个"一次"，类比引出课题，并为三个"二次"的研究提供思路。

环节二：整合

师：很好，一次函数、一次方程和一次不等式三者之间有着密切的关系。我们再来看一下一元二次函数 $y = ax^2 + bx + c(a \neq 0)$，一元二次方程 $ax^2 + bx + c = 0(a \neq 0)$，一元二次不等式 $ax^2 + bx + c > 0(a \neq 0)$，$ax^2 + bx + c < 0(a \neq 0)$。

师：从它们的表达式来看，好像也有相同的部分，是什么呀？……二次多项式，对吧？那么这三个二次之间是否也有类似三个一次之间的关系呢？这就是我们这节课要研究的内容，首先请同学们画画这个二次函数的图像。(板书课题)

> **画一画** 画出二次函数 $y = x^2 - 2x - 3$ 的图像。

> **看一看** 观看几何画板动画，随着动点 C 横坐标 x 的变化，纵坐标 y 的变化情况。

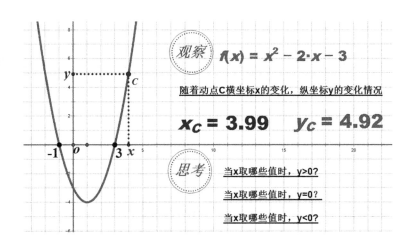

$$f(x) = x^2 - 2 \cdot x - 3$$

观察 随着动点C横坐标x的变化，纵坐标y的变化情况

$$x_C = 3.99 \qquad y_C = 4.92$$

思考 当x取哪些值时，y>0？
当x取哪些值时，y=0？
当x取哪些值时，y<0？

说一说

（1）当 x 取哪些值时，$y = 0$？（2）方程 $x^2 - 2x - 3 = 0$ 的根为_____；

当 x 取哪些值时，$y > 0$？ 不等式 $x^2 - 2x - 3 > 0$ 的解集为_____；

当 x 取哪些值时，$y < 0$？ 不等式 $x^2 - 2x - 3 < 0$ 的解集为_____。

问题2：一元二次方程 $x^2 - 2x - 3 = 0$，一元二次不等式 $x^2 - 2x - 3 > 0$ 和一元二次函数 $y = x^2 - 2x - 3$，三者之间有什么关系？

动画展示：

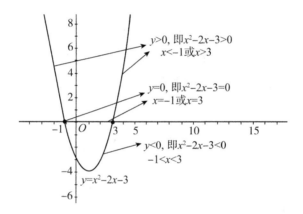

变一变

问题3：对于一般的一元二次方程、一元二次不等式和一元二次函数，三者之间有什么关系？

小组合作探究：

判别式 $\Delta = b^2 - 4ac$	$\Delta > 0$	$\Delta = 0$	$\Delta < 0$
$ax^2 + bx + c = 0$ $(a > 0)$ 的根	有两相异实根 x_1，$x_2(x_1 < x_2)$	有两相等实根 $x_1 = x_2 = -\dfrac{b}{2a}$	没有实根

续表

$y=ax^2+bx+c$ $(a>0)$ 的图像	(图)	(图)	(图)
$ax^2+bx+c>0$ $(a>0)$ 的解集	$\{x \mid x<x_1，或 x>x_2\}$	$\{x \mid x\neq-\dfrac{b}{2a}\}$	R
$ax^2+bx+c<0$ $(a>0)$ 的解集	$\{x \mid x<x<x_2\}$	Φ	Φ

师：二次函数、方程和不等式三者之间有着密切的联系，函数是核心，图像是载体，可以通过函数的观点来处理方程和不等式问题。

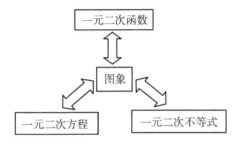

【评析】以具体的常系数的二次函数、方程、不等式为例，让学生通过类比三个"一次"，理解三个"二次"之间的内在联系，突出二次函数在"三个二次"中的中心地位。并对一般情形的二次函数、方程和不等式之间的关系进行整合，培养学生的数学抽象、几何直观、逻辑推理等核心数学素养，具体策略是问题驱动，在教学中，鼓励学生自主探索、合作研究。

师：好，对于一个具体的一元二次不等式，我们会求解集，如果反过来，已知不等式的解集，你会求这个不等式吗？同学们思考这样一个问题：

【例1】已知关于 x 的不等式 $x^2+bx+c<0$ 的解集为 $(-1,3)$，求实数 b，c 的值。

【评析】逆向变式，强化一元二次函数、方程和不等式的内在联系。

生1：依题意，-1，3 是对应一元二次方程 $x^2 + bx + c = 0$ 的两根，将

$x = -1$ 和 $x = 3$ 代入方程得，$\begin{cases} (-1)^2 + b \cdot (-1) + c = 0 \\ 3^2 + b \cdot 3 + c = 0 \end{cases}$，即

$\begin{cases} -b + c + 1 = 0 \\ 3b + c + 9 = 0 \end{cases}$，解得 $\begin{cases} b = -2 \\ c = -3 \end{cases}$.

生2：依题意，-1，3 是对应一元二次方程 $x^2 + bx + c = 0$ 的两根，

由韦达定理有 $\begin{cases} -1 + 3 = -b \\ -1 \times 3 = c \end{cases}$，解得 $\begin{cases} b = -2 \\ c = -3 \end{cases}$.

师：很好，请坐. 根据三个"二次"之间的关系，不等式的解集就是函数图像在 x 轴下方时，所对应的 x 的取值范围，所以 -1，3 正好是图像与 x 轴交点的横坐标，也就是方程 $x^2 + bx + c = 0$ 的两个根，从而根据韦达定理，可以求出 b，c 的值。（画图分析）

环节三：提升

辩证唯物主义告诉我们，任何事物都是运动、变化、发展的，当我们将方程和不等式中的常系数改为字母时，随着字母取值的不同，方程的根和不等式的解会发生相应的变化，这类方程和不等式称为含参方程和含参不等式，下面我们一起来研究两个含参问题。

师：我们再把前面那个具体的方程变一下，系数上加一个参数，同学们思考这样的一个问题：

【例2】已知关于 x 的方程 $x^2 - 2ax + 3 = 0$，一根小于1，另一根大于1，求实数 a 的取值范围。

【评析】含参二次方程问题，继续对二次方程和二次函数进行整合提升，用函数的观点来处理方程问题。

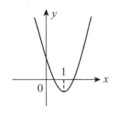

生 1：设 $f(x) = x^2 - 2ax + 3$，则 $f(1) < 0$，解之得 $a > 2$。

师：有不同意见吗？

生 2：不对，应该还要 $\Delta > 0$。

师：诶，生 2 好像说得很有道理呢？还有其他观点吗？

生 3：我觉得生 1 是对的，因为 $\Delta > 0$ 的作用是控制图像与 x 轴有两个交点，而这是开口向上的抛物线，$f(1) < 0$ 也能保证与 x 轴有两个交点。

师，同学们同意哪位同学的说法？

生：曾子轩。

师：很好，题目要求这个方程的两根，一个小于 1，一个大于 1，根据函数与方程的关系，方程的根就是函数图像与 x 轴交点的横坐标，我们可以通过控制二次函数的图像来控制方程的根，也就是要保证函数图像与 x 轴的交点，一个在 1 的左侧，一个在 1 的右侧。只需要 $f(1) < 0$，就可以控制住这个二次函数的图像了，当然如果把 $\Delta > 0$ 加进去，可不可以？也是可以的。我们从代数的角度来检验一下，看两种解法的答案是否一样？

法 1：$f(1) = 4 - 2a < 0 \Rightarrow a > 2$

法 2：$\begin{cases} f(1) = 4 - 2a < 0 \Rightarrow a > 2 \\ \Delta = 4a^2 - 12 > 0 \Rightarrow a < -\sqrt{3} \text{ 或 } a > \sqrt{3} \end{cases} \Rightarrow a > 2.$

师：这是一个方程问题，我们可以根据函数与方程的关系将它转化为函数问题来处理。

师：我们再把前面那个具体的不等式也变一下，系数上加一个参数，同学们思考这样的一个问题：

【例3】若不等式 $x^2 - 2ax + 3 > 0$ 对任意 $x \in [-1, 3]$ 恒成立，求实数 a 的取值范围。

【评析】含参二次不等式问题，继续对二次不等式和二次函数进行整合提升，用函数的观点来处理不等式问题。

组内学生相互讨论，分析解题思路，再让学生先分析。

学生分析：只需二次函数 $f(x) = x^2 - 2ax + 3$，在 $x \in [-1, 3]$ 这一段的图像位于 x 轴上方，应分三种情况讨论，当对称轴在区间的左边、中间和右边。

师：非常不错啊，刘钰欣同学将这个不等式问题等价转化为函数图像问题，只需要函数图像在 $x \in [-1, 3]$ 这一段的图像位于 x 轴上方即可。如何保证图像在 x 轴上方呢？

我们边看动画边来分析。

动画展示：随着 a 的取值变化，函数图像与 x 轴的位置关系。

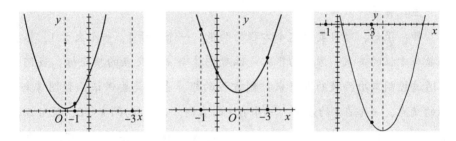

师：当对称轴在区间的左边时，怎么样就能保证图像在 x 轴上方？

生：只需要 $f(-1) > 0$。

师：很好，因为当对称轴在区间的左边时，函数在 $x \in [-1, 3]$ 这一段的图像是上升的，即 y 随着 x 的增大而增大，只需要最小值 $f(-1) > 0$ 即可。

师：当对称轴在区间的里面时，怎么样就能保证图像在 x 轴上方？

生：$\Delta < 0$。

师：还可以通过什么来控制？

生：$f(a) > 0$。

师：就是函数的最小值大于零即可。

师：再来看，当对称轴在区间的右边时，怎么样就能保证图像在 x 轴上方？

生：只需要 $f(3) > 0$。

师：很好，因为当对称轴在区间的右边时，函数在 $x \in [-1, 3]$ 这一段的图像是下降的，即 y 随着 x 的增大而减小，只需要最小值 $f(3) > 0$

即可。

下面请同学们把具体的解答过程写出来，找一个同学上黑板完成具体过程：

生：记 $f(x) = x^2 - 2ax + 3$，这个函数的对称轴为 $x = a$，则

当 $a < -1$ 时，只需要 $f(-1) = 4 + 2a > 0$，解得 $a > -2$，又 $a \leq -1$，所以 $-2 < a \leq -1$；

当 $-1 < a < 3$ 时，只需要 $\Delta = 4a^2 - 12 < 0$，解得 $-\sqrt{3} < a < \sqrt{3}$，又 $-1 < a < 3$，

所以 $-1 < a < \sqrt{3}$；

当 $a > 3$ 时，只需要 $f(3) = 12 - 6a > 0$，解得 $a < 2$，与 $a \geq 3$ 矛盾。

综上：$-2 < a < \sqrt{3}$。

师：找个同学来点评一下。

生：答案正确，但解题过程有点不对，没有讨论 $a = -1$ 和 $a = 3$ 的情况。

师：很好，这两种情况，可以加在哪里比较好。

生：加在中间。

师：很好，对于含参问题，我们除了要选择恰当的分类讨论标准之外，还应该注意分类讨论还应做到不重不漏。

师：好，这是一个不等式问题，我们仍然将它转化为一个函数问题来处理。

环节四：展望

师：同学们，今天莅临我们课堂的还有一位神秘嘉宾，大家想不想见一下？

生：想。

师：掌声有请。

嘉宾：学弟，学妹们好，首先自我介绍一下，我是现在高三(15)班的刘××同学，很高兴走进学弟学妹们的课堂，和大家一起交流、学习。

嘉宾：大家都知道一元二次函数是中考的压轴题，那么，我们今天学习的二次函数、二次方程和二次不等式在以后的高中学习中有什么作用呢？课前，陈老师给我布置了一个任务，让我归纳整理一下二次函数、二次方程和二次不等式在高中数学其他领域的应用。其实三个"二次"及其相关问题的处理方法广泛应用于高中数学的各大核心模块：如数列、三角函数、立体几何、解析几何、导数等。

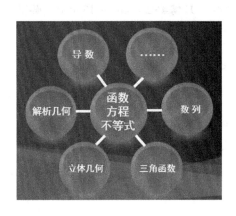

下面重点以三个"二次"在解析几何中的应用为例，让同学们对三个"二次"在以后学习中的地位和作用有所了解。

【案例1】直线 l：$y = kx + 1$ 与双曲线 C：$2x^2 - y^2 = 1$ 的右支交于不同的两点 A、B，求实数 k 的取值范围。

解：联立方程 $\begin{cases} y = kx + 1 \\ 2x^2 - y^2 = 1 \end{cases}$，消去 y，得到 x 的一元二次方程

$$(k^2 - 2)x^2 + 2kx + 2 = 0. \quad \cdots\cdots ①$$

直线 l 与双曲线 C 的右支交于不同两点，等价于方程 ① 有两个不相等的正实数根。

即对应二次函数图像与 x 轴有两个交点，且交点在 y 轴右侧. 我们可以通过以下几个条件控制二次函数的图像。

$$\begin{cases} k^2 - 2 \neq 0, \\ \Delta = (2k)^2 - 8(k^2 - 2) > 0, \\ -\dfrac{2k}{k^2 - 2} > 0 \\ \dfrac{2}{k^2 - 2} > 0. \end{cases}$$

解得 k 的取值范围是 $-2 < k < -\sqrt{2}$。

【**案例 2**】（2016 年江苏高考第 19 题）试题和答案如下：

已知函数 $f(x) = a^x + b^x (a > 0,\ b > 0,\ a \neq 1,\ b \neq 1)$。

（1）设 $a = 2$，$b = \dfrac{1}{2}$①求方程 $f(x) = 2$ 的根；

② 若对于任意 $x \in R$，不等式 $f(2x) \geqslant mf(x) - 6$ 恒成立，求实数 m 的最大值；

（2）略。

解：（1）① $f(x) = 2^x + \left(\dfrac{1}{2}\right)^x$，由 $f(x) = 2$ 可得 $2^x + \dfrac{1}{2^x} = 2$，

则 $(2^x)^2 - 2 \times 2^x + 1 = 0$，即 $(2^x - 1)^2 = 0$，则 $2^x = 1$，$x = 0$；

② 由题意得 $2^{2x} + \dfrac{1}{2^{2x}} \geqslant m\left(2^x + \dfrac{1}{2^x}\right) - 6$ 恒成立，

令 $t = 2^x + \dfrac{1}{2^x}$，则由 $2^x > 0$ 可得 $t \geqslant 2\sqrt{2^x \times \dfrac{1}{2^x}} = 2$，

原问题等价于不等式 $t^2 - mt + 4 \geqslant 0$，对任意的 t 在 $[2,\ +\infty)$ 上恒成立，

记 $f(t) = t^2 - mt + 4$，

当对称轴 $\dfrac{m}{2} \leqslant 0$，即 $m \leqslant 0$ 时，显然成立；

当对称轴 $0 < \dfrac{m}{2} \leqslant 2$，即 $0 < m \leqslant 4$ 时，只需 $f(2) = 8 - 2m \geqslant 0$，即 $0 < m \leqslant 4$；

当对称轴 $\dfrac{m}{2} > 2$，即 $m > 4$ 时，只需 $\Delta = m^2 - 16 \leqslant 0 \Rightarrow -4 \leqslant m \leqslant 4$，

与 $m > 4$ 矛盾；

综上，$0 < m \leqslant 4$，所以实数 m 的最大值为 4。

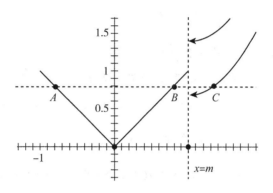

【案例3】(2016 年全国 Ⅱ 卷文科高考第 11 题) 试题和答案如下：

函数 $f(x) = \cos 2x + 6\cos\left(\dfrac{\pi}{2} - x\right)$ 的最大值为

(A)4　　(B)5　　(C)6　　(D)7

解：因为 $f(x) = -2\left(\sin x - \dfrac{3}{2}\right)^2 + \dfrac{11}{2}$，而 $\sin x \in [-1,\ 1]$，所以当

$\sin x = 1$ 时，取最大值 5。

以上是最终可以转化为二次函数、二次方程和二次不等式的题目，其实还有更多的考题是考其他类型的方程、不等式问题，也可以用函数的观点，数形结合的思想来处理，如：

【案例4】(2016 年山东卷文理高考第 15 题，填空压轴) 试题和答案如下：

已知函数 $f(x) = \begin{cases} |x|, & x \leqslant m, \\ x^2 - 2mx + 4m, & x > m, \end{cases}$ 其中 $m > 0$. 若存在实数

b，使得关于 x 的方程 $f(x) = b$ 有三个不同的根，则 m 的取值范围是_____。

解：画出函数图像如下图所示：

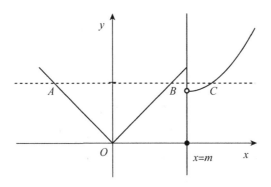

若存在函数 b，使得关于 x 的方程 $f(x) = b$ 有三个不同的根，则 $|m| > m^2 - 2m \cdot m + 4m$，$m^2 - 3m > 0$，解得 $m > 3$。

【评析】结课：从高中数学的核心问题中回望基础，让学生加深对三个"二次"作用的理解，并试图产生对进一步学习的期待。

师：很好，谢谢这位学长。高中数学中的许多问题，都与三个"二次"直接有关或间接有关。二次函数、二次方程和二次不等式的研究方法为研究其他函数、方程和不等式提供了套路。以后，对于其他类型的方程和不等式问题，我们仍然可以用函数的观点来处理。

师：这里其实还蕴含着一种重要的数学思想方法，同学们说说，是什么？

生：数形结合。

师：著名数学家华罗庚专为数形结合思想写了一首诗，我们一起来朗诵一下。

数缺形时少直观，
形少数时难入微。
数形结合百般好，
隔离分家万事休。

本课力图尝试在解决问题的过程中，让学生经过自主探究、合作学习和教师动态演示，完成知识的回顾、整合、提升、展望。通过教学实践，认识到多一点精心预设，就能融一份动态生成，体会到什么是由"关注知识"转向"关注学生"，注意到由"给出知识"转向"引起活动"，由"完成教学任务"转向"促进学生发展"。

下面是湖北省数学理事会理事长、湖北省中学数学教研员、特级教师周远方，武汉市中学数学教研员、特级教师裴光亚，全国著名重点中学华中师大一附中数学教研组长、特级教师、武汉市十大名师殷希群对这节教学案例的总结与点评，发表在中学数学核心期刊《中学数学教学参考》上。

《一元二次函数、方程和不等式》课例赏析

周远方[1] 裴光亚[2] 殷希群[3] 陈开懋[3]

(1. 湖北省教育科学研究院 430071 2. 武汉教育科学研究院 430223

3. 湖北武汉华中师大一附中 430223)

对于初、高中衔接课的教学，过去传统的做法一般是以先复习为主，再适当穿插衔接知识。当下一般的做法是以梳理为主，即通过梳理初中数学的相关内容，插入高中数学的预备知识，理解新旧知识之间的相互联系，体会数学的整体性，提升数学核心素养。

为了兼顾传统与现实的做法，深入探讨初、高中衔接课的教学到底该如何定位、如何设计和如何操作的问题，代表我省参加全国第八届高中青年数学教师优秀课评比的华中师范大学第一附属中学的陈开懋老师，大胆地选择了"一元二次函数、方程和不等式"衔接课(以下简称"三个二次"衔接课)作为展评课题。该课不仅是本届95节参评课例中唯一的一节衔接课，获得了本届优秀课一等奖，而且成为本届最优秀课例。以下从本节课的教学设计、课例片段和教学评析三个层面，透彻剖析衔接课的教学构架、教学策略和教学环节，赏析用"衔接价值"引领教学设计、串连教学环节和凸显教学特色的具体做法。

1. 总结提炼"衔接价值"，引领全课教学构架

在总结传统与现实做法的基础上，我们认为，衔接课既不是复习课，也不是新知课，而是架设于复习课和新知课之间的一座桥梁。衔接课重在合理过渡、恰当关联和适度延伸，就是要帮助学生完成从初中到高中数学学习的过渡（包括知识与技能、方法与习惯和能力与素养等），展现怎么从一个领域延伸到另一个领域，或者从低级层次延伸到高级层次。因此，提炼出衔接课主要应体现以下三个衔接价值：

第一个衔接价值是：承上启下。承上，就是要对已学知识内容进行回顾、梳理和融合；启下，就是要为后继相关学习内容进行过渡、铺垫和预备，做好先行组织者。

第二个衔接价值是：高屋建瓴。就是要站在整体的角度，厘清新旧内容之间的衔接关系，概括出衔接知识的本质特征，提炼出一般观念，在衔接过程中提升相关数学核心素养。

第三个衔接价值是：由近及远。即以旧知切入新知，以变式串通前后联系，以开放性的问题结课，让学生在更高层次上体验新的问题，引导学生感悟高中阶段数学课程的特征。

正是基于衔接课重在凸显其衔接价值的认识，构建了"三个二次"衔接课的基本框架：回顾——整合——提升——展望（如图6-1），用此"四个环节"贯穿全课，并由此确立了"三个二次"衔接课的具体教学目标和教学策略。

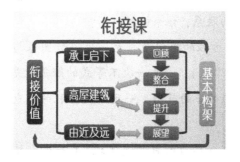

图6-1 "三个二次"衔接课的教学构架

教学目标：理解一元二次函数、方程和不等式三者之间的关系；能用一元二次函数的观点处理一元二次方程和一元二次不等式问题，并为学习其他函数、方程和不等式问题提供研究范式，让学生领悟"三个二次"的衔接价值。

教学策略：一是不能靠单纯的复习；二是不宜上成新课；三是必须展示基本套路，但又不可能一次到位；四是既要立足于函数的观点，又要着眼于后继学习的必然联系，更要遵循教学的自然顺序，避免后继内容的前移。为此，抓住教学的三条线（知识线、思维线和活动线），在"回顾、整合、提升、展望"的四个教学环节中，确立了任务驱动、问题导向和拓展延伸的探究式教学策略。

2. 充分发挥"衔接价值"，串通四个教学环节

环节一：回顾

问题1：在初中我们学过一元一次不等式，请同学们说出这个不等式 $3x - 2 > 0$ 的解集，并说明你是怎么解出来的？

生1：利用不等式的性质，把2移到右边去，再在不等式左右两边同时除以3，得 $x > \dfrac{2}{3}$。

生2：还可以从几何的角度来解不等式，先画出一次函数的图像，从图像看出解集。

问题2：由此可知，一元一次函数、一元一次方程和一元一次不等式三者之间有着密切的联系，谁来概括一下？

生3：一元一次方程的根就是一元一次函数图像与 x 轴交点的横坐标（即一元一次函数的零点），一元一次不等式的解集就是一元一次函数图像在 x 轴上方时所对应的 x 的范围，一元一次方程的根也是一元一次不等式解集的端点。

【评析1】设计这一环节的目的是实现"第一个衔接价值"：承上启下。具体教学策略是通过提问一元一次不等式的解法，引导学生回顾一元一次

函数、方程和不等式三者之间的关系，这个开端设计不仅能实现"第一个衔接价值"，还能很快吸引学生的注意力，激发学习兴趣，顺利导入新课。

环节二：整合

以具体的一元二次函数(系数确定的)、方程和不等式为例

> **画一画** 画出一元二次函数 $y = x^2 - 2x - 3$ 的图像。

> **看一看** 如图6-2所示，观看几何画板动画，C 是函数 $y = x^2 - 2x - 3$

图像上任意一点，观察随着动点 C 的横坐标 x 的变化，纵坐标 y 的变化情况。

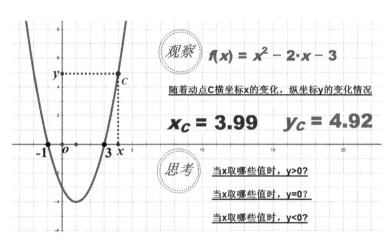

图 6-2　函数 $y = x^2 - 2x - 3$ 图像的动态变化特征

> **说一说**

(1) 当 x 取哪些值时，$y = 0$？方程 $x^2 - 2x - 3 = 0$ 的根为_____；

(2) 当 x 取哪些值时，$y > 0$？不等式 $x^2 - 2x - 3 > 0$ 的解集为_____；

(3) 当 x 取哪些值时，$y < 0$？不等式 $x^2 - 2x - 3 < 0$ 的解集为_____。

问题3：一元二次方程 $x^2 - 2x - 3 = 0$，一元二次不等式 $x^2 - 2x - 3 > 0$ 和一元二次函数 $y = x^2 - 2x - 3$，三者之间有什么关系？

动画展示：如图6-3所示。

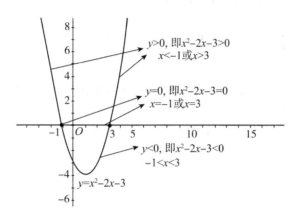

图6-3 函数 $y = x^2 - 2x - 3$ 与相应方程与不等式的联系

对一般的一元二次函数(系数未知的)、方程和不等式三者之间的关系进行整合。

变一变

问题4：对于一般的一元二次函数、一元二次方程和一元二次不等式，三者之间有什么关系？

合作探究：先让学生独立完成下表(图6-4)，再由小组合作共同补充完善。

判别式 $\Delta = b^2 - 4ac$	$\Delta > 0$	$\Delta = 0$	$\Delta < 0$
$ax^2 + bx + c = 0$ $(a > 0)$ 的根	有两相异实根 x_1，$x_2 (x_1 < x_2)$	有两相等实根 $x_1 = x_2 = -\dfrac{b}{2a}$	没有实根

续表

判别式 $\Delta = b^2 - 4ac$	$\Delta > 0$	$\Delta = 0$	$\Delta < 0$
$y = ax^2 + bx + c$ $(a>0)$ 的图像	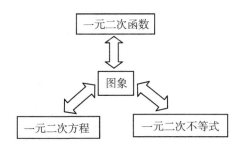		
$ax^2 + bx + c > 0$ $(a>0)$ 的解集	$\{x \mid x < x_1,\ \text{或}\ x > x_2\}$	$\{x \mid x \neq -\dfrac{b}{2a}\}$	R
$ax^2 + bx + c < 0$ $(a>0)$ 的解集	$\{x \mid x < x < x_2\}$	Φ	Φ

图 6-4　函数 $y = ax^2 + bx + c\,(a>0)$ 与相应方程与不等式的关系

归纳总结：一元二次函数、方程和不等式三者之间有着密切的联系，函数是核心，图像是载体(如图 6-5)。运用函数方法不仅可以得到求解一元二次不等式的通性通法——程序化方法，而且在讨论其他函数及相关问题时具有一般意义。

一元二次函数

图象

一元二次方程　　　一元二次不等式

图 6-5　一元二次函数与相应方程与不等式的联系

评析 2：设计这一环节的目的是实现"第二个衔接价值"——高屋建瓴的第一步，也就是引导学生概括出"三个二次"之间最本质的关系，提炼出一般观念：函数是核心，运算是基础，图像是载体。让学生经历从特殊到

一般的认知过程，培养学生数学抽象、逻辑推理和直观想象等核心素养，这个环节也是本节课的教学重点。

例 1 已知关于 x 的不等式 $x^2 + bx + c < 0$ 的解集为 $(-1, 3)$，求实数 b，c 的值。

生 4： 依题意，-1，3 是对应一元二次方程 $x^2 + bx + c = 0$ 的两根，将 $x = -1$ 和 $x = 3$ 代入方程化简可得 $\begin{cases} -b + c + 1 = 0, \\ 3b + c + 9 = 0, \end{cases}$ 解得 $\begin{cases} b = -2, \\ c = -3. \end{cases}$

生 5： 依题意，-1，3 是对应一元二次方程 $x^2 + bx + c = 0$ 的两根，由韦达定理有

$$\begin{cases} -1 + 3 = -b, \\ -1 \times 3 = c, \end{cases} \quad 即 \quad \begin{cases} b = -2, \\ c = -3. \end{cases}$$

评析 3： 该例的设置是问题 3 的逆向变式，主要是为了从正反两个方面强化一元二次函数、方程和不等式的内在联系。

环节三：提升

为了实现"第二个衔接价值"——高屋建瓴的第二步，也就是进一步提升：从数字系数到字母系数，从静态到动态，让学生养成借助直观进行逻辑推理、独立思考和合作交流等学习习惯。基于此，利用变式策略设计了例 2 与例 3。这一环节既是本节课的重点，也是难点。

例 2 已知关于 x 的方程 $x^2 - 2mx + 3 = 0$，一根小于 1，另一根大于 1，求实数 m 的取值范围。

生 6： 设 $f(x) = x^2 - 2mx + 3$，则由 $f(1) = 4 - 2m < 0$，解之得 $m > 2$。

生 7： 不对，应该还要 $\Delta > 0$。

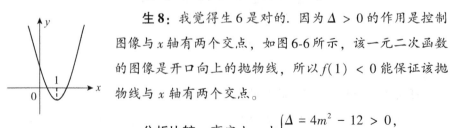

生 8： 我觉得生 6 是对的. 因为 $\Delta > 0$ 的作用是控制图像与 x 轴有两个交点，如图 6-6 所示，该一元二次函数的图像是开口向上的抛物线，所以 $f(1) < 0$ 能保证该抛物线与 x 轴有两个交点。

图 6-6

分析比较： 事实上，由 $\begin{cases} \Delta = 4m^2 - 12 > 0, \\ f(1) = 4 - 2m < 0, \end{cases} \Leftrightarrow$

$$\begin{cases} m < -\sqrt{3} \ \text{或} \ m > \sqrt{3}, \\ m > 2, \end{cases} \Leftrightarrow m > 2 \ \text{可知,两种解法的答案是一致,可见此时}$$

$f(1) < 0$ 确实已经保证了 $\Delta > 0$,因此数形结合的解法更简洁。

评析 4:利用变式策略给出含参一元二次方程根的分布问题,进一步引导学生探索一元二次方程与一元二次函数之间的关系,提升学生用函数的观点处理方程问题的意识。

例 3 若不等式 $x^2 - 2mx + 3 > 0$ 对任意 $x \in [-1, 3]$ 恒成立,求实数 m 的取值范围。

合作讨论:组内学生相互讨论,分析交流解题思路。

学生分析:依题意,只需函数 $f(x) = x^2 - 2mx + 3$ 在 $x \in [-1, 3]$ 上的图像位于 x 轴的上方,故应按对称轴 $x = m$ 的位置分别在区间 $[-1, 3]$ 的左边、中间和右边三种情形分类讨论。

动画展示:如图 6-7,随着 m 值的变化,函数 $f(x) = x^2 - 2mx + 3$ 图像与 x 轴的位置关系。

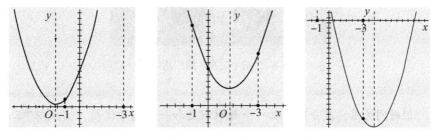

图 6-7 函数 $y = x^2 - 2mx + 3$ 图像随着 m 取值变化的三种位置关系

评析 5:再次利用变式策略给出含参一元二次不等式在给定区间上的恒成立问题,归纳总结出用一元二次函数处理一元二次不等式的数形结合的思想方法。

环节四:展望

师:同学们,今天莅临我们课堂的还有一位神秘嘉宾,大家想不想见一下？

嘉宾：学弟、学妹们好，首先自我介绍一下，我是现在高三(15)班的×××同学，很高兴走进你们的课堂能和大家一起交流学习。

大家已经知道，很多中考压轴题往往都是与一元二次函数有关的问题，那么，我们今天学习的"三个二次"问题在以后的高中学习中到底有什么作用呢？课前陈老师给我布置了一个任务，让我归纳整理一下"三个二次"问题在高中数学中的应用。

其实，"三个二次"问题及其思想方法，广泛应用于高中数学的各大主干知识，如函数、数列、导数、解析几何、立体几何等(如图6-8)。

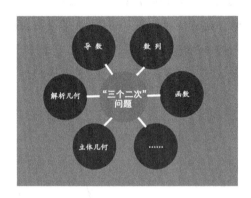

图6-8　"三个二次"的广泛应用

因时间关系，我分别选取一个教材例题和一个高考试题，重点以"三个二次"问题在解析几何中的应用为例，让同学们对"三个二次"在以后学习中的地位和作用有所了解(参见案例1与案例2，因篇幅所限，解法略)。

【案例1】(人教A版高中数学课标教材选修2-1第二章圆锥曲线与方程2.4抛物线例6) 已知抛物线方程为$y^2 = 4x$，直线l过定点$P(-2,1)$，斜率为k。当k为何值时，直线l与抛物线$y^2 = 4x$：只有一个公共点；有两个公共点；没有公共点？

【案例2】(2004年高考湖北卷理科第20题) 直线l：$y = kx + 1$与双曲线C：$2x^2 - y^2 = 1$的右支交于不同的两点A、B，求实数k的取值范围。

师：很好，谢谢这位学长。高中数学中的许多问题，确实都与"三个二次"问题直接有关或间接有关。"三个二次"问题的研究方法也为研究其他函数、方程和不等式的关系提供了基本套路。也就是说，我们同样可以遵循"函数是核心，图像是载体"的原则，用函数的观点统一处理其他类型的方程和不等式问题。

数缺形时少直观，
形少数时难入微。
数形结合百般好，
隔离分家万事休。

同时，在今天的学习过程中，同学们应该强烈地感受到处理"三个二次"问题的核心思想方法——数形结合，那就让我们一起重温著名数学家华罗庚先生诠释数形结合思想的诗句，结束本节课的学习吧！

评析6：设计这一环节的目的是实现"第三个衔接价值"：由近及远，即以开放性的问题结课，从高中数学的主干知识中展望"三个二次"的作用，让学生进一步加深理解"三个二次"的功能价值，产生进一步学习的期待，这也是突破衔接课瓶颈的有效环节。

3. 有效利用"衔接价值"，凸显课型教学特色

本课作为衔接课型，从教学设计架构到教学实施过程，可圈可点之处在于明确了衔接课教学设计应从衔接价值入手，既利用衔接价值引领了全课的教学设计，搭建了全课的知识框架，又通过衔接价值开启了课堂的教学流程，实现了教学的四个环节。

利用衔接价值，创新教学构架

首先，本课对设计衔接课的教学架构进行了大胆的创新，从衔接价值出发，构建了以回顾、整合、提升和展望为要素的基本构架，突破了单纯

的复习引入、或者简单插入预备知识等传统的衔接方式，实现了衔接课课堂结构的创新。回顾与整合是衔接的前提，只有在整合意义上的提升，才能奠定后继知识衔接的学习基础；提升与展望是衔接的拓展，只有在提升前提下的展望，才能让学生看到衔接内容的真正价值，给后继学习以持续动力和研究导向。具备了这种意义上的学习基础和研究导向，就能实现有效衔接，因此，该衔接课的"四个环节"，既是对传统的扬弃，也是对当下的超越。

利用衔接价值，破解教学难题

其次，本课对破解衔接课的教学难题作出了必要的尝试，在衔接课中如何展望？特别地，如何阐述"三个二次"在将来所学内容中的地位，以激励学生在意义明确的基础上去主动地学习？针对这一衔接课的教学难题，选择了"让高三学生现身说法，从未知中提取可知，给学生以感知"的创新作法。从课后访谈学生的反馈表明，采用这种"兵教兵"的处理方式，让高年级的学生给低年级学生传经送宝，其实际效果远胜于以往教师的单纯说教。

利用衔接价值，突出教学主线

最后，本课对突出衔接课的教学主线采取了有效的措施。一是通过新旧类比审视"三个二次"问题，突出了函数的核心地位；二是通过变式探究梳理相关问题，突出了一元二次不等式的解法、一元二次方程根的分布和一元二次函数在闭区间上的最值的衔接主线；三是通过数形结合确立思考方向，突出了直观想象的核心素养；四是运用函数方法破解衔接障碍，突出了数学运算的核心素养。这些具体措施都紧扣衔接价值，有效地突出了教学主线。

总之，本课由衔接价值的贯彻引领了教学设计，同时，由教学设计的实施又凸显了衔接价值，真实地展现了衔接价值是衔接课教学设计的灵魂。

(二)值得进一步思考与探索的问题

"学科能力的培养与日常教学的深度融合"是一个极具意义而更为长久

的教学探索旅程。在这一旅程的探索过程中，以下几个问题值得进一步讨论与思考。

1. 如何处理好知识与能力的关系问题

知识与能力的关系问题，是课程教学的经典问题。既传授知识又培养能力，似乎成为人们的共识。但究竟如何处理知识与能力的关系问题，如何教授知识的同时促进学生能力的发展，这是学校深化课程教学改革必须面对的问题。事实上，知识教学与能力培养并不矛盾，两者甚至是相辅相成、和谐统一的。任何知识，无论是科学知识还是社会知识，或者是人文知识，都是特定文化背景下的产物，都蕴含着特定的思想、思维方式和价值观念。这就需要教师在教学过程中从学生能力提升的角度理解知识，挖掘知识对学生生命成长和能力提升的内在意义和多元价值。停留于对知识的符号化占有和精致的知识训练，恰恰是全面深化课程教学改革落实立德树人根本任务要克服的局限性。通过知识教学学生究竟获得了什么知识，知识转化成了哪些终生必备的核心素养和关键能力，这是广大教师需要审慎思考和探究的问题。

2. 如何使关键能力培养课程化、学科化和常态化

如何在课程实施和学科教学中发展学生能力，是当前课程教学改革的重点和难点。我们认为，深化课程教学改革，提升学生的关键能力，需要真切地关注学生的学科素养和学科关键能力。如果四大关键能力不能课程化、学科化和常态化，那充其量只能算是美丽的"空中楼阁"和"海市蜃楼"，中看而不中用。当然，需要明确的是四大关键能力是统领性的，不能完全等同于学科素养和学科能力。但不能否认课堂和学科教学是达成学生关键能力提升的主要途径和根本途径。这就需要广大教师立足于所教学科，结合学科性质和特点，围绕着学科教学目标，着力思考和分析四大关键能力与学科知识、学科能力之间的关联度，探究四大关键能力培养的学科教学途径、方法与策略。

3. 如何提高教师的课程创生能力，使其成为教学变革的参与者

任何一项改革都意味着思维方式、价值观念以及行为态度的转变与革新，固守旧有的理念和思维方式，只会在变革的浪潮中冲昏头脑、茫然无所措。做一个有课程思想和创生能力的教学变革参与者是广大一线教师应有的态度与理想。在本次优质课评比中，虽然绝大多数教师的表现非常出色，但仍然有部分教师的表现不尽如人意。教学时间短、教学经验匮乏，这可以成为青年教师发展短板的"理由"，但不应该成为固守现状的"借口"。青年教师是学校发展和教学质量提升的基石和希望。从学校层面来看，无论是学校领导还是教学、科研部门，抑或是学科组、年级组都应进一步关注、关心青年教师的专业成长，为其提供各方面的支持与保障。从教师自身角度而言，则应从"反思型实践家"和"研究型教师"的角色定位要求自己，对隐含于日常教学行为背后的教学观、课程观、学生观、知识观等进行价值澄清，形成自己的课程理解和课程思想，从而实现"为分数而教"向"为能力而教"的转向。

结　语

　　"培养学生能力"是素质教育的核心思想之一，也是我国基础教育改革的重要目标及长期目标。通过学校教育教学，学生在该过程中所获得的不同的学科能力，能够为他们之后解决问题能力的综合运用打好基础。本书致力于数学学科能力及其评价体系的研究，试图解决什么是数学学科能力、数学学科能力由哪些要素所构成、数学学科能力是如何发展的、如何评价数学学科能力、当前高中生数学学科能力的现状如何等核心问题。由于对数学学科能力及其评价体系的研究到目前为止仍是一个尚待开发的领域，所以本研究的结果以及方法论对后续研究、对其他具体学科能力的研究具有一定的启示作用。但也因为本研究是一种探索性研究，因而存在着一定的局限性。

　　经过研究，本书得到了许多结果。

1. 高中数学学科能力表现标准的内涵

　　通过对能力、能力表现、课程标准、内容标准以及表现标准等概念的界定与辨析，确定了高中数学学科能力表现标准的内涵和外延，并据此确定了高中生数学学科能力表现标准的基本内容：高中数学学科能力要素，表现水平，能力表现层级描述。

2. 高中数学学科能力表现模型及指标构建

　　本章从数学能力、数学知识和数学思想方法三者之间的联系，以及知识论、心理学、评价理论和国际比较四个方面阐释了高中数学学科能力模型以及制定高中数学学科能力表现标准的理论基础。教育学立场下的知识观、皮亚杰认知发展阶段理论，布鲁姆教育目标分类学和 SOLO 分类理论、以及国际学生评估项目为制定我国高中数学学科能力表现标准奠定了坚实的基础。从学科领域内容、学科能力表现维度、表现层级水平、问题情境等四方面构建高中数学学科能力表现模型，再通过德尔菲法将数学能力分为空间现象能力、抽象概括能力、推理论证能力、运算求解能力和数据处理能力这五个一级指标以及 15 个二级指标，每个二级指标又可划分为表征、分析、应用、评价、创新等不同数学能力表现水平，为学生数学能力的发展提供目标和依据。

3. 高中数学学科能力表现标准开发

依据构建的高中数学学科能力模型及指标构建，进行能力表现标准开发，对具体能力的指标进行细化，并基于此筛选一些比较具有代表性的数学题目，以对学生学习的认知任务进行相关的分析从而获取体现于其中的学科能力表现，最后按照一定的标准将这些学科能力进行相应的层级排列与划分。基于高中数学学科能力表现标准的实证研究，理论或标准的构建必须经过实践的检验才能证明其合理性和可操作性。本部分将通过选取实际研究对象(高三学生)，对其实测试卷和自设试卷的测试与分析，进一步证明"标准"的合理性和可行性。

本书属于一项探索性质的研究，从总体来看，尽管通过具体的实证调查研究取得了一些相对来说具有一定价值的研究成果，这些研究成果包括：对高中数学学科能力的内涵以及高中数学学科能力的核心要素进行了新的阐述；对高中数学学科能力的框架模型进行了尝试性的建构；建构了高中数学学科能力表现标准；建立了高中数学学科能力的测验量表。但世界上也不存在完美无缺的事物，故本书中也不免存在一些缺陷和不足之处：

1. 研究样本学校性质较为单一

本研究在选取样本时尽管注意了地域差异，在城市、县城以及乡镇各选取了一所学校作为代表，但学校性质仍属于重点中学。

2. 测验工具仍需进一步改进

这表现在每份测验卷的项目数偏少。

3. 高中数学学科能力表现标准的研制应该以教育实践为取向，但在研究过程中有所忽略

具体来说，教育不是静态的而是一种动态的过程，它的动态性体现在

它的实践属性。在教育教学的过程中，学生的角色也不是静态地坐在教室里等待知识的灌输，学生也是一种动态的存在，学生的动态性体现在他们的发展以及学习的实践特性。此外，教育的内涵十分多样，教育不仅仅是强调对知识与技能的学习与掌握，教育同时还蕴含学生对教育的期待与热情，并与学生的人际关系发展的联系十分紧密。随着新一轮基础教育课程改革的深入推进，高中生各科学习的核心素养备受重视。对此，理论研究者需要与时俱进不断地更新自身的思想观念并将研究的重点逐渐转向对学生学科能力与学科核心素养的培育上，这样才能确保理论作为一种实践的指导而具有现实意义。

首先，需要弄清楚当代社会发展对高中生的学科能力和素养提出了哪些要求。为了能较精确地确定实际教育教学中高中生的数学学科能力，这就要求所进行的相关研究应紧紧贴近教育中的实践，使研究得出的学科能力与实际的学科能力之间的偏差尽量降到最小值。但考虑到时间、能力等其他的主客观原因的局限，本研究主要是基于文献分析法以及访谈法以对高中生数学学科能力作出划分和确定。

其次，本研究着重对能够为高中生数学学科能力的培育提供现实的指导意义、为高中生数学学科能力的发展提供明晰的方向、卓有成效地促进学生学科能力的发展、有效解决目前中学生学科能力较为低下等问题的学科能力的标准进行相关研究和尝试性的建构。

最后，本研究着重于对美国学科能力表现标准的借鉴并试图将其运用于中国实际的高中数学学科的教育教学中，研究主要考虑的是国外学科能力表现标准的借鉴意义而相对来说并没有对该学科能力表现标准本身的合理性及价值进行探讨。

4. 高中数学学科能力表现标准的研制应强调"中体西用"

对于学科能力表现标准的研究来说，国外的研究较多，但经过仔细深入的分析后你会发现，国外所研究的学科能力表现标准若要运用于我国的实际教育教学中还是需要相关理论和实践工作者的深思熟虑，原因有三点：第一，由于文化差异而导致的我国对国外所使用的相关概念而产生的一种"陌生感"或者说对其认知上存在一些差异；第二，由于对国外研究的相关概念存在着认知上的差异，故我国的教育工作者对基于国外的相关专业术语而进行的对学科能力表现标准的分类就会产生烦琐感、杂乱感；第三，太过细分的学科能力表现标准不太适用于我国目前的教育现状，所以我们可以借鉴国外的经验，但前提是应确保在我国国情的基础之上来建构学科能力表现标准，建立在我国社会文化环境背景之下，才能具有真正的实践价值。

虽然不得不画上论文的句号，但对于学科能力研究的征程还很漫长，学科能力及其测评的研究仍是一片尚待开发的热土。本书的研究只是一个开端与尝试，希望能够起到抛砖引玉的作用，吸引更多的教育研究者投身于学科能力的研究，让"培养学生能力"成为教育实践中既可追也可及的目标。

参考文献

（一）中文参考文献

[1]任樟辉. 数学思维论[M]. 南宁：广西教育出版社, 1996.

[2]魏亚鸣. 数学思维能力的培养[M]. 郑州：河南大学出版社, 2014.

[3]曲晓春. 数学抽象概括能力的培养[J]. 现代交际, 2010(12).

[4]弗拉维尔, 米勒. 认知发展[M]. 邓赐平, 刘明, 译. 上海：华东师范大学出版社, 2002.

[5]于丽. PISA 数学素养测试研究[M]. 上海：上海师范大学出版社, 2009.

[6]任子朝. 国际教育评价发展趋势——"国际学生评价项目"评介[J]. 中国考试, 2003(12).

[7]任子朝. 关于以知识立意与以能力立意的讨论——赴美国 ETS 学习引发的思考[J]. 教育学报, 1998(11).

[8]沈启正, 周彩莺, 季芳. 普通高中学业水平考试命题研究(一)——基于课程标准的内容标准、表现标准与能力立意[J]. 教育测量与评价, 2013(9).

[9]林崇德. 学习与发展——中小学生心理能力发展与培养[M]. 北京：北京师范大学出版社, 1991.

[10]曹才翰. 中学数学教学概论[M]. 北京：北京师范大学出版社, 1990.

[11]司徒伟成. 数学水平的测量与评价[M]. 广州：广东高等教育出版社, 1988.

[12]陈仁泽等. 数学学习能力的因素分析[J]. 心理学报, 1997(29).

[13]胡中锋, 莫雷. 高中生数学能力结构研究[J]. 华南师范大学学报(自然科学版), 2001.

[14]赵裕春. 小学生数学能力测查与评价[M]. 北京：教育科学出版社, 1987.

[15]王权. 现代因素分析[M]. 杭州：杭州大学出版社, 1993.

[16]刘兰英. 小学生数学推理能力结构的验证性因素分析[J]. 心理科学,

2000(23).

[17]张君达,倪斯杰.超常儿童数学能力的因素分析[J].心理科学,1998(6).

[18]曹日昌.普通心理学[M].北京:人民教育出版社,1979.

[19]数学教育学导论编写组.数学教育学导论[M].北京:高等教育出版社,1992.

[20]张士充.数学能力的分析研究与综合培养[J].数学通报,1985(6).

[21]沈毅,崔允漷.课堂观察:走向专业的听评课[M].上海:华东师范大学出版社,2008.

[22]崔允漷.基于标准的学生学业成就评价[M].上海:华东师范大学出版社,2008.

[23]郭元祥,马友平.学科能力表现:意义、要素与类型[J].教育发展研究,2012(15).

[24]徐岩,丁朝蓬.建立学业评价标准,促进课程教学改革[J].课程·教材·教法,2009(12).

[25]全国教育科学规划领导小组办公室."新课程小学数学、语文学科能力评价研究"研究成果述评[J].当代教育论坛,2008(3).

[26]张春莉.小学生数学能力评价框架的建构[J].教育学报,2011(10).

[27]张翠翠.初探高中生数学能力的培养[J].教学研究,2010(15).

[28]刘淑俊,乔均俭,朱莹.论数学能力的构成及其培养[J].河北农业大学学报(农林教育版),2005(9).

[29]代文军,蔡惠萍.论学生数学能力的培养[J].石家庄职业技术学院学报,2005(12).

[30]刘秀梅.培养学生数学能力的探索[J].江苏教师,2011(12).

[31]陶文中.数学能力培养的六项原则[J].教育科学研究,1993(10).

[32]克鲁捷茨基.中小学生数学能力心理学[M].北京:教育科学出版社,1984.

[33]鲍建生,周超.数学学习的心理基础与过程[M].上海:上海教育出

版社，2009.

[34]喻平. 数学教育学导引[M]. 桂林：广西师范大学出版社，1998.

[35]马萍. 以问题解决为核心，培养学生数学素养——新加坡数学教育特色分析及启示[J]. 中学数学杂志，2007(5).

[36]张奠宙. 数学教育研究导引[M]. 南京：江苏教育出版社，1998.

[37]张春莉. 小学生数学能力评价框架的建构[J]. 教育学报，2011(5).

[38]曾祥芹，韩雪屏. 国外阅读研究[J]. 郑州：河南出版社，1992.

[39]匹兹堡大学. 美国国家教育和经济中心. 美国高中学科能力表现标准[M]. 上海市教育科学研究院，译. 北京：人民教育出版社，2004.

[40]丛立新，章燕. 澳大利亚课程标准[M]. 北京：人民教育出版社，2005.

[41]洛林·W·安德森. 布鲁姆教育目标分类学(修订版)[M]. 蒋小平，张琴美，罗晶晶，译. 北京：外语教学与研究出版社，2009.

[42]经济合作与发展组织. 面向明日世界的学习：国际学生评估项目(PISA)2003报告[M]. 上海市教育科学研究院，国际学生评估项目上海研究中心，译. 上海：上海教育出版社，2008.

[43]何瑞珠，卢乃桂. 从国际视域论析教育素质与平等：PISA的启示[M]. 北京：教育科学出版社，2011.

[44]约翰·彼格斯，凯文·F·科利斯. 学习质量评价：SOLO分类理论[M]. 高凌飚，张洪岩，译. 北京：人民教育出版社，2010.

[45]叶奕乾，何存道，梁宁建. 普通心理学[M]. 上海：华东师范大学出版社，2004.

[46]朱伟强. 基于课程标准：内涵和意义[J]. 当代教育科学，2006(8).

[47]夏雪梅. 基于标准设计教学目标：课程实施程度的视角[J]. 全球教育展望，2010(4).

[48]崔允漷. 课程实施的新取向：基于课程标准的教学[J]. 教育研究，2009(1).

[49]Grant Wiggins. 教育性评价[M]. 国家基础教育课程改革"促进教师发

展与学生成长的评价研究"项目组, 译. 北京：中国轻工业出版社, 2005.

[50]刘洪. 对学生数学能力评价方法的思考[D]. 沈阳：辽宁师范大学, 2008.

[51]叶奕乾, 何存道, 梁宁建. 普通心理学(修订版)[M]. 上海：华东师范大学出版社, 2004.

[52]顾明远. 教育大辞典[M]. 上海：上海教育出版社, 1998.

[53]钟华友. 打造能力——优化能力的构建[M]. 北京：西苑出版社, 2003.

[54]李晓群. 学科建设的要素及原则[J]. 学位与研究生教育, 2001(9).

[55]徐斌艳. 数学学科核心能力研究[J]. 全球教育展望, 2013, 42(6).

[56]王丽颖, 毕力格图. 试论高校数学教师学科能力发展[J]. 内蒙古师范大学学报, 2014, 27(9).

[57]毕力格图. 高中数学教师学科知识发展研究[M]. 长春：东北师范大学出版社, 2011.

[58]郑太年. 知识观、学习观、教学观[J]. 全球教育展望, 2006, 35(5).

[59]皮连生, 王小明, 胡谊. 教学设计(第二版)[M]. 北京：高等教育出版社, 2009.

[60]皮连生. 智育心理学[M]. 北京：人民教育出版社, 1996.

[61]盛群力, 褚献华. 布卢姆认知目标分类修订的二维框架[J]. 课程·教材·教法, 2004(9).

[62]R·M·加涅. 学习的条件和教学论[M]. 上海：华东师范大学出版社, 2001.

[63]何克抗. 对美国建构主义教学成功还是失败大辩论的评述[J]. 电化教育研究, 2010(10).

[64]亚历山大洛夫, 等. 数学：它的内容、方法和意义(第1卷)[M]. 孙小礼, 赵孟养, 裘光明, 等译. 北京：科学出版社, 1986.

[65]巩子坤. 数学知识的特征与学习方式的有效选择[J]. 中国教育学刊,

2005(11).

[66]林崇德. 论学科能力的建构[J]. 北京师范大学学报(社会科学版),
1997(1).

[67]赵汀阳. 一个或所有问题[J]. 江西教育出版 ，1998(1).

[68]郭刘龙，陈宇涛. 论数学思想方法的教育价值[J]. 教育理论与实践，
2005(2).

[69]弗利德曼. 中小学数学教学心理学原理[M]. 陈心五，译. 北京：北京
师范大学出版社，1987.

[70]卢强. 学习共同体内涵重审：课程教学的视域[J]. 远程教育杂志，
2013，31(3).

[71]周燕. 从知识的外在意义到知识的内在意义[J]. 全球教育展望，2005
(4).

[72]顾正林. 从个体知识论到社会知识论——当代知识论的另一个转
向[J]. 科学技术与辩证法，2007，24(6).

[73]高文. 教育中的若干建构主义范型[J]. 全球教育展望，2001，30
(10).

[74]卢强. 学习共同体内涵重审：课程教学的视域[J]. 远程教育杂志，
2013，31(3).

[75]高文，任友群. 知识的生产与习得的社会学分析[J]. 华东师范大学学
报(教育科学版)，2004，22 (2).

[76]莱斯利·P·斯特弗，杰里·盖尔. 教育中的建构主义[C]. 高文，徐
斌燕，程可拉，等译. 上海：华东师范大学出版社，2002.

[77]王文静. 情境认知与学习理论：对建构主义的发展[J]. 全球教育展
望，2005，34(4).

[78]肯尼思·丁·杰根. 社会建构和教育过程[C]∥莱斯利·P·斯特弗，
杰里·盖尔. 教育中的建构主义[C]. 高文，徐斌燕，程可拉，等译.
上海：华东师范大学出版社，2002.

[79]王帅. 诗性知识与知识教学的诗性建构[J]. 全球教育展望，2010，39

（3）.

[80]郭元祥. 知识的教育学立场[J]. 教育研究与实验，2009（5）.

[81]赵汀阳. 心事哲学. 长话短说[M]. 北京：东方出版社，2001.

[82]赵汀阳. 知识、命运和幸福[J]. 哲学研究，2001（8）.

[83]乔金芳. 布卢姆目标分类学在高中物理教学案例设计中的应用研究[D]. 南昌：江西师范大学，2011.

[84]L·W·安德森，等. 学习、教学和评估的分类学——布卢姆教育目标分类学（修订版）[M]. 皮连生，译. 上海：华东师范大学出版社，2001.

[85]吴维宁. 教育评价新概念——SOLO 分类法评介[J]. 教育学报，1998（5）.

[86]李英杰. SOLO 分类评价理论在阅读能力评价上的应用[J]. 首都师范大学学报（社会科学版），2006（2）.

[87]李春玉. SOLO 分类评价法在学生学业评价中的优势和局限[J]. 教学与管理，2013（30）.

[88]陈慧，袁珠. PISA：一个国际性的学生评价项目[J]. 外国中小学教育，2008（8）.

[89]谢利民，卢宏. 为明天的世界而学习——PISA 视野下数学素养测试特点分析[J]. 外国中小学教育，2008（5）.

[90]王鼎. PISA 数学测评核心能力运用启示[J]. 外国中小学教育，2014（2）.

[91]任子朝. 国际学生评价发展趋势——PISA 评介[J]. 数学教学，2003（3）.

[92]李广. 为生存而学习：PISA 评价思想价值取向研究[J]. 外国教育研究，2005（7）.

[93]陆灵明. 论教育目标分类学中的"马氏理论"对"布氏框架"的超越[J]. 远程教育杂志，2012（1）.

[94]罗伯特·J·马扎诺，约翰·S·肯德尔. 教育目标的新分类学（第 2

版)[M].北京：教育科学出版社，2012.

[95]"素质教育的概念、内涵及相关理论"课题组.素质教育的概念、内涵及相关理论[J].教育研究，2006(2).

[96]中华人民共和国教育部.普通高中数学课程标准(实验)[S].北京：人民教育出版社，2003.

[97]张奠宙，李士锜，李俊.数学教育学导论[M].北京：高等教育出版社，2003.

[98]吴宪芳.中学数学教育概论[M].武汉：湖北教育出版社，2005.

[99]十三院校协编组.中学数学教材教法[M].北京：高等教育出版社，1981.

[100]李燕杰，李晓东，宋士波.更新观念，完善学生空间想象能力的培养[J].数学教育学报，1996(4).

[101]邵光华.论空间想象能力及几何教学[J].课程·教材·教法，1996(7).

[102]任子朝，孔凡哲.数学教育评价新论[M].北京：北京师范大学出版社，2010.

[103]李红婷.7—9年级学生几何推理能力发展及其教学研究[D].重庆：西南大学，2007.

[104]王宏记.培养学生数学推理论证能力的探索[J].考试周刊，2013(14).

[105]孙婷.义务教育阶段学生数学推理论证能力测评[D].上海：华东师范大学，2014.

[106]章士藻.中学数学教育学[M].北京：高等教育出版社，2007.

[107]孙宏安.数学能力探讨[M].大连：大连教育出版社，1996：54-57.

[108]张奠宙."与时俱进"谈数学能力[J].数学教学，2002(6).

[109]简洪权.高中数学运算能力的组成及培养策略[J].中学数学教学参考，2000(4).

[110]李求来，昌国良.中学数学教学论[M].长沙：湖南师范大学出版

社，2006.

[111]李红梅. 探究中学生数据处理能力的内涵[J]. 成都师范学院院报，2014(30).

[112]郑东辉. 促进学习的评价：学校的使命[J]. 当代教育科学，2008(16).

[113]崔允漷. 促进学习：学业评价的新范式[J]. 教育科学研究，2010(3).

[114]教育部. 基础教育课程改革纲要（试行）[S]. 北京：中华人民共和国教育部，2001.

[115]王蕾. 基于大规模考试的教育质量评价[J]. 教育科学研究，2010(11).

[116]李曙光. 南非东非教育质量监测（SACMEQ）[EB/OL].（2011-04-14）.[2013-09-10]. http://www.eachina.org.cn/eac/gjjc/ff8080812ea2c997012f51b0d5e90034.htm.

[117]教育部基础教育质量监测中心. 非洲法语国家联盟教育系统分析项目(PASEC)[J]. 基础教育质量监测信息简报，2011(9)：1-14.

[118]张民选，陆璟，占胜利，等. 专业视野中的 PISA[J]. 教育研究，2011，6(3).

[119]郭思文，李凌艳. 影响学生学习素养的环境因素测评：PISA 的框架，内容及政策影响[J]. 比较教育研究，2012(12).

[120]王蕾，邓小丽. PISA2003 问题解决能力测评及启示[J]. 外国中小学教育，2008(10).

[121]陆璟. PISA2009 上海实施报告[J]. 教育发展研究，2009(24).

[122]李建华. "第三次国际数学与科学研究"成果评介[J]. 比较教育研究，1999(3).

[123]鲁毓婷. 全球化背景下的学生学业成就比较研究——TIMSS 和 PISA[J]. 考试研究，2007(3).

[124]陈玉琨. 教育评估的理论与技术[M]. 广州：广东高等教育出版社，1987.

［125］张斌贤，从立新. 高屋建瓴：当代教育新观念［M］. 北京：中国铁道出版社，1997.

［126］洪志忠. 美国学生学业成就质量监测：NAEP 的经验［J］. 全球教育展望，2008（6）.

［127］陈晨，潘苏东. 美国全国教育进展评价体系的发展历程：40 年回顾［J］. 外国中小学教育，2009（12）.

［128］任长松. 美国国家教育进展评价 NAEP 及其借鉴意义［J］. 课程·教材·教法，2009（9）.

［129］曾玮，黄建伟. 美国 NAEP 地理评价述评［J］. 外国教育研究，2012（10）.

［130］周红. 美国国家教育进展评估体系述评［J］. 全球教育展望，2004，33（8）.

［131］姚林群，郭元祥. 基于学校层面的学业质量标准的研制［J］. 中国教育学刊，2012（4）.

［132］郭元祥，刘晓庆. 大规模教育评价的国际趋势与局限［J］. 教育研究与实验，2014（4）.

（二）外文参考文献

［1］ROBERT J S. TALIA B-Z. The Nature of Mathematical Thinking［M］. Mahwah, NJ：Lawrence Erlbaum Associates，1996.

［2］SOLOMON P G. The curriculum bridge：from standards to actual classroom practice［M］. NY：Corwin Press，2003.

［3］TENNYSON R D & COECHIARELLA M J. An empirically based instructional design theory for teaching concepts［J］. Review of Educational Research，1986（3）：40-71.

［4］ANDERSON J R. The architecture of cognition［M］. Cambridge：Harvard University Press，1996.

［5］POLANYI M. The study of man［M］. Chicago：University of Chicago

Press, 1958.

[6]SASSON D. Empathetic education: An ecological perspective of educational knowledge[J]. School Leadership& Management, 1999(3): 45-60.

[7]BIGGS J B & COLLIS K F. Evaluating the quality of learning—The SOLO taxonomy[M]. New York: Academic Press, 1982.

[8]OECD. Knowledge and skills for life: First results from PISA 2000[EB/OL]. http://www.pisa.oecd.org/dataoecd/44/53/33691596.pdf.

[9]OECD(2004). Learning for tomorrow's world first results from PISA2003 [EB/OL]. http://www.pisa.oecd.org.

[10]OECD(2003). The PISA2003 assessment framework mathematics, reading, science and problem solving knowledge and skills[EB/OL]. http://www.pisa.oecd.org.

[11]OECD. PISA 2012 Assessment and analytical framework: Mathematics, reading, science, problem solving and financial literacy[M]. Paris: OECD Publishing, 2013.

[12]PER Format. PISA 2015 draft mathematics framework[DB/OL]. http://www.oecd.org/pisa/pisaproducts/Draft% 20PISA% 202015% 20Science% 20Framework%20.pdf.

[13]GROUWS D. Handbook of research on mathematics teaching and learning [M]. New York: Macmillan, 1992.

[14]EARL L, KATZ S. Rethinking classroom assessment with purpose in mind [J]. Western and Northern Canadian Protocol for Collaboration in Education, 2006(30): 2009.

[15]HERMAN J L. Large-scale assessment in support of school reform: Lessons in the search for alternative measures[M]. Center for the Study of Evaluation, National Center for Research on Evaluation, Standards, and Student Testing, Graduate School of Education & Information Studies, University of California, Los Angeles: 1997.

[16] HUFF K, STEINBERG L, MATTS T. The promises and challenges of implementing evidence-centered design in large-scale assessment [J]. Applied Measurement in Education, 2010, 23(4).

[17] WITTROCK M C. Testing and recent research in cognition[J]. Englewood Cliffs: NJ: Prentice-Hall, 1991.

[18] GLASER R, SILVER E. Assessment, testing, and instruction: Retrospect and prospect[J]. Review of Research in Education, 1994(20).

[19] CHUDOWAKY N, PELLEGRINO J W. Large-scale assessments that support learning: What will it take? [J]. Theory into Practice, 2003, 42(1).

[20] LOMASK M, BARON J B, GREIG J. ConnMap: Connecticut's use of concept mapping to assess the structure of students' knowledge of science[C] // Annual meeting of the National Association of Research in Science Teaching. Cambridge, MA: 1992.

[21] CARROLL J B, Husén T. The teaching of French as a foreign language in eight countries [M]. New York: Wiley, 1975.

[22] HERMAN J L. Large-scale assessment in support of school reform: Lessons in the search for alternative measures [M]. Center for the Study of Evaluation, National Center for Research on Evaluation, Standards, and Student Testing, Graduate School of Education & Information Studies, University of California, Los Angeles, 1997.

[23] ARTHUR F. Brief history of IEA: 50 years of educational research[EB/OL]. [2013-09-08]. http: // www.iea.nl/brief_history.html.

[24] OECD. Education at a glance: OECD indicators[R]. Paris: OECD, 1992.

[25] The Latin American Laboratory for Assessment of the Quality of Education (LLECE) receives international award from the ILO[EB/OL]. (2010-12-07) [2013-09-10]. http: // portal.unesco.org/geography/en/ev.php-URL_ID=13492&URL_DO=DO_TOPIC&URL_SECTION=201.html.

[26]KAMENS D H, MCNEELY C L. Globalization and the growth of international educational testing and national assessment [J]. Comparative Education Review, 2010, 54(1).

[27]PETERSON P. Our schools and our future: Are we still at risk? [M]. Stanford, California: Hoover Press, 2003.

[28]National Commission on Excellence in Education. A nation at risk: The imperative for educational reform[J]. The Elementary School Journal, 1983 (3): 113-130.

[29]TOPPING K, VALTIN R, ROLLER C. Policy and practice implications of the Program for International Student Assessment (PISA) 2000 report of the international reading association PISA task force April 2003[J]. Retrieved June April, 2003(7): 2005.

[30]PISA Programme for International Student Assessment (PISA) PISA 2000 technical report: PISA 2000 technical report [M]. Paris: OECD Publishing, 2003.

[31]Programme for International Student Assessment. The PISA 2003 assessment framework: Mathematics, reading, science and problem solving knowledge and skills[M]. Paris: OECD Publishing, 2003.

[32]BYBEE R, MCCRAE B, LAURIE R. PISA 2006: An assessment of scientific literacy[J]. Journal of Research in Science Teaching, 2009, 46 (8).

[33] OECD. PISA assessing scientific, reading and mathematical literacy: A framework for PISA 2006[M]. Paris: OECD Publishing, 2006.

[34]NEUSCHMIDT O, BARTH J, HASTEDT D. Trends in gender differences in mathematics and science (TIMSS 1995-2003) [J]. Studies in Educational Evaluation, 2008, 34(2).

[35]KELLY D L. The TIMSS 1995 international benchmarks of mathematics and science achievement: Profiles of world class performance at fourth and

eighth grades [J]. Educational Research and Evaluation, 2002, 8(1).

[36] CALSYN C, GONZALES P, FRASE M. Highlights from TIMSS 1999[M]. Boston: International Association for the Evaluation of Educational Achievement(IEA), 1999.

[37] ROTH K J, DRUKER S L, GARNIER H E. Teaching science in five countries: Results from the TIMSS 1999 video study[J]. National Center for Education Statistics, 2006(11).

[38] MARTIN M O, MULLIS I V S, CHROSTOWSKI S J. TIMSS 2003 technical report[R]. Chestnut Hill, MA: TIMSS & PIRLS International Study Center, Boston College, 2004.

[39] LAGEMANN E C. An elusive science: The troubling history of education research [M]. Chicago: University of Chicago Press, 2002.

[40] HAZLETT J A. A history of the national assessment of educational progress, 1963-1973: A look at some conflicting ideas and issues in contemporary American education [D]. Lawrence: University of Kansas, 1974.

[41] LAGEMANN E C. An elusive science: The troubling history of education research [M]. Chicago: University of Chicago Press, 2002.

[42] AHMANN J S, JOHN G H. National assessment of educational progress: General information yearbook[M]. Denver: Education Commission of the States, 1974.

附　录

附录一 文科空间想象能力量表

1. 一条直线和三角形的两边同时垂直，则这条直线和三角形的第三边的位置关系是(　　)

   A. 垂直　　　　　B. 平行　　　　　C. 相交不垂直　　　D. 不确定

2. 在正方体 $ABCD$-$A_1B_1C_1D_1$ 中，与 A_1C 垂直的是(　　)

   A. BD　　　　　B. CD　　　　　C. BC　　　　　D. CC_1

3. 线 m，n 和平面 α、β，能得出 $\alpha \perp \beta$ 的一个条件是(　　)

   A. $m \perp n$，$m /\!/ \alpha$，$n /\!/ \beta$　　　　　B. $m \perp n$，$\alpha \cap \beta = m$，$n \subset \alpha$

   C. $m /\!/ n$，$n \perp \beta$，$m \subseteq \alpha$　　　　　D. $m /\!/ n$，$m \perp \alpha$，$n \perp \beta$

4. 平面 α 与平面 β 平行的条件可以是(　　)

   A. α 内有无穷多条直线与 β 平行；

   B. 直线 $a /\!/ \alpha$，$a /\!/ \beta$

   C. 直线 $a \subset \alpha$，直线 $b \subset \beta$，且 $a /\!/ \beta$，$b /\!/ \alpha$

   D. α 内的任何直线都与 β 平行

5. 设 m、n 是两条不同的直线，α，β，γ 是三个不同的平面，给出下列四个命题：

   ①若 $m \perp \alpha$，$n /\!/ \alpha$，则 $m \perp n$　　　②若 $\alpha /\!/ \beta$，$\beta /\!/ \gamma$，$m \perp \alpha$，则 $m \perp \gamma$

   ③若 $m /\!/ \alpha$，$n /\!/ \alpha$，则 $m /\!/ n$　　　④若 $\alpha \perp \gamma$，$\beta \perp \gamma$，则 $\alpha /\!/ \beta$

   其中正确命题的序号是(　　)

   A. ①和②　　　　B. ②和③　　　　C. ③和④　　　　D. ①和④

6. 点 P 为 $\triangle ABC$ 所在平面外一点，$PO \perp$ 平面 ABC，垂足为 O，若 $PA = PB = PC$，则点 O 是 $\triangle ABC$ 的(　　)

   A. 内心　　　　　B. 外心　　　　　C. 重心　　　　　D. 垂心

7. 若 l、m、n 是互不相同的空间直线，α、β 是不重合的平面，则下列命题中为真命题的是(　　)

   A. 若 $\alpha /\!/ \beta$，$l \subset \alpha$，$n \subset \beta$，则 $l /\!/ n$

B. 若 $\alpha\perp\beta$, $l\subset\alpha$, 则 $l\perp\beta$

C. 若 $l\perp\alpha$, $l//\beta$, 则 $\alpha\perp\beta$

D. 若 $l\perp n$, $m\perp n$, 则 $l//m$

8. 已知两个平面垂直, 下列命题中正确的个数是(　　)

①一个平面内的已知直线必垂直于另一个平面的任意一条直线;

②一个平面内的已知直线必垂直于另一个平面的无数条直线;

③一个平面内的任一条直线必垂直于另一个平面;

④过一个平面内任意一点作交线的垂线, 则垂线必垂直于另一个平面。

A. 3　　　　　B. 2　　　　　C. 1　　　　　D. 0

9. 设 m、n 是两条不同的直线, α、β 是两个不同的平面, 则(　　)

A. 若 $m//\alpha$, $n//\alpha$, 则 $m//n$　　　B. 若 $m//\alpha$, $m//\beta$, 则 $\alpha//\beta$

C. 若 $m//n$, $m\perp\alpha$, 则 $n\perp\alpha$　　　D. 若 $m//\alpha$, $\alpha\perp\beta$, 则 $m\perp\beta$

10. 一个四面体的顶点在空间直角坐标系 $O\text{-}xyz$ 中的坐标分别是 $(1, 0, 1)$, $(1, 1, 0)$, $(0, 1, 1)$, $(0, 0, 0)$, 画该四面体三视图中的正视图时, 以 zOx 平面为投影面, 则得到正视图可以为(　　)

A.　　　　　　B.　　　　　　C.　　　　　　D.

11. 在棱长为 2 的正方体 $ABCD$—$A_1B_1C_1D_1$ 中, E, F 分别是棱 AB、BC 的中点, 则三棱锥 B—B_1EF 的体积为____。

12. 对于空间四边形 $ABCD$, 给出下列四个命题: ①若 $AB=AC$, $BD=CD$ 则 $BC\perp AD$; ②若 $AB=CD$, $AC=BD$ 则 $BC\perp AD$; ③若 $AB\perp AC$, $BD\perp CD$ 则 $BC\perp AD$; ④若 $AB\perp CD$, $BD\perp AC$ 则 $BC\perp AD$; 其中真命题序号是____。

13. 已知直线 $b//$ 平面 α, 平面 $\alpha//$ 平面 β, 则直线 b 与 β 的位置关系为____。

14. 已知正四棱锥 *O-ABCD* 的体积为 $\dfrac{3\sqrt{2}}{2}$，底面边长为 $\sqrt{3}$，则以 *O* 为球心，*OA* 为半径的球的表面积为____。

15. 圆柱被一个平面截去一部分后与半球(半径为 *r*)组成一个几何体，该几何体三视图中的正视图和俯视图如图所示。若该几何体的表面积 为 16+20π，则 *r*=( )。

   A. 1   B. 2   C. 4   D. 8

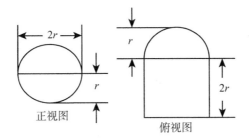

正视图   俯视图

附录二 文科抽象概括能力量表

1. 若空间中 n 个不同的点两两距离都相等，则正整数 n 的取值(　　)

   A. 大于 5
   B. 等于 5

   C. 至多等于 4
   D. 至多等于 3

2. 用反证法证明命题"设 a，b 为实数，则方程 $x^2+ax+b=0$ 至少有一个实根"时，要做的假设是(　　)

   A. 方程 $x^2+ax+b=0$ 没有实根

   B. 方程 $x^2+ax+b=0$ 至多有一个实根

   C. 方程 $x^2+ax+b=0$ 至多有两个实根

   D. 方程 $x^2+ax+b=0$ 恰好有两个实根

3. 汽车的"燃油效率"是指汽车每消耗 1 升汽油行驶的里程，下图描述了甲、乙、丙三辆汽车在不同速度下的燃油效率情况。下列叙述中正确的是(　　)

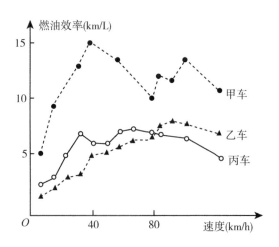

   A. 消耗 1 升汽油，乙车最多可行驶 5 千米

   B. 以相同速度行驶相同路程，三辆车中，甲车消耗汽油最多

C. 甲车以 80 千米/小时的速度行驶 1 小时，消耗 10 升汽油

D. 某城市机动车最高限速 80 千米/小时。相同条件下，在该市用丙车比用乙车更省油

4. 如图所示，程序框图（算法流程图）的输出结果是( )

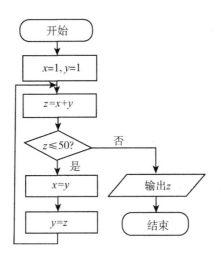

A. 34   B. 53   C. 78   D. 89

5. 已知集合 $A=\{(x, y) \mid x^2+y^2 \leqslant 1, x, y \in \mathbf{Z}\}$，$B=\{(x, y) \mid |x| \leqslant 2, |y| \leqslant 2, x, y \in \mathbf{Z}\}$，定义集合 $A \oplus B=\{(x_1+x_2, y_1+y_2) \mid (x_1, y_1) \in A, (x_2, y_2) \in B\}$，则 $A \oplus B$ 中元素的个数为( )

A. 77   B. 49   C. 45   D. 30

6. 设 A，B 是有限集，定义 $d(A, B)=\text{card}(A \cup B)-\text{card}(A \cap B)$，其中 card$(A)$ 表示有限集 A 中的元素个数，命题①：对任意有限集 A，B，"$A \neq B$"是"$d(A, B)>0$"的充分必要条件；命题②：对任意有限集 A，B，C，$d(A, C) \leqslant d(A, B)+d(B, C)$，则( )

A. 命题①和命题②都成立

B. 命题①和命题②都不成立

C. 命题①成立，命题②不成立

D. 命题①不成立，命题②成立

7. 对于数对序列 P: (a_1, b_1), (a_2, b_2), $\cdots$, (a_n, b_n), 记 $T_1(P)=a_1+b_1$, $T_k(P)=b_k+\max\{T_{k-1}(P), a_1+a_2+\cdots+a_k\}(2\leqslant k\leqslant n)$, 其中 $\max\{T_{k-1}(P), a_1+a_2+\cdots+a_k\}$ 表示 $T_{k-1}(P)$ 和 $a_1+a_2+\cdots+a_k$ 两个数中最大的数。对于数对序列 P: $(2, 5)$, $(4, 1)$, 则 $TT_2(P)$ 的值为_____。

8. 已知数列 $\{a_n\}$ 满足: $a_1\in\mathbf{N}^*$, $a_1\leqslant 36$, 且 $a_{n+1}=\begin{cases}2a_n, & a_n\leqslant 18, \\ 2a_n-36, & a_n>18\end{cases}$ ($n=1$, 2, $\cdots$)。记集合 $M=\{a_n\mid n\in\mathbf{N}^*\}$。若 $a_1=6$, 则集合 M 的所有元素为_____。

9. 已知集合 $X=\{1, 2, 3\}$, $Y_n=\{1, 2, 3, \cdots, n\}(n\in\mathbf{N}^*)$, $S_n=\{(a, b)\mid a$ 整除 b 或 b 整除 a, $a\in X$, $b\in Y_n\}$, 令 $f(n)$ 表示集合 S_n 所含元素的个数, 则 $f(6)$ 的值为_____。

10. 一个二元码是由 0 和 1 组成的数字串 $x_1x_2\cdots x_n(n\in\mathbf{N}^*)$, 其中 $x_k(k=1$, 2, $\cdots$, $n)$ 称为第 k 位码元, 二元码是通信中常用的码, 但在通信过程中有时会发生码元错误(即码元由 0 变为 1, 或者由 1 变为 0), 已知某种二元码 $x_1x_2\cdots x_7$ 的码元满足如下校验方程组:

$$\begin{cases}x_4\oplus x_5\oplus x_6\oplus x_7=0, \\ x_2\oplus x_3\oplus x_6\oplus x_7=0, \\ x_1\oplus x_3\oplus x_5\oplus x_7=0,\end{cases}$$ 其中运算 $\oplus$ 定义为: $0\oplus 0=0$, $0\oplus 1=1$, $1\oplus 0=1$,

$1\oplus 1=0$。

现已知一个这种二元码在通信过程中仅在第 k 位发生码元错误后变成了 1101101, 那么利用上述校验方程组可判定 k 等于_____。

附录三　文科推理论证能力量表

1. 当 $m=7$，$n=3$ 时，执行如图所示的程序框图，输出的 S 值为（　　）

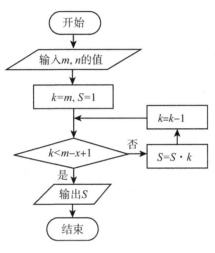

  A. 7　　　　　　B. 42　　　　　　C. 210　　　　　　D. 840

2. 正方形 $ABCD$ 的边长为1，点 E 在边 AB 上，点 F 在边 BC 上，$AE=BF=\dfrac{1}{3}$。动点 P 从 E 出发沿直线向 F 运动，每当碰到正方形的边时反弹，反弹时反射角等于入射角，当点 P 第一次碰到 E 时，P 与正方形的边碰撞的次数为（　　）

  A. 8　　　　　　B. 6　　　　　　C. 4　　　　　　D. 3

3. 设命题 p：$\exists n \in N$，$n^2 > 2^n$，则 $\neg p$ 为（　　）

  A. $\forall n \in N$，$n^2 > 2^n$ B. $\exists n \in N$，$n^2 \leqslant 2^n$

  C. $\forall n \in N$，$n^2 \leqslant 2^n$ D. $\exists n \in N$，$n^2 = 2^n$

4. 设 a_1，a_2，$\cdots$，$a_n \in \mathbf{R}$，$n \geqslant 3$。若 p：a_1，a_2，$\cdots$，a_n 成等比数列；q：$(a_1^2 + a_2^2 + \cdots + a_{n-1}^2)(a_2^2 + a_3^2 + \cdots + a_n^2) = (a_1 a_2 + a_2 a_3 + \cdots + a_{n-1} a_n)^2$，则（　　）

  A. p 是 q 的充分条件，但不是 q 的必要条件

  B. p 是 q 的必要条件，但不是 q 的充分条件

C. p 是 q 的充分必要条件

D. p 既不是 q 的充分条件，也不是 q 的必要条件

5. 命题" $\forall n \in N^*$, $f(n) \in N^*$ 且 $f(n) \leq n$ 的否定形式是( )

    A. $\forall n \in N^*$, $f(n) \in N^*$ 且 $f(n) > n$

    B. $\forall n \in N^*$, $f(n) \in N^*$ 或 $f(n) > n$

    C. $\exists n_0 \in N^*$, $f(n_0) \in N^*$ 且 $f(n_0) > n_0$

    D. $\exists n_0 \in N^*$, $f(n_0) \in N^*$ 或 $f(n_0) > n_0$

6. 若 $S_n = \sin\dfrac{\pi}{7} + \sin\dfrac{2\pi}{7} + \cdots + \sin\dfrac{n\pi}{7}$ ($n \in N^*$)，则在 S_1, S_2, $\cdots$, S_{100} 中，正数的个数是( )

    A. 16   B. 72   C. 86   D. 100

7. 学生的语文、数学成绩均被评定为三个等级，依次为"优秀""合格""不合格"。若学生甲的语文、数学成绩都不低于学生乙，且其中至少有一门成绩高于乙，则称"学生甲比学生乙成绩好"。如果一组学生中没有哪位学生比另一位学生成绩好，并且不存在语文成绩相同、数学成绩也相同的两位学生，那么这组学生最多有( )

    A. 2 人   B. 3 人   C. 4 人   D. 5 人

8. 已知符号函数 $\mathrm{sgn}\,x = \begin{cases} 1, & x > 0, \\ 0, & x = 0, \\ -1, & x < 0. \end{cases}$ $f(x)$ 是 **R** 上的增函数，$g(x) = f(x) - f(ax)$ ($a > 1$)，则( )

    A. $\mathrm{sgn}[g(x)] = \mathrm{sgn}\,x$ B. $\mathrm{sgn}[g(x)] = -\mathrm{sgn}\,x$

    C. $\mathrm{sgn}[g(x)] = \mathrm{sgn}[f(x)]$ D. $\mathrm{sgn}[g(x)] = -\mathrm{sgn}[f(x)]$

9. 函数 $f(x)$ 的图像为折线 ACB，则不等式 $f(x) \geq \log_2(x+1)$ 的解集是( )

    A. $\{x \mid -1 < x \leq 0\}$ B. $\{x \mid -1 \leq x \leq 1\}$

    C. $\{x \mid -1 < x \leq 1\}$ D. $\{x \mid -1 < x \leq 2\}$

10. 已知定义在 R 上的函数 $f(x) = 2^{|x-m|} - 1$ (m 为实数) 为偶函数，记 $a = f(\log_{0.5} 3)$, $b = f(\log_2 5)$, $c = f(2m)$，则 a, b, c 的大小关系为( )

    A. $a < b < c$ B. $a < c < b$

C. $c<a<b$　　　　　　　　　　　D. $c<b<a$

11. 甲、乙、丙三位同学被问到是否去过 A，B，C 三个城市时，

　　甲说：我去过的城市比乙多，但没去过 B 城市；

　　乙说：我没去过 C 城市；

　　丙说：我们三人去过同一城市。

　　由此可判断乙去过的城市为_____。

12. 若集合 $\{a, b, c, d\}=\{1, 2, 3, 4\}$，且下列四个关系：① $a=1$；
② $b\neq1$；③ $c=2$；④ $d\neq4$ 有且只有一个是正确的，则符合条件的有序数
组 (a, b, c, d) 的个数是_____。

13. 观察下列各式：

　　$C_1^0=4^0$；$C_3^0+C_3^0=4^1$；$C_5^0+C_5^1+C_5^2=4^2$；$C_7^0+C_7^1+C_7^2+C_7^3=4^3$；……照此规
律，当 $n\in N$ 时，$C_{2n-1}^0+C_{2n-1}^1+C_{2n-1}^2+\cdots+C_{2n-1}^{n-1}=$_____。

14. 观察分析下表中的数据：

多面体	面数(F)	顶点数(V)	棱数(E)
三棱柱	5	6	9
五棱锥	6	6	10
立方体	6	8	12

猜想一般凸多面体中 F，V，E 所满足的等式是_____。

15. 传说古希腊毕达哥拉斯学派的数学家经常在沙滩上面画点或用小石子
表示数。他们研究过如图所示的三角形数：

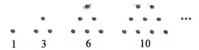

1　　　3　　　　6　　　　10

　　将三角形数 1，3，6，10，…记为数列 $\{a_n\}$，将可被 5 整除的三角形数
按从小到大的顺序组成一个新数列 $\{b_n\}$，可以推测：b_{2012} 是数列 $\{a_n\}$ 中的
第_____项。

附录四　文科运算求解能力量表

1. 已知集合 $A=\{x\mid -1<x<2\}$，$B=\{x\mid 0<x<3\}$，则 $A\cup B=($　　$)$

    A. $(-1,3)$ B. $(-1,0)$ C. $(0,2)$ D. $(2,3)$

2. 若 a 为实数，且 $\dfrac{2+a\mathrm{i}}{1+\mathrm{i}}=3+\mathrm{i}$，则 $a=($　　$)$

    A. -4 B. -3 C. 3 D. 4

3. 已知 $\boldsymbol{a}=(1,-1)$，$\boldsymbol{b}=(-1,2)$，则 $(2\boldsymbol{a}+\boldsymbol{b})\cdot\boldsymbol{a}=($　　$)$

    A. -1 B. 0 C. 1 D. 2

4. 设 S_n 是数列 $\{a_n\}$ 的前 n 项和，若 $a_1+a_3+a_5=3$，则 $S_5=($　　$)$

    A. 5 B. 7 C. 9 D. 11

5. 已知三点 $A(1,0)$，$B(0,\sqrt{3})$，$C(2,\sqrt{3})$，则 $\triangle ABC$ 外接圆的圆心到原点的距离为$($　　$)$

    A. $\dfrac{5}{3}$ B. $\dfrac{\sqrt{21}}{3}$ C. $\dfrac{2\sqrt{5}}{3}$ D. $\dfrac{4}{3}$

6. 我国古代数学名著《九章算术》有"米谷粒分"题：粮仓开仓收粮，有人送来米 1534 石，验得米内夹谷，抽样取米一把，数得 254 粒内夹谷 28 粒，则这批米内夹谷约为$($　　$)$

    A. 134 石   B. 169 石   C. 338 石   D. 1365 石

7. 已知 A、B 是球 O 的球面上两点，$\angle AOB=90°$，C 为该球面上的动点，若三棱锥 $O\text{-}ABC$ 体积的最大值为 36，则球 O 的表面积为 $($　　$)$

    A. 36π B. 64π C. 144π D. 256π

8. 设函数 $f(x)=\ln(1+\mid x\mid)-\dfrac{1}{1+x^2}$，则使得 $f(x)>f(2x-1)$ 成立的 x 的取值范围是$($　　$)$

    A. $\left(\dfrac{1}{3},1\right)$ B. $\left(-\infty,\dfrac{1}{3}\right)\cup(1,+\infty)$

C. $\left(-\dfrac{1}{3}, \dfrac{1}{3}\right)$　　　　　　　　D. $\left(-\infty, -\dfrac{1}{3}\right) \cup \left(\dfrac{1}{3}, +\infty\right)$

9. 若函数 $f(x) = kx - \ln x$ 在区间 $(1, +\infty)$ 单调递增，则 k 的取值范围是(　　)

　　A. $(-\infty, -2]$　B. $(-\infty, -1]$　C. $[2, +\infty)$　　　D. $[1, +\infty)$

10. 设点 $M(x_0, 1)$，若在圆 O：$x^2 + y^2 = 1$ 上存在点 N，使得 $\angle OMN = 45°$，则 x_0 的取值范围是(　　)

　　A. $[-1, 1]$　　B. $\left[-\dfrac{1}{2}, \dfrac{1}{2}\right]$　C. $[-\sqrt{2}, \sqrt{2}]$　　D. $\left[-\dfrac{\sqrt{2}}{2}, \dfrac{\sqrt{2}}{2}\right]$

11. 已知函数 $f(x) = ax^3 - 2x$ 的图像过点 $(-1, 4)$，则 $a = $＿＿＿＿＿。

12. 若 x、y 满足约束条件 $\begin{cases} x+y-5 \leq 0 \\ 2x-y-1 \geq 0 \\ x-2y+1 \leq 0 \end{cases}$，则 $z = 2x+y$ 的最大值为＿＿＿＿＿。

13. 已知双曲线过点 $(4, \sqrt{3})$，且渐近线方程为 $y = \pm\dfrac{1}{2}x$，则该双曲线的标准方程为＿＿＿＿＿。

14. 已知曲线 $y = x + \ln x$ 在点 $(1, 1)$ 处的切线与曲线 $y = ax^2 + (a+2)x + 1$ 相切，则 $a = $＿＿＿＿＿。

15. 函数 $f(x) = \sin(x+\varphi) - 2\sin\varphi\cos x$ 的最大值为＿＿＿＿＿。

附录五 文科数据处理能力量表

1. 样本中共有 5 个个体，其值分别为 a，0，1，2，3，若该样本的平均值为 1，则样本方差为(   )

   A. $\sqrt{\dfrac{6}{5}}$ B. $\dfrac{6}{5}$ C. $\sqrt{2}$ D. 2

2. 从 $\{1，2，3，4，5\}$ 中随机选取一个数 a，从 $\{2，3，4\}$ 中随机选取一个数 b，则 $b>a$ 的概率是(   )

   A. $\dfrac{4}{5}$ B. $\dfrac{3}{5}$ C. $\dfrac{2}{5}$ D. $\dfrac{1}{5}$

3. 右面茎叶图表示的是甲、乙两人在 5 次综合测评中的成绩，其中有一个数字被污损，则甲的平均成绩超过乙的平均成绩的概率是(   )

   A. $\dfrac{2}{5}$ B. $\dfrac{7}{10}$ C. $\dfrac{4}{5}$ D. $\dfrac{9}{10}$

4. 设 $a=\log_3 2$，$b=\log_5 2$，$c=\log_2 3$，则(   )

   A. $a>c>b$ B. $b>c>a$ C. $c>b>a$ D. $c>a>b$

5. 如果 3 个正整数可作为一个直角三角形三条边的边长，则称这 3 个数为一组勾股数，从 1，2，3，4，5 中任取 3 个不同的数，则这 3 个数构成一组勾股数的概率为(   )

   A. $\dfrac{3}{10}$ B. $\dfrac{1}{5}$ C. $\dfrac{1}{10}$ D. $\dfrac{1}{20}$

6. 重庆市 2013 年各月的平均气温(℃)数据的茎叶图如下，则这组数据中的中位数是(   )

$$
\begin{array}{c|ccccc}
0 & 8 & 9 & & & \\
1 & 2 & 5 & 8 & & \\
2 & 0 & 0 & 3 & 3 & 8 \\
3 & 1 & 2 & & &
\end{array}
$$

A. 19 　　　　　B. 20 　　　　　C. 21. 5 　　　　　D. 23

7. 某中学初中部共有 110 名教师，高中部共有 150 名教师，其性别比例如图所示，则该校女教师的人数为(　　)

(初中部)　　　　(高中部)

A. 93 　　　　　B. 123 　　　　　C. 137 　　　　　D. 167

8. 在一次马拉松比赛中，35 名运动员的成绩(单位：分钟)如下图所示：

$$
\begin{array}{c|cccccccccc}
13 & 0 & 0 & 3 & 4 & 5 & 6 & 6 & 8 & 8 & 8 & 9 \\
14 & 1 & 1 & 1 & 2 & 2 & 2 & 3 & 3 & 4 & 4 & 5 & 5 & 5 & 6 & 6 & 7 & 8 \\
15 & 0 & 1 & 2 & 2 & 3 & 3 & 3
\end{array}
$$

若将运动员按成绩由好到差编为 1~35 号，再用系统抽样方法从中抽取 7 人，则其中成绩在区间 [139，151] 上的运动员人数为(　　)

A. 3 　　　　　B. 4 　　　　　C. 5 　　　　　D. 6

9. 为比较甲、乙两地某月 14 时的气温状况，随机选取该月中的 5 天，将这 5 天中 14 时的气温数据(单位：℃)制成如下图所示的茎叶图。考虑以下结论：

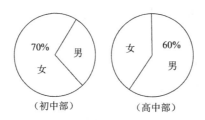

①甲地该月 14 时的平均气温低于乙地该月 14 时的平均气温；

②甲地该月 14 时的平均气温高于乙地该月 14 时的平均气温；

③甲地该月 14 时的平均气温的标准差小于乙地该月 14 时的平均气温的标准差；

④甲地该月 14 时的平均气温的标准差大于乙地该月 14 时的平均气温的标准差。

其中根据茎叶图能得到的统计结论的编号为(　　　)

A. ①③　　　　　B. ①④　　　　　C. ②③　　　　　D. ②④

10. 某校老年、中年和青年教师的人数见右表，采用分层抽样的方法调查教师的身体状况，在抽取的样本中，青年教师有 320 人，则该样本的老年教师人数为(　　　)

类别	人数
老年教师	900
中年教师	1800
青年教师	1600
合计	4300

A. 90　　　　　B. 100　　　　　C. 180　　　　　D. 300

11. 某中学有高中生 3500 人，初中生 1500 人。为了解学生的学习情况，用分层抽样的方法从该校学生中抽取一个容量为 n 的样本，已知从高中生中抽取 70 人，则 n 为(　　　)

A. 100　　　　　B. 150　　　　　C. 200　　　　　D. 250

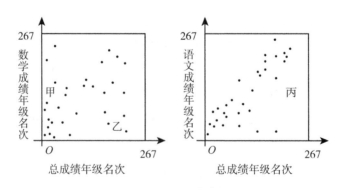

12. 甲、乙两同学用茎叶图记录高三前 5 次数学测试的成绩，如图所示。他们在分析对比成绩变化时，发现乙同学成绩的一个数字看不清楚了，

若已知乙的平均成绩低于甲的平均成绩，则看不清楚的数字为(　　)

```
        甲    │     乙
      9  9 │ 3  4  7
 3  2  1  0 │ 10
            │ 11 │ 0
```

A. 9 　　　　　B. 6 　　　　　C. 3 　　　　　D. 0

13. 从 1，2，3，4，5 中任意取出两个不同的数，其和为 5 的概率是_____。

14. 函数 $y = \cos(2x + \varphi)$ $(-\pi \leq \varphi \leq \pi)$ 的图像向右平移 $\dfrac{\pi}{2}$ 个单位后，与函数 $y = \sin\left(2x + \dfrac{\pi}{3}\right)$ 的图像重合，则 $\varphi =$_____。

15. 高三年级有 267 名学生参加期末考试，某班 37 名学生的语文成绩、数学成绩与总成绩在全年级中的排名情况的散点图如图所示，甲、乙为该班的两名学生。从这次考试成绩看，甲、乙两人中，其语文成绩名次比其总成绩名次靠前的学生是_____。

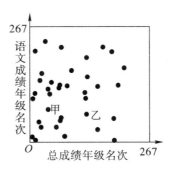

16. 某校高一年级有 900 名学生，其中女生 400 名，按男女比例用分层抽样的方法，从该年级学生中抽取一个容量为 45 的样本，则应抽取的男生人数为_____。

17. 甲、乙两套设备生产的同类型产品共 4800 件，采用分层抽样的方法从中抽取一个容量为 80 的样本进行质量检测。若样本中有 50 件产品由甲设备生产，则乙设备生产的产品总数为_____件。

18. 已知样本数据 x_1，x_2，$\cdots$，x_n 的均值 $\bar{x}=5$，则样本数据 $2x_1+1$，$2x_2+1$，$\cdots$，$2x_n+1$ 的均值为_____。

19. 某大学为了解在校本科生对参加某项社会实践活动的意向，拟采用分层抽样的方法，从该校四个年级的本科生中抽取一个容量为 300 的样本进行调查。已知该校一年级、二年级、三年级、四年级的本科生人数之比为 4：5：5：6，则应从一年级本科生中抽取_____名学生。

20. 某校对高三年级的学生进行体检，现将高三男生的体重(单位：kg)数据进行整理后分成六组，并绘制频率分布直方图(如下图)。已知图中从左到右第一、第六小组的频率分别为 0.16，0.07，第一、第二、第三小组的频率成等比数列，第三、第四、第五、第六小组的频率成等差数列，且第三小组的频率为 100，则该校高三年级的男生总数为_____。

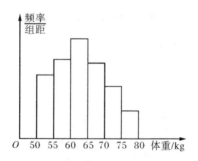

附录六　理科空间想象能力量表

1. 如图，网格纸上小正方形的边长为1，粗线画出的是某几何体的三视图，则此几何体的体积为(　　)

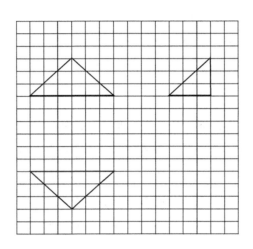

  A. 6   B.　9   C. 12   D. 18

2. 在正方体 $ABCD$-$A_1B_1C_1D_1$ 中，与 A_1C 垂直的是(　　)

  A. BD B. CD C. BC D. CC_1

3. 平面 α 截球 O 的球面所得圆的半径为1，球心 O 到平面 α 的距离为 $\sqrt{2}$，则此球的体积为(　　)

  A. $\sqrt{6}\pi$ B. $4\sqrt{3}\pi$ C. $4\sqrt{6}\pi$ D. $6\sqrt{3}\pi$

4. 已知正四棱柱 $ABCD$-$A_1B_1C_1D_1$ 中，$AB=2$，$CC_1=2\sqrt{2}$，E 为 CC_1 的中点，则直线 AC_1 与平面 BED 的距离为(　　)

  A. 2   B. $\sqrt{3}$ C. $\sqrt{2}$ D. 1

5. 设 m、n 是两条不同的直线，α，β，γ 是三个不同的平面，给出下列四个命题：

  ①若 $m\perp\alpha$，$n/\!/\alpha$，则 $m\perp n$ ②若 $\alpha/\!/\beta$，$\beta/\!/\gamma$，$m\perp\alpha$，则 $m\perp\gamma$

③若 $m/\!/\alpha$，$n/\!/\alpha$，则 $m/\!/n$　　④若 $\alpha\perp\gamma$，$\beta\perp\gamma$，则 $\alpha/\!/\beta$

其中正确命题的序号是(　　)

A. ①和②　　　B. ②和③　　　C. ③和④　　　D. ①和④

6. 点 P 为 $\triangle ABC$ 所在平面外一点，$PO\perp$ 平面 ABC，垂足为 O，若 $PA=PB$ $=PC$，则点 O 是 $\triangle ABC$ 的(　　)

A. 内心　　　　B. 外心　　　　C. 重心　　　　D. 垂心

7. 设四面体的六条棱的长分别为 1，1，1，1，$\sqrt{2}$ 和 a 且长为 a 的棱与长为 $\sqrt{2}$ 的棱异面，则 a 的取值范围是(　　)

A. $(0,\sqrt{2})$　　B. $(0,\sqrt{3})$　　C. $(1,\sqrt{2})$　　D. $(1,\sqrt{3})$

8. 已知两个平面垂直，下列命题中正确的个数是(　　)

①一个平面内的已知直线必垂直于另一个平面的任意一条直线；

②一个平面内的已知直线必垂直于另一个平面的无数条直线；

③一个平面内的任一条直线必垂直于另一个平面；

④过一个平面内任意一点作交线的垂线，则垂线必垂直于另一个平面。

A. 3　　　　　B. 2　　　　　C. 1　　　　　D. 0

9. 设 m、n 是两条不同的直线，α、β 是两个不同的平面，则(　　)。

A. 若 $m/\!/\alpha$，$n/\!/\alpha$，则 $m/\!/n$　　B. 若 $m/\!/\alpha$，$m/\!/\beta$，则 $\alpha/\!/\beta$

C. 若 $m/\!/n$，$m\perp\alpha$，则 $n\perp\alpha$　　D. 若 $m/\!/\alpha$，$\alpha\perp\beta$，则 $m\perp\beta$

10. 一个四面体的顶点在空间直角坐标系 $O\text{-}xyz$ 中的坐标分别是 $(1,0,1)$，$(1,1,0)$，$(0,1,1)$，$(0,0,0)$，画该四面体三视图中的正视图时，以 zOx 平面为投影面，则得到正视图可以为(　　)。

A.　　　　　　B.　　　　　　C.　　　　　　D.

11. 在棱长为 2 的正方体 $ABCD\text{—}A_1B_1C_1D_1$ 中，E，F 分别是棱 AB、BC 的中点，则三棱锥 $B\text{—}B_1EF$ 的体积为 _____。

12. 对于空间四边形 $ABCD$，给出下列四个命题：①若 $AB=AC$，$BD=CD$ 则 $BC\perp AD$；②若 $AB=CD$，$AC=BD$ 则 $BC\perp AD$；③若 $AB\perp AC$，$BD\perp CD$ 则 $BC\perp AD$；④若 $AB\perp CD$，$BD\perp AC$ 则 $BC\perp AD$；其中真命题序号是 _____。

13. 已知直线 $b/\!/$平面 α，平面 $\alpha/\!/$平面 β，则直线 b 与 β 的位置关系为 _____。

14. 一个高为 2 的圆柱，底面周长为 2π，该圆柱的表面积为 _____。

15. 圆柱被一个平面截去一部分后与半球(半径为 r)组成一个几何体，该几何体三视图中的正视图和俯视图如图所示. 若该几何体的表面积为 $16+20\pi$，则 $r=($ _____ $)$。

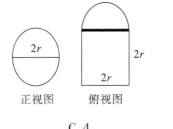

A. 1　　　　　　B. 2　　　　　　C. 4　　　　　　D. 8

附录七　理科抽象概括能力量表

1. 若空间中 n 个不同的点两两距离都相等，则正整数 n 的取值(　　)

   A. 大于 5　　　　　　　　　　B. 等于 5

   C. 至多等于 4　　　　　　　　D. 至多等于 3

2. 用反证法证明命题"设 a，b 为实数，则方程 $x^2+ax+b=0$ 至少有一个实根"时，要做的假设是(　　)

   A. 方程 $x^2+ax+b=0$ 没有实根

   B. 方程 $x^2+ax+b=0$ 至多有一个实根

   C. 方程 $x^2+ax+b=0$ 至多有两个实根

   D. 方程 $x^2+ax+b=0$ 恰好有两个实根

3. 汽车的"燃油效率"是指汽车每消耗 1 升汽油行驶的里程，下图描述了甲、乙、丙三辆汽车在不同速度下的燃油效率情况。下列叙述中正确的是(　　)

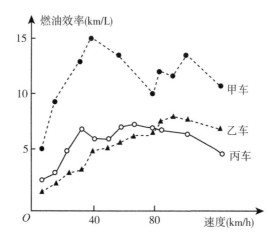

   A. 消耗 1 升汽油，乙车最多可行驶 5 千米

   B. 以相同速度行驶相同路程，三辆车中，甲车消耗汽油最多

   C. 甲车以 80 千米/小时的速度行驶 1 小时，消耗 10 升汽油

D. 某城市机动车最高限速 80 千米/小时，相同条件下，在该市用丙车比用乙车更省油

4. 如图所示，程序框图(算法流程图)的输出结果是(　　)

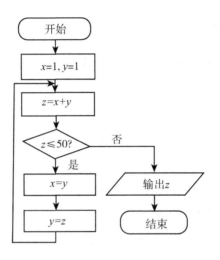

A. 34　　　　　B. 53　　　　　C. 78　　　　　D. 89

5. 已知集合 $A=\{(x,y) \mid x^2+y^2 \leqslant 1, x, y \in \mathbf{Z}\}$，$B=\{(x,y) \mid |x| \leqslant 2, |y| \leqslant 2, x, y \in \mathbf{Z}\}$，定义集合 $A \oplus B=\{(x_1+x_2, y_1+y_2) \mid (x_1, y_1) \in A, (x_2, y_2) \in B\}$，则 $A \oplus B$ 中元素的个数为(　　)

A. 77　　　　　B. 49　　　　　C. 45　　　　　D. 30

6. 设 A，B 是有限集，定义 $d(A, B)=\mathrm{card}(A \cup B)-\mathrm{card}(A \cap B)$，其中 card (A) 表示有限集 A 中的元素个数，命题①：对任意有限集 A，B，"$A \neq B$" 是 "$d(A, B)>0$" 的充分必要条件；命题②：对任意有限集 A，B，C，$d(A, C) \leqslant d(A, B)+d(B, C)$，(　　)

A. 命题①和命题②都成立

B. 命题①和命题②都不成立

C. 命题①成立，命题②不成立

D. 命题①不成立，命题②成立

7. 对于数对序列 P：(a_1, b_1)，(a_2, b_2)，$\cdots$，(a_n, b_n)，记 $T_1(P)=a_1+$

b_1，$T_k(P) = b_k + \max\{T_{k-1}(P), a_1 + a_2 + \cdots + a_k\}$（$2 \leqslant k \leqslant n$），其中 $\max\{T_{k-1}(P), a_1 + a_2 + \cdots + a_k\}$ 表示 $T_{k-1}(P)$ 和 $a_1 + a_2 + \cdots + a_k$ 两个数中最大的数。对于数对序列 P：$(2，5)$，$(4，1)$，则 $T_2(P)$ 的值为＿＿＿。

8. 已知数列 $\{a_n\}$ 满足：$a_1 \in \mathbf{N}^*$，$a_1 \leqslant 36$，且 $a_{n+1} = \begin{cases} 2a_n，& a_n \leqslant 18， \\ 2a_n - 36，& a_n > 18 \end{cases}$（$n = 1$，$2$，$\cdots$）。记集合 $M = \{a_n \mid n \in \mathbf{N}^*\}$。若 $a_1 = 6$，则集合 M 的所有元素为＿＿＿。

9. 已知集合 $X = \{1，2，3\}$，$Y_n = \{1，2，3，\cdots，n\}$（$n \in \mathbf{N}^*$），$S_n = \{(a，b) \mid a$ 整除 b 或 b 整除 a，$a \in X$，$b \in Y_n\}$，令 $f(n)$ 表示集合 S_n 所含元素的个数，则 $f(6)$ 的值为＿＿＿。

10. 一个二元码是由 0 和 1 组成的数字串 $x_1 x_2 \cdots x_n$（$n \in N^*$），其中 x_k（$k = 1$，2，$\cdots$，n）称为第 k 位码元，二元码是通信中常用的码，但在通信过程中有时会发生码元错误（即码元由 0 变为 1，或者由 1 变为 0），已知某种二元码 $x_1 x_2 \cdots x_7$ 的码元满足如下校验方程组：

$$\begin{cases} x_4 \oplus x_5 \oplus x_6 \oplus x_7 = 0， \\ x_2 \oplus x_3 \oplus x_6 \oplus x_7 = 0，其中运算 \oplus 定义为：0 \oplus 0 = 0，0 \oplus 1 = 1，1 \oplus 0 = 1， \\ x_1 \oplus x_3 \oplus x_5 \oplus x_7 = 0， \end{cases}$$

$1 \oplus 1 = 0$。

现已知一个这种二元码在通信过程中仅在第 k 位发生码元错误后变成了 1101101，那么利用上述校验方程组可判定 k 等于＿＿＿。

附录八　理科推理论证能力量表

1. 观察下列事实 $|x|+|y|=1$ 的不同整数解 (x,y) 的个数为 4，$|x|+|y|=2$ 的不同整数解 (x,y) 的个数为 8，$|x|+|y|=3$ 的不同整数解 (x,y) 的个数为 12…. 则 $|x|+|y|=20$ 的不同整数解 (x,y) 的个数为（　　）

   A. 76　　　　　B. 80　　　　　C. 86　　　　　D. 92

2. 正方形 $ABCD$ 的边长为 1，点 E 在边 AB 上，点 F 在边 BC 上，$AE=BF=\dfrac{1}{3}$。动点 P 从 E 出发沿直线向 F 运动，每当碰到正方形的边时反弹，反弹时反射角等于入射角，当点 P 第一次碰到 E 时，P 与正方形的边碰撞的次数为（　　）

   A. 8　　　　　B. 6　　　　　C. 4　　　　　D. 3

3. 设命题 P：$\exists n\in N$，$n^2>2^n$，则 $\neg p$ 为（　　）

   A. $\forall n\in N$，$n^2>2^n$ 　　　　　B. $\exists n\in N$，$n^2\leqslant 2^n$

   C. $\forall n\in N$，$n^2\leqslant 2^n$ 　　　　　D. $\exists n\in N$，$n^2=2^n$

4. 设 a_1，a_2，$\cdots$，$a_n\in \mathbf{R}$，$n\geqslant 3$。若 p：a_1，a_2，$\cdots$，a_n 成等比数列；q：$(a_1^2+a_2^2+\cdots+a_{n-1}^2)(a_2^2+a_3^2+\cdots+a_n^2)=(a_1a_2+a_2a_3+\cdots+a_{n-1}a_n)^2$，则（　　）

   A. p 是 q 的充分条件，但不是 q 的必要条件

   B. p 是 q 的必要条件，但不是 q 的充分条件

   C. p 是 q 的充分必要条件

   D. p 既不是 q 的充分条件，也不是 q 的必要条件

5. 命题" $\forall n\in N^*$，$f(n)\in N^*$ 且 $f(n)\leqslant n$ 的否定形式（　　）

   A. $\forall n\in N^*$，$f(n)\in N^*$ 且 $f(n)>n$

   B. $\forall n\in N^*$，$f(n)\in N^*$ 或 $f(n)>n$

   C. $\exists n_0\in N^*$，$f(n_0)\in N^*$ 且 $f(n_0)>n_0$

   D. $\exists n_0\in N^*$，$f(n_0)\in N^*$ 或 $f(n_0)>n_0$

6. 若 $S_n = \sin\dfrac{\pi}{7} + \sin\dfrac{2\pi}{7} + \cdots + \sin\dfrac{n\pi}{7}(n \in N^*)$，则在 S_1，S_2，$\cdots$，S_{100} 中，正数的个数是(　　)

  A. 16   B. 72   C. 86   D. 100

7. 学生的语文、数学成绩均被评定为三个等级，依次为"优秀""合格""不合格"。若学生甲的语文、数学成绩都不低于学生乙，且其中至少有一门成绩高于乙，则称"学生甲比学生乙成绩好"。如果一组学生中没有哪位学生比另一位学生成绩好，并且不存在语文成绩相同、数学成绩也相同的两位学生，那么这组学生最多有(　　)

  A. 2 人   B. 3 人   C. 4 人   D. 5 人

8. 已知符号函数 $\mathrm{sgn}\,x = \begin{cases} 1, & x>0, \\ 0, & x=0, \\ -1, & x<0. \end{cases}$ $f(x)$ 是 $\mathbf{R}$ 上的增函数，$g(x) = f(x) - f(ax)(a>1)$，则(　　)

  A. $\mathrm{sgn}[g(x)] = \mathrm{sgn}\,x$ B. $\mathrm{sgn}[g(x)] = -\mathrm{sgn}\,x$

  C. $\mathrm{sgn}[g(x)] = \mathrm{sgn}[f(x)]$ D. $\mathrm{sgn}[g(x)] = -\mathrm{sgn}[f(x)]$

9. 函数 $f(x)$ 的图像为折线 ACB，则不等式 $f(x) \geqslant \log_2(x+1)$ 的解集是(　　)

  A. $\{x \mid -1 < x \leqslant 0\}$ B. $\{x \mid -1 \leqslant x \leqslant 1\}$

  C. $\{x \mid -1 < x \leqslant 1\}$ D. $\{x \mid -1 < x \leqslant 2\}$

10. 已知定义在 R 上的函数 $f(x) = 2^{|x-m|} - 1$（m 为实数）为偶函数，记 $a = f(\log_{0.5}3)$，$b = f(\log_2 5)$，$c = f(2m)$，则 a，b，c 的大小关系为(　　)

  A. $a < b < c$ B. $a < c < b$

  C. $c < a < b$ D. $c < b < a$

11. 甲、乙、丙三位同学被问到是否去过 A、B、C 三个城市时，

  甲说：我去过的城市比乙多，但没去过 B 城市；

  乙说：我没去过 C 城市；

  丙说：我们三人去过同一城市。

由此可判断乙去过的城市为_____。

12. 若集合 $\{a, b, c, d\} = \{1, 2, 3, 4\}$，且下列四个关系：①$a = 1$；②$b \neq 1$；③$c = 2$；④$d \neq 4$ 有且只有一个是正确的，则符合条件的有序数组(a, b, c, d)的个数是_____。

13. 观察下列各式：

$C_1^0 = 4^0$；$C_3^0 + C_3^1 = 4^1$；$C_5^0 + C_5^1 + C_5^2 = 4^2$；$C_7^0 + C_7^1 + C_7^2 + C_7^3 = 4^3$；$\cdots$照此规律，当 $n \in N$ 时，$C_{2n-1}^0 + C_{2n-1}^1 + C_{2n-1}^2 + \cdots + C_{2n-1}^{n-1} =$ _____。

14. 观察分析下表中的数据：

多面体	面数(F)	顶点数(V)	棱数(E)
三棱柱	5	6	9
五棱锥	6	6	10
立方体	6	8	12

猜想一般凸多面体中F、V、E 所满足的等式是_____。

15. 传说古希腊毕达哥拉斯学派的数学家经常在沙滩上面画点或用小石子表示数。他们研究过如图所示的三角形数：

　　将三角形数1，3，6，10，$\cdots$记为数列$\{a_n\}$，将可被5整除的三角形数按从小到大的顺序组成一个新数列$\{b_n\}$，可以推测：b_{2012}是数列$\{a_n\}$中的第_____项。

附录九　理科运算求解能力量表

1. 不等式 $\dfrac{x-1}{2x+1} \leq 0$ 的解集为(　　)

    A. $\left(-\dfrac{1}{2},\ 1\right]$　　　　　　　　B. $\left[-\dfrac{1}{2},\ 1\right]$

    C. $\left(-\infty,\ -\dfrac{1}{2}\right) \cup [1,\ +\infty)$　　　D. $\left(-\infty,\ -\dfrac{1}{2}\right] \cup [1,\ +\infty)$

2. 若 a 为实数，且 $\dfrac{2+a\mathrm{i}}{1+\mathrm{i}}=3+\mathrm{i}$，则 $a=$(　　)

    A. -4　　　　　B. -3　　　　　C. 3　　　　　D. 4

3. 已知 $\boldsymbol{a}=(1,\ -1)$，$\boldsymbol{b}=(-1,\ 2)$，则 $(2\boldsymbol{a}+\boldsymbol{b})\cdot\boldsymbol{a}=$(　　)

    A. -1　　　　　B. 0　　　　　C. 1　　　　　D. 2

4. 设 S_n 是数列 $\{a_n\}$ 的前 n 项和，若 $a_1+a_3+a_5=3$，则 $S_5=$(　　)

    A. 5　　　　　B. 7　　　　　C. 9　　　　　D. 11

5. 已知三点 $A(1,\ 0)$，$B(0,\ \sqrt{3})$，$C(2,\ \sqrt{3})$，则 $\triangle ABC$ 外接圆的圆心到原点的距离为(　　)

    A. $\dfrac{5}{3}$　　　　B. $\dfrac{\sqrt{21}}{3}$　　　　C. $\dfrac{2\sqrt{5}}{3}$　　　　D. $\dfrac{4}{3}$

6. 我国古代数学名著《九章算术》有"米谷粒分"题：粮仓开仓收粮，有人送来米 1534 石，验得米内夹谷，抽样取米一把，数得 254 粒内夹谷 28 粒，则这批米内夹谷约为(　　)

    A. 134 石　　　　B. 169 石　　　　C. 338 石　　　　D. 1365 石

7. 已知 A、B 是球 O 的球面上两点，$\angle AOB=90°$，C 为该球面上的动点。若三棱锥 $O\text{-}ABC$ 体积的最大值为 36，则球 O 的表面积为 (　　)

    A. 36π　　　　B. 64π　　　　C. 144π　　　　D. 256π

8. 设函数 $f(x)=\ln(1+|x|)-\dfrac{1}{1+x^2}$，则使得 $f(x)>f(2x-1)$ 成立的 x 的取值

范围是(　　)

A. $\left(\dfrac{1}{3}, 1\right)$

B. $\left(-\infty, \dfrac{1}{3}\right)\cup(1, +\infty)$

C. $\left(-\dfrac{1}{3}, \dfrac{1}{3}\right)$

D. $\left(-\infty, -\dfrac{1}{3}\right)\cup\left(\dfrac{1}{3}, +\infty\right)$

9. 若函数 $f(x)=kx-\ln x$ 在区间 $(1, +\infty)$ 单调递增，则 k 的取值范围是(　　)

A. $(-\infty, -2]$　　B. $(-\infty, -1]$　　C. $[2, +\infty)$　　　D. $[1, +\infty)$

10. 设点 $M(x_0, 1)$，若在圆 $O: x^2+y^2=1$ 上存在点 N，使得 $\angle OMN=45°$，则 x_0 的取值范围是(　　)

A. $[-1, 1]$　　　B. $\left[-\dfrac{1}{2}, \dfrac{1}{2}\right]$　　C. $[-\sqrt{2}, \sqrt{2}]$　　　D. $\left[-\dfrac{\sqrt{2}}{2}, \dfrac{\sqrt{2}}{2}\right]$

11. 已知函数 $f(x)=ax^3-2x$ 的图像过点 $(-1, 4)$，则 $a=$_____。

12. 若 x、y 满足约束条件 $\begin{cases} x+y-5\leqslant 0 \\ 2x-y-1\geqslant 0 \\ x-2y+1\leqslant 0 \end{cases}$，则 $z=2x+y$ 的最大值为_____。

13. 已知双曲线过点 $(4, \sqrt{3})$，且渐近线方程为 $y=\pm\dfrac{1}{2}x$，则该双曲线的标准方程为_____。

14. 已知曲线 $y=x+\ln x$ 在点 $(1, 1)$ 处的切线与曲线 $y=ax^2+(a+2)x+1$ 相切，则 $a=$_____。

15. 函数 $f(x)=\sin(x+\varphi)-2\sin\varphi\cos x$ 的最大值为_____。

附录十　理科数据处理能力量表

1. 从甲乙两个城市分别随机抽取 16 台自动售货机，对其销售额进行统计，统计数据用茎叶图表示（如图所示），设甲乙两组数据的平均数分别为 $\bar{x}_甲$，$\bar{x}_乙$，中位数分别为 $m_甲$，$m_乙$，则（　　）

甲		乙
8 6 5	0	
8 8 4 0 0	1	0 2 8
7 5 2	2	0 2 3 3 7
8 0 0	3	1 2 4 4 8
3 1	4	2 3 8

A. $\bar{x}_甲 < \bar{x}_乙$，$m_甲 > m_乙$　　　　B. $\bar{x}_甲 < \bar{x}_乙$，$m_甲 < m_乙$

C. $\bar{x}_甲 > \bar{x}_乙$，$m_甲 > m_乙$　　　　D. $\bar{x}_甲 > \bar{x}_乙$，$m_甲 < m_乙$

2. 从 $\{1, 2, 3, 4, 5\}$ 中随机选取一个数为 a，从 $\{2, 3, 4\}$ 中随机选取一个数 b，则 $b > a$ 的概率是（　　）

A. $\dfrac{4}{5}$　　　　B. $\dfrac{3}{5}$　　　　C. $\dfrac{2}{5}$　　　　D. $\dfrac{1}{5}$

3. 下面茎叶图表示的是甲、乙两人在 5 次综合测评中的成绩，其中有一个数字被污损，则甲的平均成绩超过乙的平均成绩的概率是（　　）

甲		乙
9, 8	8	3, 3, 7
2, 1, 0	9	9

A. $\dfrac{2}{5}$　　　　B. $\dfrac{7}{10}$　　　　C. $\dfrac{4}{5}$　　　　D. $\dfrac{9}{10}$

4. 设 $a = \log_3 2$，$b = \log_5 2$，$c = \log_2 3$，则（　　）

A. $a > c > b$　　　B. $b > c > a$　　　C. $c > b > a$　　　D. $c > a > b$

5. 如果 3 个正整数可作为一个直角三角形三条边的边长，则称这 3 个数为

一组勾股数，从 1，2，3，4，5 中任取 3 个不同的数，则这 3 个数构成
一组勾股数的概率为（　　）

0	8	9		
1	2	5	8	
2	0	0	3	3	8
3	1	2		

A. $\dfrac{3}{10}$　　　　　　B. $\dfrac{1}{5}$　　　　　　C. $\dfrac{1}{10}$　　　　　　D. $\dfrac{1}{20}$

6. 重庆市 2013 年各月的平均气温（℃）数据的茎叶图如下，则这组数据中
的中位数是（　　）

```
0 | 8 9
1 | 2 5 8
2 | 0 0 3 3 8
3 | 1 2
```

A. 19　　　　　　B. 20　　　　　　C. 21. 5　　　　　　D. 23

7. 某中学初中部共有 110 名教师，高中部共有 150 名教师，其性别比例如
图所示，则该校女教师的人数为（　　）

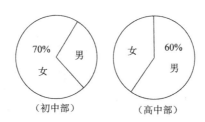

（初中部）　　　　　　　　（高中部）

A. 93　　　　　　B. 123　　　　　　C. 137　　　　　　D. 167

8. 在一次马拉松比赛中，35 名运动员的成绩（单位：分钟）如图所示：

```
13 | 0 0 3 4 5 6 6 8 8 8 9
14 | 1 1 1 2 2 2 3 3 4 4 5 5 5 6 6 7 8
15 | 0 1 2 2 3 3 3
```

若将运动员按成绩由好到差编为 1~35 号，再用系统抽样方法从中抽取 7 人，则其中成绩在区间 [139，151] 上的运动员人数为( )

A. 3 　　　　B. 4 　　　　C. 5 　　　　D. 6

9. 为比较甲、乙两地某月 14 时的气温状况，随机选取该月中的 5 天，将这 5 天中 14 时的气温数据(单位:℃)制成如图所示的茎叶图。考虑以下结论:

```
        甲 │   乙
  9 8 6 │ 2 │ 8 9
    1 1 │ 3 │ 0 1 2
```

①甲地该月 14 时的平均气温低于乙地该月 14 时的平均气温;

②甲地该月 14 时的平均气温高于乙地该月 14 时的平均气温;

③甲地该月 14 时的平均气温的标准差小于乙地该月 14 时的平均气温的标准差;

④甲地该月 14 时的平均气温的标准差大于乙地该月 14 时的平均气温的标准差。

其中根据茎叶图能得到的统计结论的编号为( )

A. ①③ 　　　B. ①④ 　　　C. ②③ 　　　D. ②④

10. 某校老年、中年和青年教师的人数见下表，采用分层抽样的方法调查教师的身体状况，在抽取的样本中，青年教师有 320 人，则该样本的老年教师人数为( )

类别	人数
老年教师	900
中年教师	1800
青年教师	1600
合计	4300

A. 90 　　　　B. 100 　　　　C. 180 　　　　D. 300

11. 某中学有高中生 3500 人，初中生 1500 人。为了解学生的学习情况，用分层抽样的方法从该校学生中抽取一个容量为 n 的样本。已知从高中生中抽取 70 人，则 n 为( )

A. 100 　　　　B. 150 　　　　C. 200 　　　　D. 250

12. 甲、乙两同学用茎叶图记录高三前 5 次数学测试的成绩，如图所示。他们在分析对比成绩变化时，发现乙同学成绩的一个数字看不清楚了，若已知乙的平均成绩低于甲的平均成绩，则看不清楚的数字为(　　)

```
    甲    |    | 乙
      9 | 9 | 3  4  7
3 2 1 0 | 10 |
        | 11 | 0
```

　　A. 9　　　　　　B. 6　　　　　　C. 3　　　　　　D. 0

13. 样本$(x_1, x_2, \cdots, x_n)$的平均数为$\bar{x}$，样本$(y_1, y_2, \cdots, y_m)$的平均数为$\bar{y}(\bar{x} \neq \bar{y})$，若样本$(x_1, x_2, \cdots, x_n, y_1, y_2, \cdots, y_m)$的平均数$\bar{z} = a\bar{x} + (1-a)\bar{y}$，其中$0 < \alpha < \dfrac{1}{2}$，则$n, m$的大小关系为(　　)

　　A. $n < m$　　　　B. $n > m$　　　　C. $n = m$　　　　D. 不能确定

14. 函数$y = \cos(2x + \varphi)(-\pi \leq \varphi \leq \pi)$的图像向右平移$\dfrac{\pi}{2}$个单位后，与函数$y = \sin\left(2x + \dfrac{\pi}{3}\right)$的图像重合，则$\varphi = $_____。

15. 高三年级 267 位学生参加期末考试，某班 37 位学生的语文成绩、数学成绩与总成绩在全年级中的排名情况如下图所示，甲、乙、丙为该班三位学生。从这次考试成绩看，在甲、乙两人中，其语文成绩名次比其总成绩名次靠前的学生是_____。

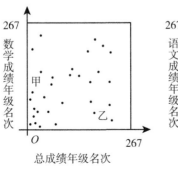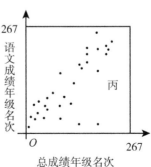

16. 某校高一年级有 900 名学生，其中女生 400 名，按男女比例用分层抽样的方法，从该年级学生中抽取一个容量为 45 的样本，则应抽取的男生人数为_____。

17. 甲、乙两套设备生产的同类型产品共 4800 件，采用分层抽样的方法从中抽取一个容量为 80 的样本进行质量检测。若样本中有 50 件产品由甲设备生产，则乙设备生产的产品总数为_____件。

18. 已知样本数据 x_1，x_2，$\cdots$，x_n 的均值 $\bar{x}=5$，则样本数据 $2x_1+1$，$2x_2+1$，$\cdots$，$2x_n+1$ 的均值为_____。

19. 某大学为了解在校本科生对参加某项社会实践活动的意向，拟采用分层抽样的方法，从该校四个年级的本科生中抽取一个容量为 300 的样本进行调查。已知该校一年级、二年级、三年级、四年级的本科生人数之比为 4：5：5：6，则应从一年级本科生中抽取_____名学生。

20. 某地有居民 100 000 户，其中普通家庭 99 000 户，高收入家庭 1 000 户。从普通家庭中以简单随机抽样方式抽取 990 户，从高收入家庭中以简单随机抽样方式抽取 100 户进行调查，发现共有 120 户家庭拥有 3 套或 3 套以上住房，其中普通家庭 50 户，高收入家庭 70 户。依据这些数据并结合所掌握的统计知识，你认为该地拥有 3 套或 3 套以上住房的家庭所占比例的合理估计是_____。

附录十一 第一次德尔菲法调查专家名单

序号	姓名	单位	职务
1	周远方	湖北省教研室	省教研员（特级教师）
2	孔峰	武汉市教研室	市教研员
3	杨建民	武昌区教研室	区教研员
4	殷希群	华中师大一附中	教研组长（特级教师）
5	吴巨龙	华中师大一附中	高三备课组长
6	党宇飞	华中师大一附中	特级教师
7	胡典顺	华中师范大学	大学教授
8	幸芹	孝感高级中学	一级教师
9	江河	华中师大一附中	高级教师
10	徐李林	华中师大一附中	中教一级

附录十二　第二次德尔菲法调查专家名单

序号	姓名	单位	职务
1	孙延洲	湖北省教研室	省教研员（特级教师）
2	裴光亚	武汉市教研室	市教研员
3	杨建民	武昌区教研室	区教研员
4	苏远东	华中师大一附中	副校长（特级教师）
5	黄进林	华中师大一附中	高一备课组长
6	梅全雄	华中师范大学	副教授
7	张祝华	华中师大一附中	原黄冈市教研员
8	汪萍	华中师大一附中	高级教师
9	廖义振	华中师大一附中	高级教师
10	周珂	华中师大一附中	中教一级

附录十三　第三次德尔菲法调查专家名单

序号	姓名	单位	职务
1	张正杰	华中师范大学	教授
2	周远方	湖北省教研室	省教研员（特级教师）
3	殷希群	华中师大一附中	教研组长（特级教师）
4	徐惠	华中师大一附中	教学副校长
5	陈红锦	华中师大一附中	特级教师
6	孟昭奎	华中师大一附中	高级教师
7	汤克勤	华中师大一附中	高级教师
8	钟羖	华中师大一附中	高一备课组长
9	柯志清	华中师大一附中	年级主任、高级教师
10	方钢	华中师大一附中	中教一级